R을 이용한 빅데이터 분석 기초

백현기

KNOWLEDGE COMMUNITY 공동체

▌머리말▐

우리가 살아가는 현 시대의 생활 속에서 빅데이터라고 하는 용어는 이제는 더 이상 낯선 용어가 아니다. 그렇다면 왜 이렇게 빅데이터를 우리의 생활 속에서 자주 접하게 되는 것일까?

이에 대한 대답은 정보화사회에 있어 국가나 사회, 기업, 학교 등의 조직들은 모두 방대한 정보와 자료들이 어떻게 돌아가는지를 파악하기 위해서는 각종 빅데이터 분석이 필요하기 때문이다. 빅데이터를 분석하다 보면, 집단 간 혹은 지역 간 특성들의 차이를 통해 어떤 시사점이나 통찰력을 얻고자 하는 경우가 많다. 집단 간, 지역 간, 계층 간 차이를 안다는 것은 그 차이를 지속화시킬 것인지, 그 차이를 메꾸어 차이가 없도록 할 것인지를 결정하는 데 매우 중요한 통찰력을 제공해 준다. 그러한 통찰력은 분석하는 목적이나 분석 주체에 따라 다를 수 있다. 따라서 빅데이터를 활용해 차이를 분석하는 것은 목적이나 상황에 따라 다른 통찰력을 얻기 위함이다.

이 책에서 제시하고 있는 빅데이터 분석도구는 R 프로그램이다.

R 프로그램은 전 세계적인 커뮤니티 덕분에 최신 통계기법의 개발 · 적용 속도가 매우 빠르다. 그리고 다양한 통계 도구를 제공해 주는 편리함은 부족하지만 분석력의 장점이 많아 매력적이라고 할 수 있다. R은 오픈소스 기반의 프로그램으로 최신 통계기법의 적용이 빠르며, 1만여 개에 달하는 다양한 통계분석 패키지(라이브러리)를 제공하기 때문에 거의 모든 분석이 가능하다.

그러면 R 프로그램을 활용한 빅데이터 분석은 어떤 분야에 필요한 것인가?

이에 대한 대답에 앞서 빅데이터 분석이 사용되고 있는 분야를 언급해 보면, 경제분석, 경영분석, 사회분석, 교육분석, 의학분석, 보건분석, 행정분석, 공업분석, 농업분석, 인구분석, 스포츠분석 등 이루 헤아릴 수 없이 많다. 즉, 빅데이터 분석이 사용되지 않는 분야가 거의 없다고 해도 과언이 아니다. 그러면 왜 이렇게 모든 분야에 빅데이터 분석이 적용되어 사용되는 것일까? 이에 대한 대답은 빅데이터 분석은 데이터를 다루는 분야이기 때문이다.

따라서 어느 분야이든 관계없이 데이터가 있는 곳은 모두 다 R 프로그램을 활용한 빅데이터 분석이 적용된다고 보는 것이 맞는 말일 것이다. 의학이 인체를 다루는 학문이고, 화학이 물질의 속성을 다루는 학문이라면, 빅데이터 분석은 데이터(data)를 다루는 학문이다.

빅데이터를 분석하는 작업은 많은 시간과 노력이 요구되는 힘든 과정이다. 데이터를 수집하고, 정리하고, 분석하고, 시각화하는 등 모든 작업은 혼자서 하기 어려운 일이다. 또한 필요한 데이터를 혼자서 다 찾을 수 있는 것도 아니다.

따라서 무엇보다도 중요한 역량 중의 하나는 타인들과 함께 작업할 수 있는 커뮤니케이션 능력이다. 다른 사람들과 협업을 통해 더 나은 결과를 찾아낼 수 있다. 그렇기 때문에 다른 사람을 이해하고, 문제 없이 소통할 수 있는 소통능력은 매우 중요한 역량이다. 아울러 타인이 나와 다르다는 것을 인정하고, 존중해 주는 배려심 또한 중요하다. 내 생각만을 고집하다 보면, 현상을 제대로 보지 못하는 독선과 아집에 빠질 수 있다. 그러다 보면 중요한 문제들을 놓치게 되는 우를 범하게 된다. 내 생각, 내 지식만을 고집하기보다는 타인의 의견과 생각도 소중하게 여기는 배려심이 중요하다.

빅데이터 전문가들에게 요구되는 또 다른 역량은 인내심과 실험정신이다. 원하는 분석결과에 도달하기까지 지치지 않는 인내심이 필요하다. 또한 분석결과에 대해 꼬리에 꼬리를 무는 질문을 던지며 다양한 데이터 세트를 다양한 시각에서 여러 번 분석해 보는 끊임없는 실험정신도 필요하다. 한 번 분석해 보고 결과가 나왔다고 좋아하면서 컴퓨터의 전원을 끄는 것이 아니라 다른 각도에서 또다시 짚어보는 다각적인 접근 노력이 필요하다.

따라서 빅데이터 분석은 한 집단의 특성을 이해할 수 있도록 간단하게 요약해 주고 연구설계를 위한 기초적인 소양으로 반드시 필요하다. 그리고 R 프로그램을 활용한 빅데이터분석 방법을 활용함으로써 합리적이고 과학적인 사고 능력을 증진시킬 수 있는 장점을 가지고 있다.

이 책의 목적은 R 프로그램을 활용하는 빅데이터 분석을 이해하기 쉽게 풀어내는 데 있다. 여기서는 총 20장으로 나누어 1장부터 20장까지 한 장씩 실습하는 과정에서 R 프로그램을 활용하는 방법을 익히게 된다. 이 책은 처음에 빅데이터 소개 및 시작, R 프로그램 설치하기, RStudio 프로그램 설치하기, R 기초 사용법, 데이터 형태를 소개하였다. 또한 외부 데이터 읽어오기, 데이터 핸들링, 일변량 질적 자료의 분석, 일변량 양적 자료의 분석, 정규분포, 가설검정, 일표본 T-검정, 독립표본 T-검정, 대응표본 T-검정, 분산분석을 소개하였다. 이어서 상관분석, 회귀분석, 교차분석, 신뢰도 분석, 탐색적 요인 분석 등 중급 분석 방법을 소개하였다.

모쪼록 이 책이 독자들에게 R 프로그램을 활용하는 빅데이터 분석에 대한 개념과 관련 산업에 대한 미래 전망을 이해하는 데 도움이 되길 바라며, 더불어 21세기 성장 동력으로서 빅데이터 산업기반 구축에 필요한 인재를 양성하는 데 자그마한 힘이라도 될 수 있기를 기대한다.

끝으로 본 서 출판에 도움을 주신 도서출판 공동체 가족 여러분께 감사의 마음을 전한다.

▌차 례▐

제12장 일표본 T-검정 • 201

제13장 독립표본 T-검정 • 211

제14장 대응표본 T-검정 • 225

제15장 분산분석 • 233

제16장 상관분석 • 247

제17장 회귀분석 • 273

제18장 교차분석 • 295

제19장 신뢰도 분석 • 305

제20장 탐색적 요인분석 • 315

chapter 01

빅데이터란 무엇인가?

1.1. 현재는 빅데이터 시대

1.2. 빅데이터의 답은 분석

1.3. 빅데이터 전문가에게 필요한 역량

학습개요

빅데이터 분석가는 도출된 결과를 통해서 정의하는 역할을 한다. 빅데이터 분석가는 요구 사항을 이해하고 이를 해결하기 위한 역할을 수행한다. 이 부분이 불명확하게 되면 쓸모없는 데이터가 지나치게 많아지게 되어 요구 사항에 불명확한 목표를 수립하게 되어 원래 의도했던 방향으로 서비스의 목표가 수립되기 어렵게 된다.

이 장에서는 빅데이터 분석에 대한 기초 개념과 이론을 다룬다. 초보자를 위한 빅데이터 분석을 이해하기 위해 일반적인 내용을 제시한다.

학습목표

- 빅데이터 시대의 특징에 대해서 간략히 이해한다.
- 빅데이터 분석이 왜 필요한지 이해한다.
- 빅데이터 전문가에게 필요한 역량에 대하여 이해한다.

1.1. 현재는 빅데이터 시대

IT 기술의 급진적 진화는 아날로그 환경의 데이터 개념과 활용 범위의 한계를 초월하고 있다. 그 특성은 데이터의 대규모화, 짧은 생성주기, 다양한 형태로의 변종 등이 그 특징이라 할 수 있을 것이다.

이러한 변화는 정보가치의 희소성보다는 가공능력과 속도의 중요성을 부각시켜 2020년 전 세계 디지털 정보량은 약 40 제타바이트로 추산되고 있다. 이는 2005년 디지털 데이터 양인 0.13 제타바이트의 300배에 해당하는 양이다. 데이터의 특성은 구조화, 다양화, 복합화의 시대를 넘어 현실화 및 실시간성으로 진화할 것으로 보인다.

〈빅데이터 출현배경〉

출현 배경	내용
기업의 고객 데이터 트래킹/ 수집 활동 증가	기업들은 on/off line 사용자 정보, 소비 패턴에 대한 정보수집에 적극적임
미디어 콘텐츠 및 그 사용에 관한 데이터 증가	CT 스캔, CCTV 등 여러 분야에서 대용량 멀티미디어 콘텐츠 생산 증가, 멀티미디어 콘텐츠와 그 사용에 관한 데이터의 증가
SNS의 급격한 증가와 비정형 데이터의 폭발적 증가	SNS는 스마트폰의 증가와 더불어 젊은 층에서 부터 중·장년층까지 확산
M2M 확산에 따른 저변 확대	3천만 개 이상의 사물인터넷(IoT) 센서가 설치

출처 : Mckinsey, Big Data: The Next Frontier for Innovation, Competition, and Productivity(2011)

데이터의 가치는 시대별로 진화하고 있는데 1950~1960년대 데이터는 목적을 가지고 만들어야만 존재할 수 있었다.

1970~1980년대 데이터는 의도적으로 만드는 것이 아니라 업무를 진행하는 과정에서 파생되는 부산물로 인식하였다.

1990~2000년대 공공 및 민간부문에서는 내부 데이터에 대한 분석을 통해 새로운 가치를 발견할 수 있는 인식이 확산되면서 자산으로 인식되기도 하였다.

2010~현재 데이터는 공공 정책 계획과 집행에 있어 새로운 구조와 프로세스를 만들어가고 있다.

빅데이터는 기업 및 공공부문의 니즈, 사회문화 환경의 변화 등 다양한 시대적 흐름에 따른 당연한 출현이라 할 수 있다.

전통적인 데이터와 빅데이터의 환경은 크게 차이가 난다. 전통적인 데이터의 활용 목적은 업무 효율성을 위한 것이다. 빅데이터는 사회적인 소통과 자기표현, 사회기반 서비스를 위한 것이다. 또한 데이터의 생성주체가 기존에는 정부나 기업 등의 조직이었다면, 빅데이터는 개인과 시스템 등을 통해서 생성된다. 데이터의 유형이 기존의 전통적 데이터가 정형적이고 조직내부와 비공개의 속성을 갖고 있는 반면, 빅데이터는 비정형 데이터(멀티미디어, SNS 등), 조직 내외부 및 필요에 따른 공개주의 속성을 갖고 있다.

공급 측면에서 빅데이터 기술이 정교해지고 있다. 벤더들의 서비스가 다양해지는 과정에서 빅데이터 전문기업들이 부상하고 있다. 빅데이터 벤더들은 제품과 서비스의 개념을 구체화하고 있으며, 통신, 금융, 바이오 등 특정 산업분야만을 전문하는 기업들이 증가하고 있는 추세이다. 빅데이터 벤더들은 서비스 영역을 다각화하고 있으며, 빅데이터 사업자의 시장 진입으로 벤더 간 경쟁이 심화되고 있는 현실이다.

IBM, HP 등 메가 벤더들이 빅데이터 시장을 수성하고 있지만, 순수 빅데이터 전문 벤더들이 SW와 서비스 시장에서 프로페셔널 서비스를 제공하면서 성장하고 있다. 수요측면에서는 시장규모가 '15년도 183~385억 달러 수준에 이를 것으로 전망하고 있다.

빅데이터 활용을 통해 창출되는 가치는 투명성, 혁신성, 맞춤성, 의사결정의 시의적절성을 들 수 있다.

투명성은 공공부문에서 조직 내 의사결정 및 업무 절차에 대한 대중의 접근성을 제고 할 수 있다. 예를 들어 빅데이터는 조세당국이 납세자에 대한 자세한 정보를 바탕으로 과세하고 국민들이 납세의무를 성실하게 이행했는지를 판단하는 데에 활용 혁신성은 다양하고 풍부한 데이터 분석을 통해 공공서비스의 형태와 절차를 바꿀 수 있다.

맞춤성은 다양한 국민의 요구를 세분화하여 다양한 정보분석 서비스를 제공함으로써 국민들의 만족도를 제고하고, 의사결정의 시의적절성은 공공의 요구 파악 및 문제해결을 위한 대응에 있어 숨겨진 패턴이나 상관 관계를 찾아내서 신뢰성 있는 예측을 가능하게 한다.

공공부문에서 빅데이터는 공공관리, 정책결정, 정보공개, 부패방지, 범죄예방, 질병관리, 기상예측 등 다양한 분야에 적용될 수 있다. 기존의 민원정보분석에서 다루기 어려웠던 사건과 패턴에 대한 예측력을 제고할 수 있는 장점을 가지고 있다.

빅데이터는 미래의 불확실성, 리스크, 스마트, 융합의 특성에 대응하기 위한 통찰력, 대응력, 경쟁력, 창조력의 역할을 수행할 수 있을 것으로 기대되고 있다.

첫째, 미래의 불확실성에 대응하여 사회현상과 현실세계의 데이터를 기반으로 한 현 상황에 대한 분석과 미래 전망, 다각적인 상황을 고려한 통찰력을 제시할 수 있을 것이다.

둘째, 리스크에 따른 이슈를 사전에 인지하고 분석하여 빠른 의사결정 및 실시간 대응력을 갖출 것이다.

셋째, 스마트 기술의 발달에 따른 변화에 인공지능 서비스 제공 및 최적의 선택을 지원함으로써 경쟁력을 높일 수 있을 것으로 기대된다.

넷째, 타 분야와의 융합이 활발히 일어나는 미래사회에 대규모 데이터 활용을 통한 새로운 가치 창출, 시장 창출을 할 수 있을 것으로 기대되고 있다.

이러한 빅데이터의 특징을 설명하기 위해 빅데이터 이전의 개념들을 살펴보면, 데이터와 정보의 개념이 있다.

데이터는 단순한 관찰, 측정을 통해 수집한 사실 및 어떤 값을 나타내는 것이다. 반면 정보는 데이터를 유용한 형태로 가공, 처리하여 데이터에 가치, 의미를 도출하여 의사결정이 가능한 단계라 할 수 있다. 데이터와 빅데이터는 산재되어 있는 데이터를 수집하고 분석 기술을 통해 데이터가 가지고 있는 가치와 의미를 도출하여 의사결정이 가능한 정보로 만드는 것을 목표로 할 수 있다.

1.2. 빅데이터의 답은 분석

빅데이터를 이야기할 때 대부분 분석에 초점을 두기보다는 데이터의 양이나 크기를 먼저 생각한다. 틀린 것은 아니다. 그러나 아무리 많은 데이터가 쌓여 있어도 그 데이터를 활용하지 못한다면 아무런 소용이 없다. 빅데이터가 어떤 형태로 있으며, 무엇을 담고 있는지 분해해서 그걸 사용할 수 있을 때 비로소 빅데이터는 의미를 가지게 된다. 즉 빅데이터는 분석이라는 과정을 통해서 비즈니스 세계에 화려하게 등장하는 것이다.

분석이란 어떤 대상이나 표상, 개념 등을 가지고 특정한 형태나 패턴을 갖는 부분이나 요소로 분해하는 것이다. 빅데이터는 처음에는 어떤 대상이나 사건 혹은 사상에 대하여 막연한 전체로서 주어진다. 그러나 이것은 데이터, 즉 원시 데이터로서의 주어진 것에 불과할 뿐 비즈니스나 공정 개선, 신제품 개발, 학문 연구 등에 아무런 영향을 주지 못한다. 그래서 이것을 분석해 다양한 측면이나 속성, 요소나 요인으로 추출하여 그것들 간 상관성이나 인과성, 시계열성 등을 파악하고 종합할 때 비로소 빅데이터로서 의미가 있는 것이다. 혹자들은 왜 빅데이터를 이야기하는 데 통계분석 이야기가 많이 나오느냐 묻는데 이것은 빅데이터의 본질을 보다 깊이 들여다보지 못했기 때문이다.

빅데이터를 분석하기 위한 문제는 대부분 다음의 네 가지 유형의 범주에서 크게 벗어나지 않는다.

첫째, 불확실한 상황에서 현명한 의사결정을 하기 위한 문제 유형이다.

둘째, 과거 데이터와 변수 간의 관계를 이용하여 관심이 되는 변수를 추정하기 위한 예측문제 유형이다.

셋째, 많은 데이터 속에 숨겨져 있는 유용한 패턴을 추출하여 분류, 군집, 순차, 연관분석, 변칙탐지 등을 목적으로 하는 데이터 마이닝 문제 유형이다.

넷째, 주어진 제한조건을 만족하면서 어떤 기준, 즉 목적함수를 최대화 혹은 최소화하기 위한 최적화 해법을 찾고자 하는 문제 유형이다.

1.3. 빅데이터 전문가에게 필요한 역량

빅데이터 시대에 있어 데이터 전문가는 공자나 석가모니, 예수 등 현자를 따르는 사도(apostle)와 같이 빅데이터 세상을 밝히는 사도들이다. 이들은 아무런 의미도 없어 보이는 데이터를 연결해 일련의 원칙이나 법칙을 찾아내고, 유사성을 찾아 그룹화하고, 트렌드를 읽으며, 통찰력을 발휘해 새로운 상품이나 서비스를 기획한다. 빅데이터 전문가는 빅데이터 세상의 진정한 사도들이다.

빅데이터 전문가는 어떤 현상이나 문제에 대해서 관련 데이터를 수집한 뒤, 이를 분해하여 데이터 속에 들어 있는 의미 있는 패턴을 찾아내 문제해결이나 의사결정에 활용하도록 하는 매우 중요한 역할을 한다. 따라서 빅데이터 전문가에게는 프로그래밍 능력뿐만 아니라 분석적 역량 등 다양한 역량이 요구된다.

빅데이터 전문가, 데이터 사이언티스트와 데이터 애널리스트에게는 기본적으로 다음에서 열거하는 일곱 가지의 역량이 골고루 필요하다.

- 하이브리드형 두뇌(좌뇌+우뇌)
- 수학적 역량
- 통계학적 역량
- 논리적 사고력
- 프로그래밍 능력
- 커뮤니케이션 능력
- 인내심과 끊임없는 실험정신

① 하이브리드형 인재

빅데이터 전문가는 하이브리드형 두뇌를 가져야 한다. 빅데이터는 그 형태가 매우 다양한 포맷(정형화, 반정형화, 비정형화된 데이터)으로 구성되어 있으므로 좌뇌와 우뇌를 함께 활용하는 하이브리드형 두뇌를 갖춘 인재가 필요하다. 빅데이터는 단지 숫자로만 이루어져 있는 것이 아니기 때문이다. 숫자뿐만 아니라 텍스트, 영상, 그림, 로그인 정보, 지리적 정보 등 다양한 형태로 이루어져 있으므로 어느 한 방향의 지식만으로는 이들을 제대로 분석하거나 해석하기 어렵다.

다양한 정보를 다루기 위해서는 우선적으로 빅데이터를 분류하고 분석하는 능력이 필요하다. 수학이나 통계 등 수리적 역량과 개발 언어, 개발 툴 등을 능수능란하게 다룰 수 있는 이공계 성향의 인재가 필요한 것이다.

빅데이터 전문가는 단지 무미건조한 데이터만을 읽어주는 데 그치지 않고, 더 나아가 데이터 속에 숨어 있는 의미를 찾아내 각종 숫자나 분석결과로 도출된 통계량에 살(=의미)을 붙여서 읽어주는 데이터 스토리텔링 능력이 절대적으로 필요하다. 데이터 스토리텔링을 통해 데이터는 생명력을 얻게 되며, 타인을 설득하거나 전략화하고, 신제품을 개발하는 데 통찰력을 제시해줄 수 있다. 그리고 이러한 데이터 스토리텔링 능력은 인문학적 소양, 심리학적 소양 그리고 전략적 소양을 함께 갖추었을 때야 가능하다.

② 수학적 역량을 갖춘 인재

데이터 사이언티스트와 데이터 애널리스트가 수학적 역량을 갖추는 것은 매우 당연한 일이다. 결과적으로 데이터를 이용해 데이터에 숨겨져 있는 일련의 패턴이나 특성을 타인에게 설득력 있게 전달하기 위해서는 막연한 의미의 미사여구를 늘어놓기보다는 수리적으로 설명하는 것이 명쾌하기 때문이다. 데이터와 데이터 간에 내재된 종속적인 관계나 상호관계, 혹은 개체들 간의 유사성 등을 밝혀서 일목요연하게 표현하는 능력이 곧 빅데이터 분석의 품질을 좌우한다.

빅데이터 전문가는 엄청나게 많은 양의 데이터 속에 숨겨져 있는 세상의 흐름을 숫자로 표현하는 능력을 갖춰야 한다. 즉 수리적 기법을 통해 '데이터 속에 감춰진 세상(hidden world in data)'을 수학적인 모델링으로 표현하고, 그렇게 표현된 세상을 읽으며, 스토리텔링을 통해 더욱 설득력 있게 전달해주는 능력까지 갖춰야 한다.

③ 통계학적 역량을 갖춘 인재

일반적으로 통계(統計, statistics)라고 하면 대부분은 '머리 아픈 얘기(痛計)' 정도로 생각하는 경우가 많다. 한마디만 들어도 머리 아플 것 같은 복잡한 공식과 표준편차, 표준오차, 분산, Z값, F값, t값, 카이스퀘어검증, t검증, 분산분석, 상관분석, 요인분석, 회귀분석, 판별분석, 컨조인트 분석, 군집분석, 메타분석 등 알아듣기 어려운 각종 분석과 통계량들로 이루어져 있는 것도 사실이다. 그러나 통계는 복잡하기는 하지만, 알고 보면 아주 착한 학문이다. 수많은 현상을 몇 줄 혹은 몇 개의 숫자(통계량)로 요약(summary)해서 알아보기 쉽게 해주기 때문이다. 이렇듯 통계는 시간과 비용을 줄여주고, 복잡하게 얽혀 있는 현상들을 쉽게 이해할 수 있도록 해준다.

④ 논리적 사고력을 갖춘 인재

빅데이터 전문가에게 필요한 또 다른 역량은 논리적 사고이다. 논리적 사고란 빅데이터 분석을 통해 나타난 결과를 논리적으로 정리하는 역량을 의미한다.

논리적 사고를 갖기 위해서는 첫째, MECE 방식으로 사고하기를 추천한다. MECE 방식의 사고기법은 세계적 컨설팅 기관인 맥킨지의 업무방식을 말한다. MECE란 'Mutually Exclusive and Collectively Exhaustive(상호 간에 중복되지 않고, 그럼에도 전체로서 누락되는 부분이 없는)'의 첫 글자를 따서 만든 말로 맥킨지의 대표적인 업무 스타일을 의미한다. 아울러 사실에 입각해 나타난 결과를 구조화하고, 가설을 세워서 이를 검증하는 방식으로 접근하는 것이 중요하다.

논리적 사고력을 기르기 위한 두 번째 방법은 나타난 결과에 대해서 끊임없이 'So What?(그래서 무엇인데?)', 'Why So?(왜 그런데?)'를 통해 이야기의 비약을 방지할 수 있다. 빅데이터 분석을 통해 나타난 결과에 대해 이런 방식의 의문을 갖지 않는다면 논리적 비약에 빠지거나 중요한 맥락을 놓칠 수도 있기 때문이다.

⑤ 프로그래밍 능력을 갖춘 인재

빅데이터를 분석한다는 것은 매우 힘든 과정이다. 문제해결과 관련된 데이터를 잘 찾아야 하며, 이렇게 찾은 데이터를 잘 끌어와서(crawling), 잘 쌓아놓아야 한다. 그다음 데이터 속에 있는 불필요한 정보나 잘못된 데이터들을 찾아내 정리하고, 빅데이터 분석에 사용할 도구에 적합하도록 데이터를 구성해야 한다.

전 세계 빅데이터 전문가를 대상으로 조사한 '2013 Data Science Salary Survey' 결과를 보면, 빅데이터 분석도구로 가장 많이 쓰이는 것이 R(43%)로 나타났다. 그다음으로 파이썬(40%)이었으며, 우리에게 친숙한 엑셀(36%)이 세 번째로 많이 사용된 것으로 나타났다. 사용할 수 있는 빅데이터 분석도구가 많다면 연봉이 상승한다는 의미 있는 조사결과도 나왔다.

⑥ 커뮤니케이션 능력의 중요성

빅데이터를 분석하는 작업은 많은 시간과 노력이 요구되는 힘든 과정이다. 데이터를 수집하고, 정리하고, 분석하고, 시각화하는 등 모든 작업은 혼자서 하기 어려운 일이다. 또한 필요한 데이터를 혼자서 다 찾을 수 있는 것도 아니다. 따라서 무엇보다도 중요한 역량 중의 하나는 타인들과 함께 작업할 수 있는 커뮤니케이션 능력이다. 다른 사람들과 협업을 통해 더 나은 결과를 찾아낼 수 있다. 그렇기 때문에 다른 사람을 이해하고, 문제없이 소통할 수 있는 소통능력은 매우 중요한 역량이다. 아울러 타인이 나와 다르다는 것을 인정하고, 존중해주는 배려심 또한 중요하다. 내 생각만을 고집하다 보면, 현상을 제대로 보지 못하는 독선과 아집에 빠질 수 있다. 그러다 보면 중요한 문제들을 놓치게 되는 우를 범하게 된다. 내 생각, 내 지식만을 고집하기보다는 타인의 의견과 생각도 소중하게 여기는 배려심이 중요하다.

⑦ 인내심과 끊임없는 실험정신

빅데이터 전문가들에게 요구되는 또 다른 역량은 인내심과 실험정신이다. 원하는 분석결과에 도달하기까지 지치지 않는 인내심이 필요하다. 또한 분석결과에 대해 꼬리에 꼬리를 무는 질문을 던지며 다양한 데이터 세트를 다양한 시각에서 여러 번 분석해보는 끊임없는 실험정신도 필요하다. 한 번 분석해보고 결과가 나왔다고 좋아하면서 컴퓨터의 전원을 끄는 것이 아니라 다른 각도에서 또다시 짚어보는 다각적인 접근 노력이 필요하다.

빅데이터 전문가에게는 '드릴 다운(drill down)' 방식의 사고가 필요하다. 드릴을 가지고, 파고 들어가듯이 분석결과에 대해 '최소한 5번의 Why'를 해볼 것을 권한다. 같은 결과와 증상이라고 하더라도 다른 원인이 있을 수 있기 때문이다.

chapter 02

R 프로그램 설치하기

학습개요

R 프로그램은 통계 계산과 그래픽을 위한 프로그래밍 언어이자 소프트웨어 환경이자 프리웨어이다. 통계 소프트웨어 개발과 자료 분석에 널리 사용되고 있으며, 패키지 개발이 용이해 통계 소프트웨어 개발에 많이 쓰이고 있다.

이 장에서는 R 프로그램의 역사, 특징과 이론을 다룬다. R 프로그램을 설치할 수 있도록 제시한다. 그리고 RGUI의 환경을 설정할 수 있도록 제시한다.

학습목표

- R 프로그램의 역사, 특징에 대해서 간략히 알 수 있다.
- R 프로그램을 설치할 수 있다.
- RGUI의 환경을 설정할 수 있다.

2.1. R 소개

R은 뉴질랜드 Auckland 대학의 Ross Ihaka와 Robert Gentleman 교수의 주도하에 S언어를 확장하여 개발한 하나의 프로그래밍 언어이다. 그래서 이들 이름의 맨 앞글자인 이니셜을 따서 R로 명명되었다. S-PLUS의 기초적 프로그램을 작성했던 Chambers 등 많은 통계학 및 컴퓨터 관련 학자들이 R 개발 핵심 팀으로써 R을 만드는데 참가하고 있다.

R은 기존의 프로그래밍 언어와는 달리 SAS, SPSS, Minitab 등과 같은 통계 패키지로서의 기능을 함께 갖추고 있으면서 구입 및 유지비용이 전혀 들지 않는다는 커다란 장점을 가지고 있다. 그리고 기존의 통계 패키지가 철저하게 패키지화되어 있어 사용자가 필요에 따라 프로그램을 자유롭게 조절할 수 없는 단점을 가지고 있다.

반면에, R은 많은 함수들을 내장하고 있으며 또한 이 함수들을 적절히 조합하여 사용자가 자신의 요구에 맞게끔 새로운 함수를 직접 만들어 사용할 수 있다는 장점도 가지고 있다.

이러한 이유로 많은 학자들은 R 언어를 이용하여 자료분석을 위한 새로운 프로그램을 개발하고, 이를 패키지화하여 R에 포함시키고 있기 때문에 기존의 통계 패키지에서 사용할 수 없는 최신의 분석기법을 R에서 사용할 수 있다.

R은 언제 어디서든 다운로드 및 설치가 가능하고, Windows, Linux, Unix, Mac 등 다양한 운영체제에서 동작 한다. 또한 누구나 패키지를 만들어 다른 사람과 공유가 가능하고, Java, Python, .Net, Visual Studio 등 다양한 개발 언어 및 플랫폼과 연동이 가능하다는 장점이 있다. 공식적인 R에 대한 홈페이지는 http://www.r-project.org 이다.

빅데이터 분석도구로 가장 많이 사용되는 R 프로그램은 그 자체가 분석도구이자 플랫폼의 성격을 가지고 있다. R 자체만으로도 훌륭한 분석과 그래프 기능을 제공하지만, R의 또 다른 장점은 1만여 개에 이르는 다양한 분석도구를 덧붙여서 사용할 수 있다는 것이다. 동일한 분석 목적에 대해 개발자가 다른 다양한 패키지(R에서는 이를 라이브러리라 부름)가 존재하기 때문에 본인의 선택에 따라 자유롭게 사용할 수 있다.

무료로 제공되는 오픈소스 프로그램인 R은 이를 기반으로 사용자가 직접 라이브러리를 만들어 올리고, 전 세계 누구나 손쉽게 다운 받아서 사용할 수 있기 때문에 많은 이들로부터 호평을 받고 있다.

R은 기본적으로 다음과 같은 특징을 가진다.

첫째, 오픈소스 기반의 무료 소프트웨어이다.

둘째, 다양한 종류의 정형 · 비정형 데이터를 이용할 수 있는 포괄적인 통계 플랫폼이다.

셋째, 멀티운영 환경을 지원한다.

넷째, 시각화 기능을 지원한다.

다섯째, 작업의 재현성을 제공한다.

여섯째, 전 세계적 커뮤니티 생태계를 형성하고 있다.

R 프로그램은 전 세계적인 커뮤니티 덕분에 최신 통계기법의 개발 · 적용 속도가 매우 빠르다. 그러나 윈도우나 iOS 운영체제에 익숙한 풀 다운 메뉴가 아니라 함수를 외워서 사용해야 하므로 사용에 약간의 불편함이 있다. 다만 다양한 통계 도구를 제공해주는 편리함이 있어, 사용 시 불편함이 있을지라도 분석력의 장점이 많아 매력적이라고 할 수 있다.

현재 15,000개 이상의 패키지가 구축되어 있으며, 이러한 사실은 내가 사용하고 싶은 모든 통계기법이 이미 어딘가에 패키지 형태로 구현되고 있다고 봐도 무방할 것이다.

R은 통계 계산 과정을 Line by Line 형태로 결과 값을 즉각적으로 확인할 수 있기 때문에 교육적으로 통계분석 과정을 이해하는데 많은 도움을 줄 수 있는 프로그램이다.

한번 작성된 프로그램은 사용자의 목적에 따라 얼마든지 다양한 형태로 분석이 가능하 다는 장점이 있으며, 그래픽 기능이 뛰어나기 때문에 사용자가 원하는 어떠한 형태의 그래프도 R에서 제공이 가능하다는 장점을 가지고 있다.

(1) 인터넷 사이트

① www.r-project.org

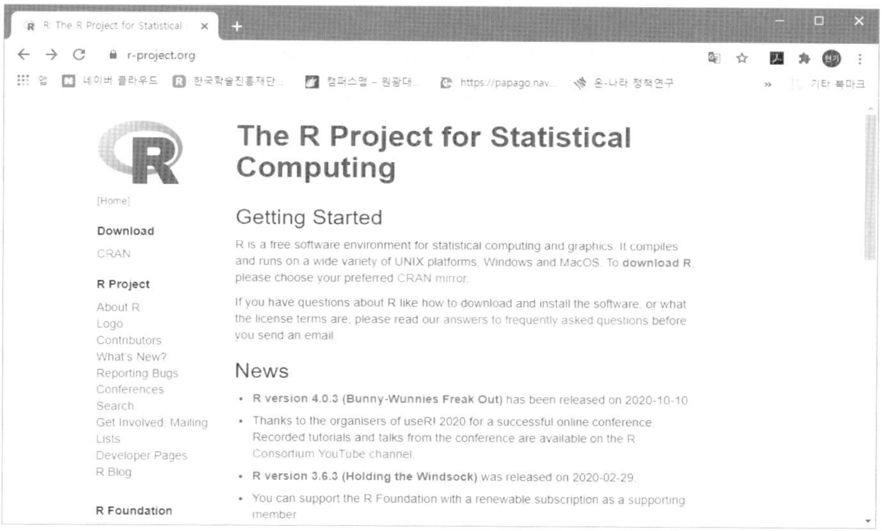

R 홈페이지로 R 프로그램, 패키지 등을 다운로드 받을 수 있는 곳이며, R과 관련된 많은 문서들을 제공하고 있다.

② www.rseek.org

R과 관련된 내용만을 검색할 수 있는 유용한 사이트이다.

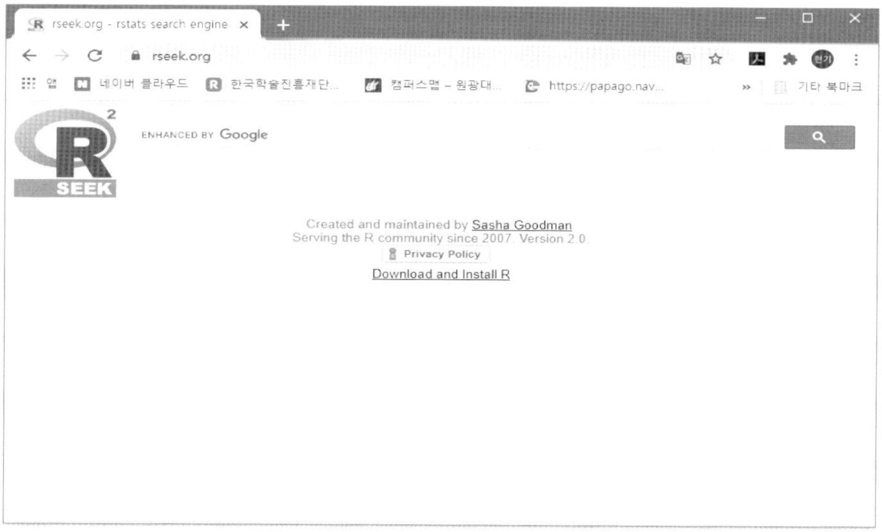

③ www.r-bloggers.com

R의 포털 사이트 역할을 하며, 개인이 R로 구현한 내용들이 소개되고, 사람들이 가장 많이 찾아서 내용, 패키지, 구인/구직 정보 등을 다루고 있다.

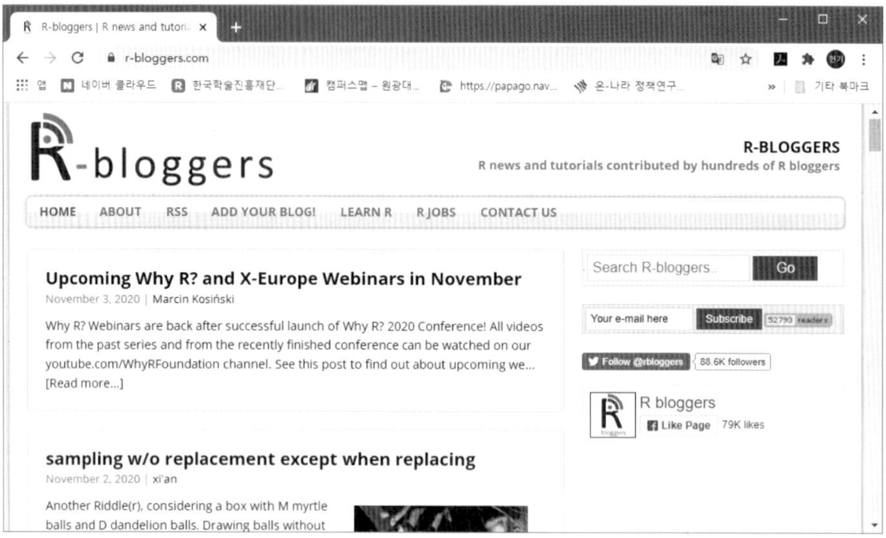

④ stackoverflow.com

R뿐만 아니라 다른 프로그램 언어에 대해 질문하고 답하는 내용들이 풍부하다. R에 대해서도 질문을 많이 하고, 좋은 답을 찾을 수 있다.

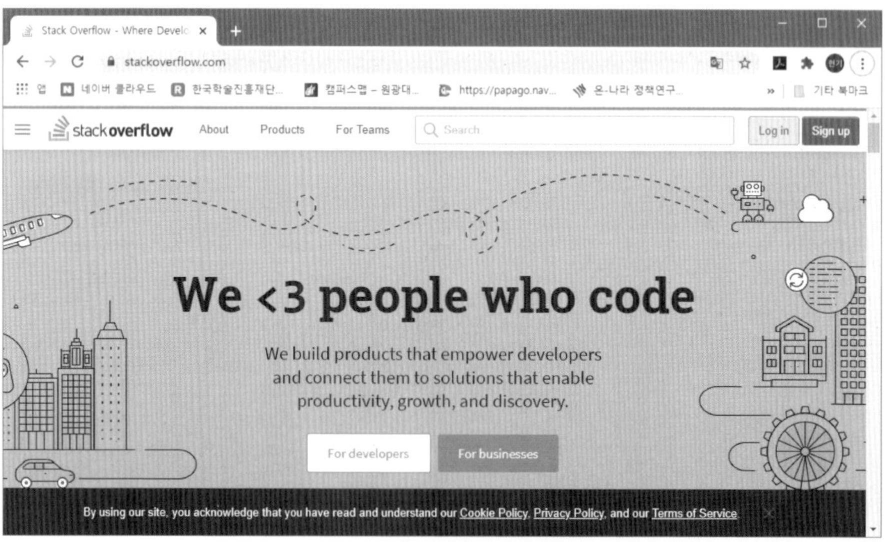

⑤ www.statmethods.net

Quick-R이라는 표현처럼 R에 대해서 빠르게 공부해 볼 수 있는 사이트다. 짧은 설명과 예제 프로그램이 있어서 따라해 보면 좋다.

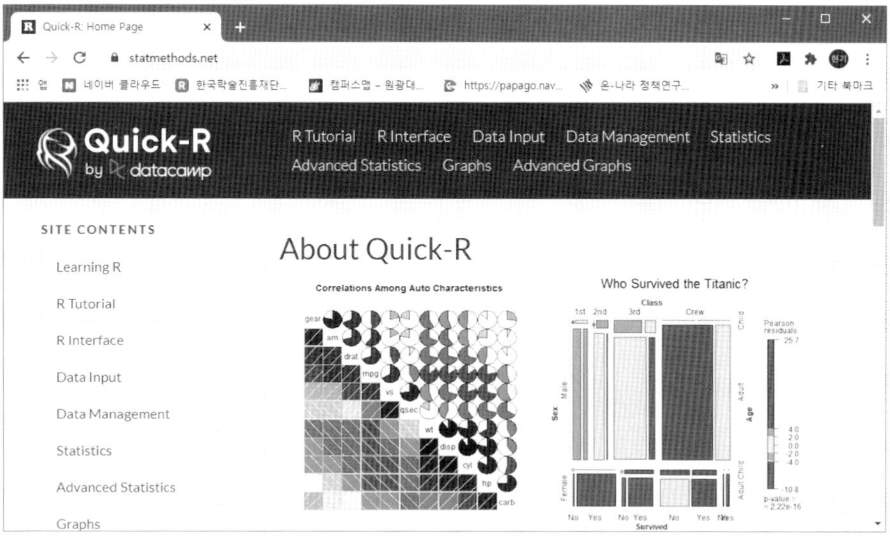

⑥ KOCW(Korea Open CourseWare) http://www.kocw.net/home/index.do

무료로 R에 대한 사이버강의를 수강할 수 있는 곳이다.

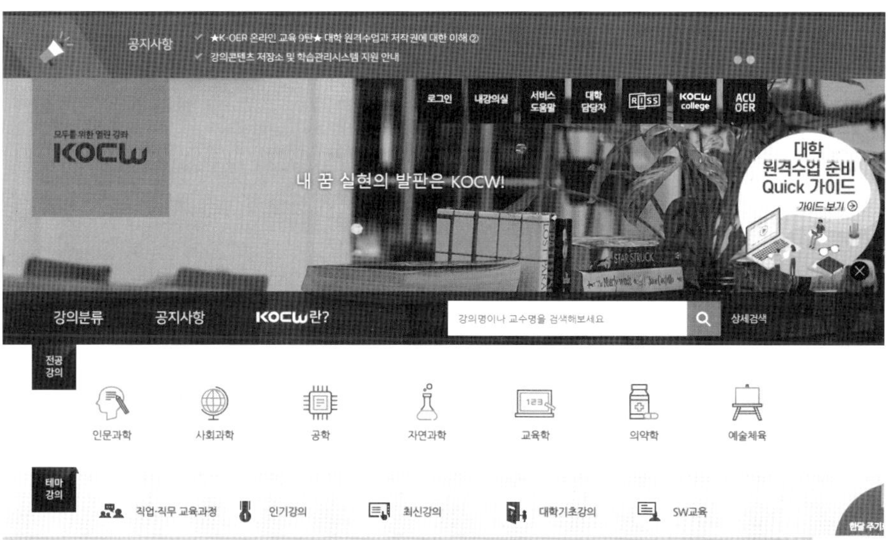

2.2. R 프로그램 설치하기

- R 프로그램을 설치하기 전에 준비해야 할 사항이 있다. 이 사항은 3장에서 다룰 RStudio 프로그램 설치하기 전에도 동일하게 적용될 사항이다.
- 컴퓨터의 이름은 한글로 하지 않고 영어로 하며, 특수 문자나 공백을 사용하지 않는다.
- 사용자 이름도 한글로 하지 않고 영어로 하며, 특수 문자나 공백을 사용하지 않는다.
- 파일을 저장하는 폴더 이름도 한글로 하지 않고 영어로 하며, 특수 문자나 공백을 사용하지 않는다.

[단계 1] www.r-project.org 에 접속한다.

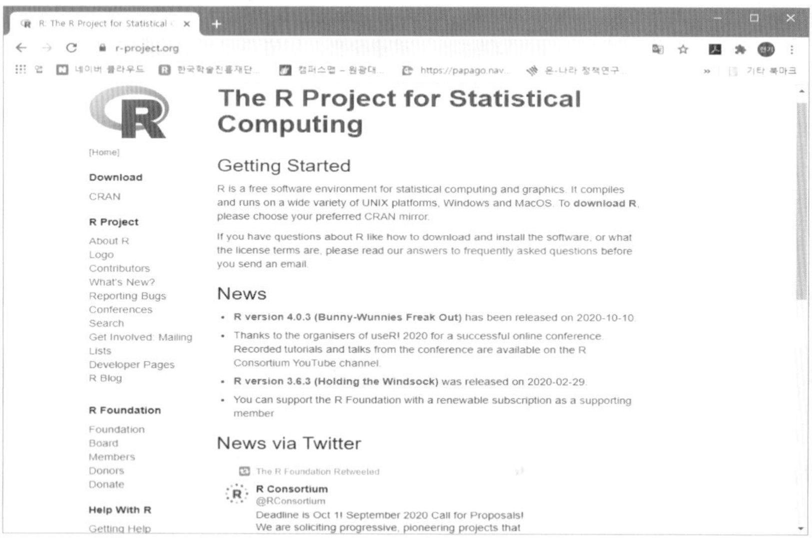

[단계 2] R홈페이지 화면의 왼쪽에 있는 Download의 CRAN을 선택한다. 그러면 아래와 같이 CRAN Mirrors가 나타난다. 총 47개 나라에서 R 관련 서비스를 제공하고 있는 122개의 서버 목록이 나타난다. 한 서버에 접속이 집중되는 것을 막기 위해서 서버를 분산시킨 것으로 보인다. CRAN Mirrors 중에서 Korea가 있으며, Korea에는 총 5군데에서 R관련 서비스를 제공하고 있다. 여기서는 https://cran.yu.ac.kr/을 선택한다.

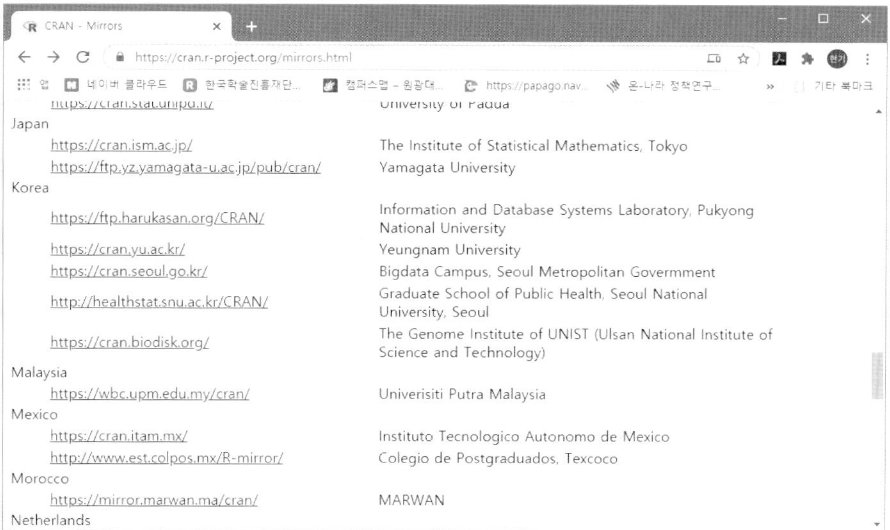

[단계 3] 컴퓨터의 운영체제(OS : Operating System)을 선택하는 것으로, 서버의 운영체제로 많이 사용되는 Linux, 애플에서 만든 컴퓨터에서 주로 사용하는 Mac, 마이크로소프트에서 만든 Windows가 있다. 여기서는 윈도우(Windows) 버전인 Download R for Windows를 선택한다.

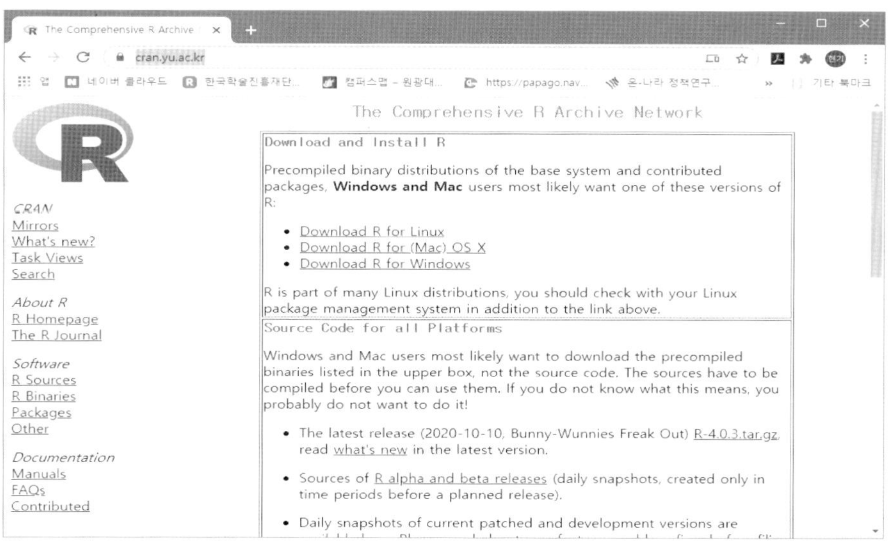

[단계 4] R for Windows 화면에서 base를 선택한다. 이후에 선택할 R의 최신 버전은 R-4.0.3 이다. Download R-4.0.3 for Windows를 선택한다. R 프로그램은 32비트와 64비트를 모두 지원하고 있다. 화면 하단의 왼쪽을 보면 R 프로그램이 다운로드 중임을 알 수 있다. 다운로드가 다 되면 실행을 한다.

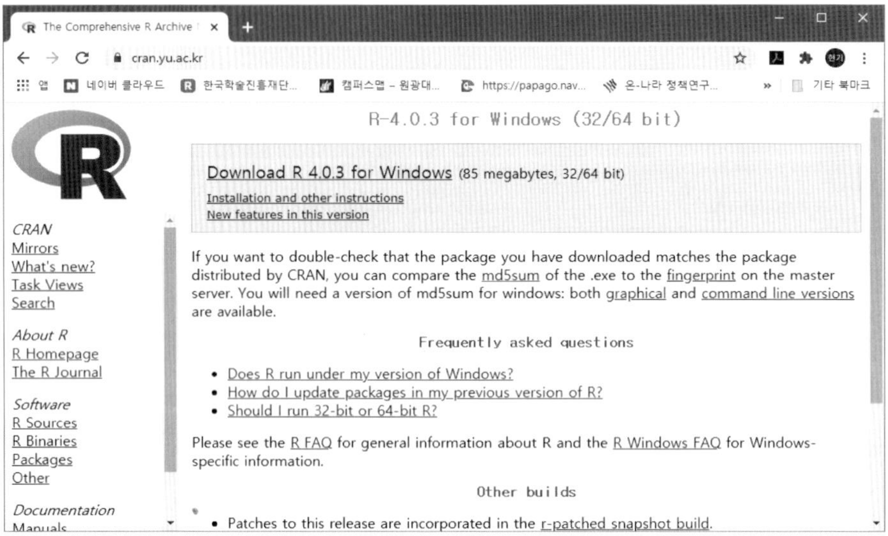

[단계 5] 설치 언어 선택화면의 확인 버튼을 선택한다.

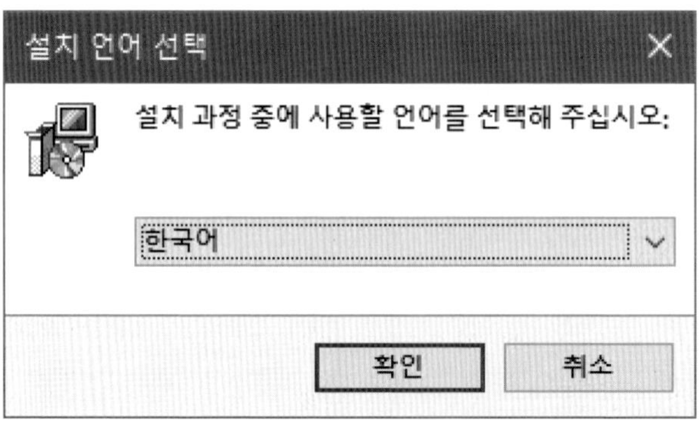

여기서 선택된 한국어는 RGUI라는 화면에서의 메뉴(menu)와 메시지(message)가 한글로 나타나는 기능을 한다.

[단계 6] 설치 – R for Windows 4.0.3 화면에 있는 다음 버튼을 선택한다.

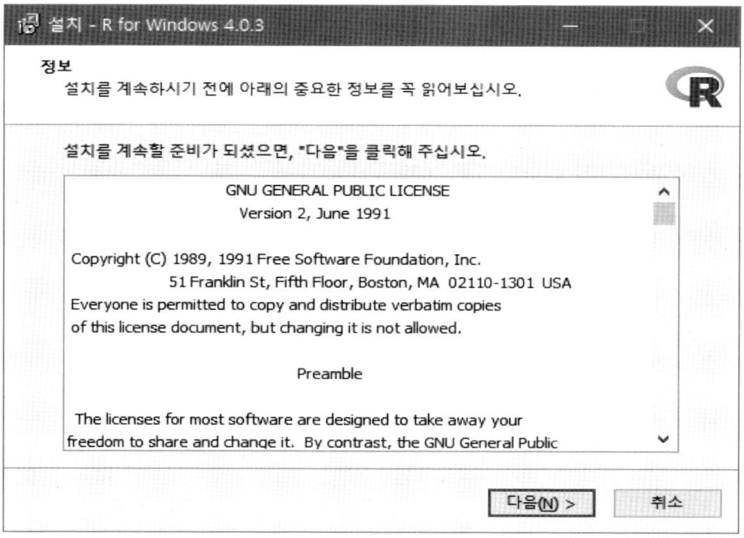

[단계 7] 설치 – R for Windows 4.0.3 화면에 있는 다음 버튼을 선택한다. 참고로 GNU General Public License와 관련된 내용이다.

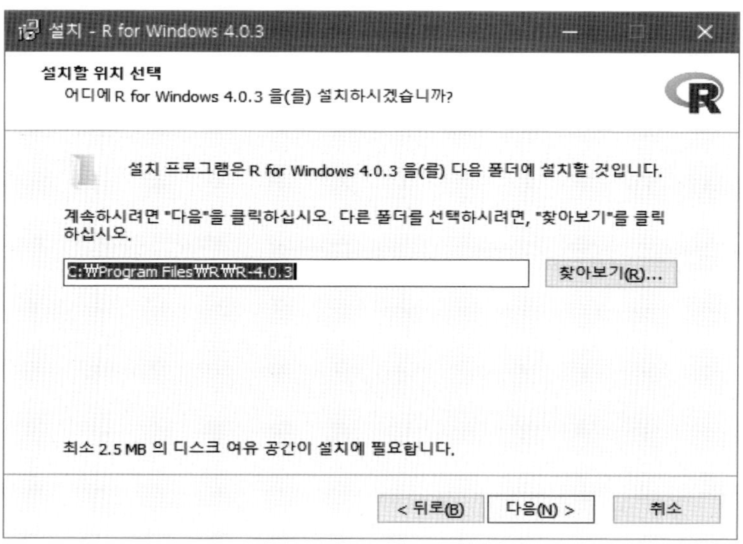

[단계 8] R 프로그램이 설치된 위치를 『C: Program Files R R-4.0.3』에서 『C: R R-4.0.3』으로 변경한다. 변경하는 이유는 폴더의 이름에 공백이 있고, 이것이 나중에 R을 사용하는 데 있어서 오류를 발생할 수 있기 때문이다. 설치 – R for Windows 4.0.3 화면에 있는 다음 버튼을 선택한다.

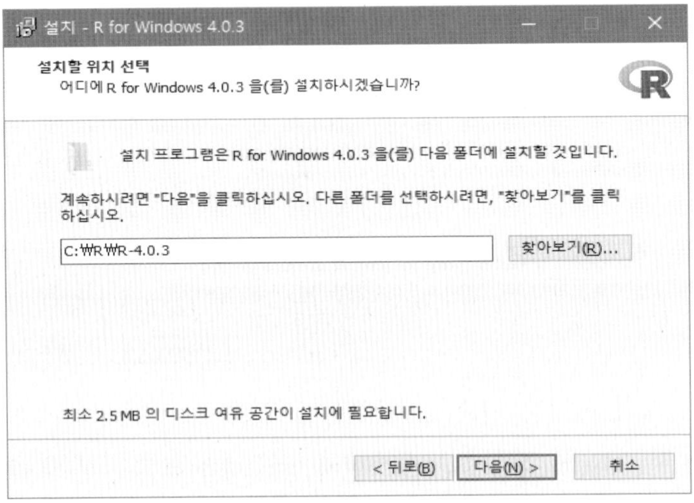

[단계 9] 모두 체크한다. 컴퓨터의 사양에 따라 64비트가 지원되지 않을 수도 있다. Message translation은 R 프로그램 화면의 메뉴나 메시지가 기본으로는 한글로 설정되어 있다. 이것을 다른 언어로 변경할 수 있도록 지원해 주는 기능이다. 다음 버튼을 선택한다.

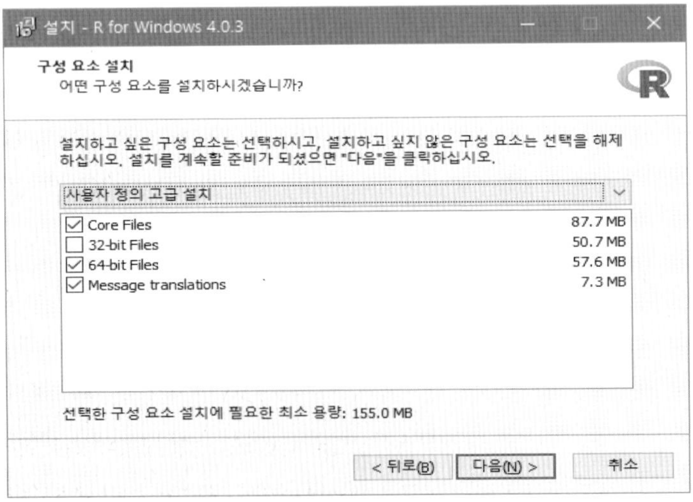

[단계 10] 설치 – R for Windows 4.0.3 화면에 있는 다음 버튼을 선택한다.

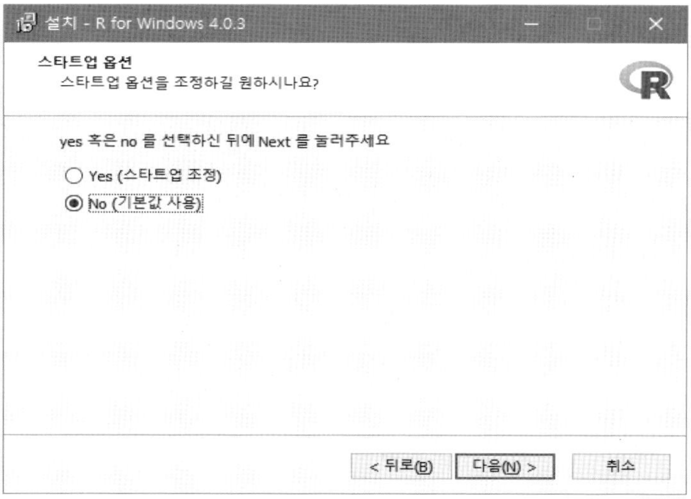

[단계 11] 설치 – R for Windows 4.0.3 화면에 있는 다음 버튼을 선택한다.

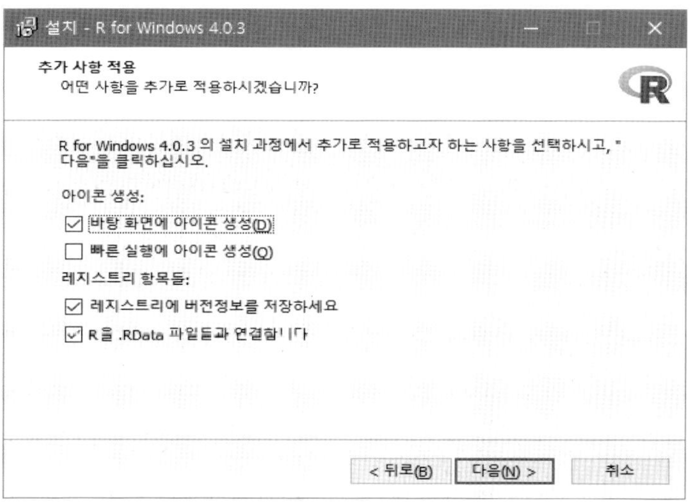

[단계 12] 설치 - R for Windows 4.0.3 화면에 있는 다음 버튼을 선택한다. 아래와 같이 R 프로그램이 설치가 된다.

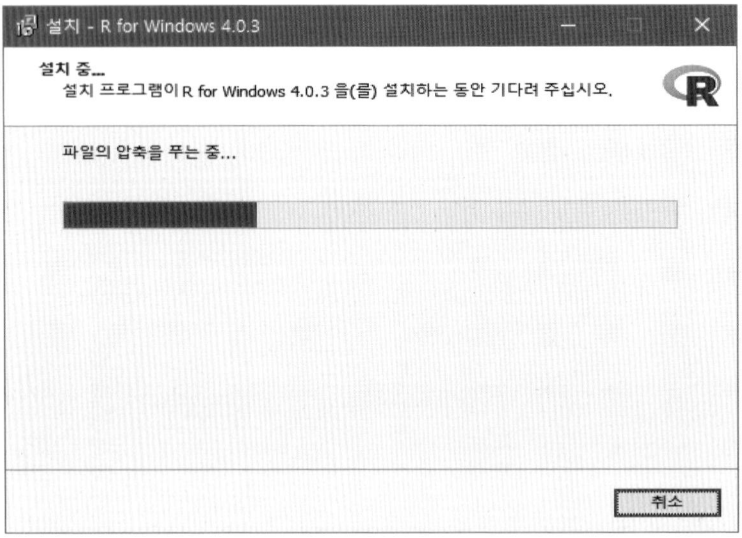

[단계 13] 설치 - R for Windows 4.0.3 화면에 있는 완료 버튼을 선택한다. R 프로그램의 설치가 완료되었고, 바탕화면에 R 프로그램의 아이콘이 생긴다.

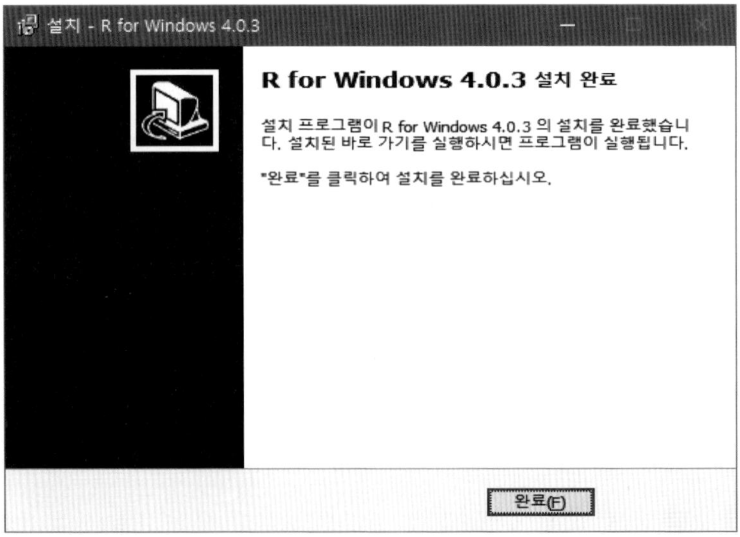

2.3. RGUI 화면 설정하기

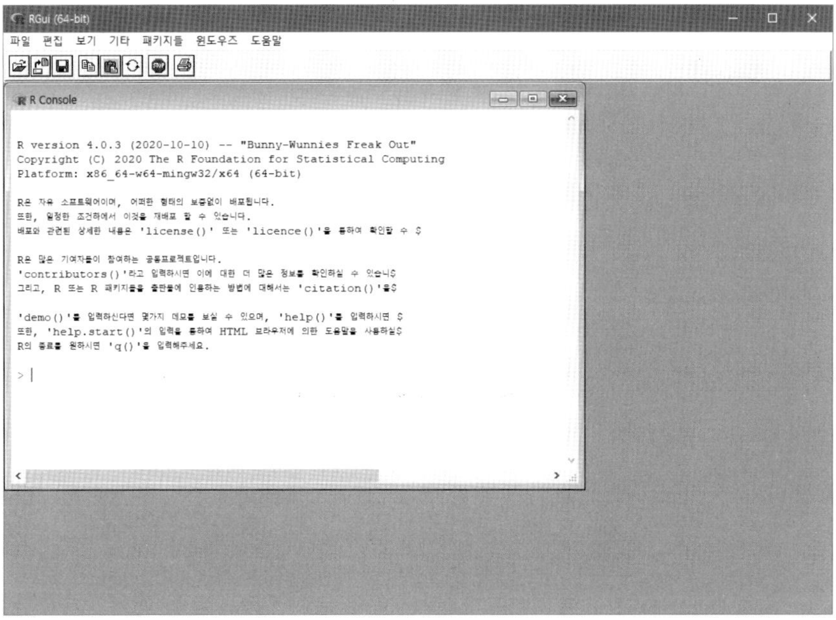

- 바탕화면에 있는 R 프로그램 아이콘을 더블클릭하면 RGui 화면이 실행된다. 이 화면 자체가 R이 아니고, R 프로그램을 설치하면 기본으로 제공하는 화면으로 R을 작동하기 위한 기능을 제공한다.

- RGui 화면은 메뉴, 도구모음, 콘솔(console) 등으로 구성되어 있다. 콘솔에는 빨간색 부등식 표시가 보이는데, 이것을 프롬프트(prompt)라고 하며, 이곳에 R의 문법에 맞게 명령어를 입력하고 엔터를 치면 해당 명령어가 실행된다. 문법에 맞지 않는 명령어를 실행하면 오류 메시지가 나오고, 결과에 문제가 발생할 가능성이 있으면 경고 메시지가 나온다. 수치 연산 등의 결과는 콘솔 화면에 나오며, 그래프를 작성하면 별도의 화면이 실행되어 그곳에 작성되고, 도움말을 실행하면 인터넷 브라우저 화면이 실행되어 R의 사용 방법에 대한 자세한 내용을 볼 수 있도록 해준다.

- 메뉴에서 『편집』 ⇒ 『GUI 설정』을 선택한다.

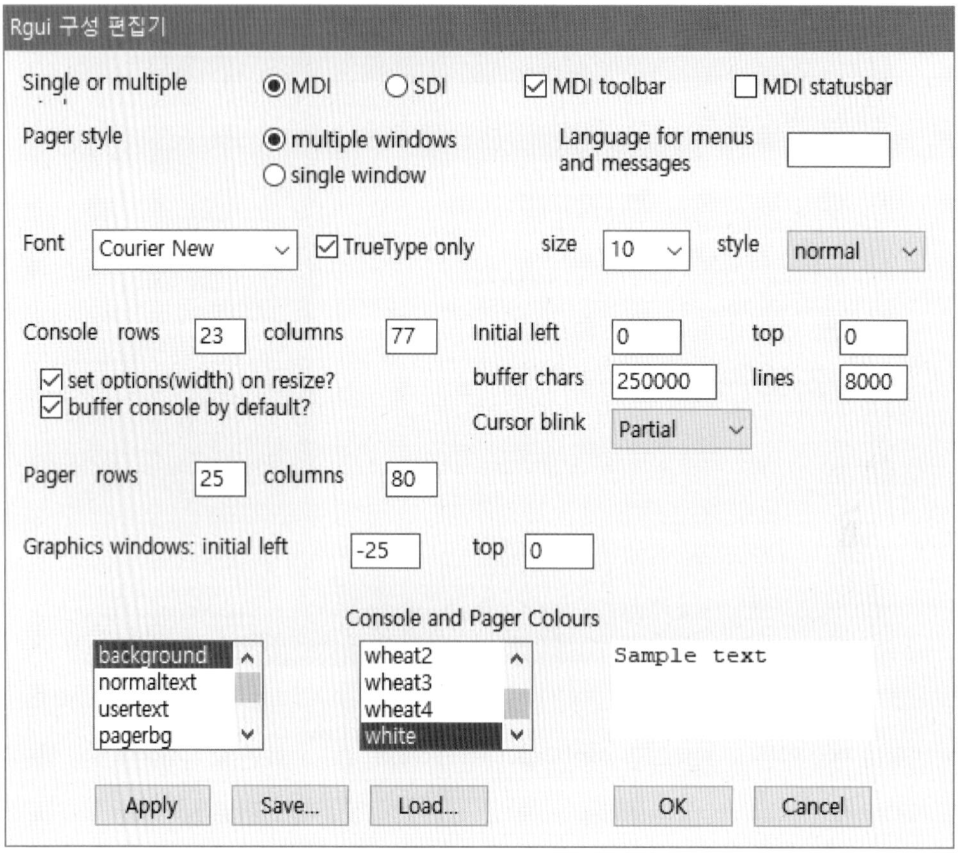

❑ RGui 구성 편집기에서 자주 사용하는 내용은 다음과 같다.

① Language for menus and messages : RGui 화면의 메뉴, 오류 메시지, 경고 메시지의 언어(language)를 변경할 때 사용한다. 기본이 한글로 되어 있는데, 영어로 변경하고 싶으면 이곳에 en을 입력하면 된다. 다른 언어로 변경할 수도 있다.

② Font : 글씨체를 지정

③ size : 글씨크기를 지정

④ style : 보통(normal), 진하게(bold), 이탤릭(italic)을 지정

⑤ background : 배경화면의 색깔을 지정

chapter
03

RStudio 프로그램 설치하기

학습개요

RStudio 프로그램은 R을 사용하는 데 편리하고 유용한 기능을 제공하는 프리웨어이다. 이 프로그램은 R을 이용한 여러 작업들을 쉽게 하도록 도와주는 통합개발환경 프로그램이다. RStudio 프로그램을 이용하여 R의 기본적인 문법과 데이터의 유형을 학습한다. R에서는 콘솔(console)에도 명령어를 입력하여 실행할 수 있다.

이 장에서는 RStudio 프로그램을 다운로드하고 설치할 수 있도록 제시한다. 그리고 RStudio 프로그램의 환경을 설정할 수 있도록 제시한다. 여기서는 RStudio에서 제공하는 스크립트를 기준으로 설명한다.

학습목표

- RStudio 프로그램을 설치할 수 있다.
- RStudio 프로그램의 환경을 설정할 수 있다.

3.1. RStudio 설치하기

RStudio 프로그램은 R을 사용하는 데에 편리하고 유용한 기능을 제공하며, R과 동일하게 open source 버전과 상용 버전 두 가지가 있다. 여기서는 open source 버전으로 개인이나 기관에서 무료로 사용 수 있는 것을 설치한다. RStudio은 명령어를 직접입력하는 방식으로 작동된다.

RStudio 프로그램을 설치하기 전에 주의해야 할 사항이 있다. 아래의 상황을 고려하지 않고 RStudio를 설치하면 그래프를 작성하거나 새로운 기능을 추가할 때 에러(error)를 유발한다.

- 컴퓨터의 이름은 한글로 하지 않고 영어로 하며, 특수 문자나 공백을 사용하지 않는다.
- 사용자 이름도 한글로 하지 않고 영어로 하며, 특수 문자나 공백을 사용하지 않는다.
- 파일을 저장하는 폴더 이름도 한글로 하지 않고 영어로 하며, 특수 문자나 공백을 사용하지 않는다.

[단계 1] www.rstudio.com 에 접속한다.

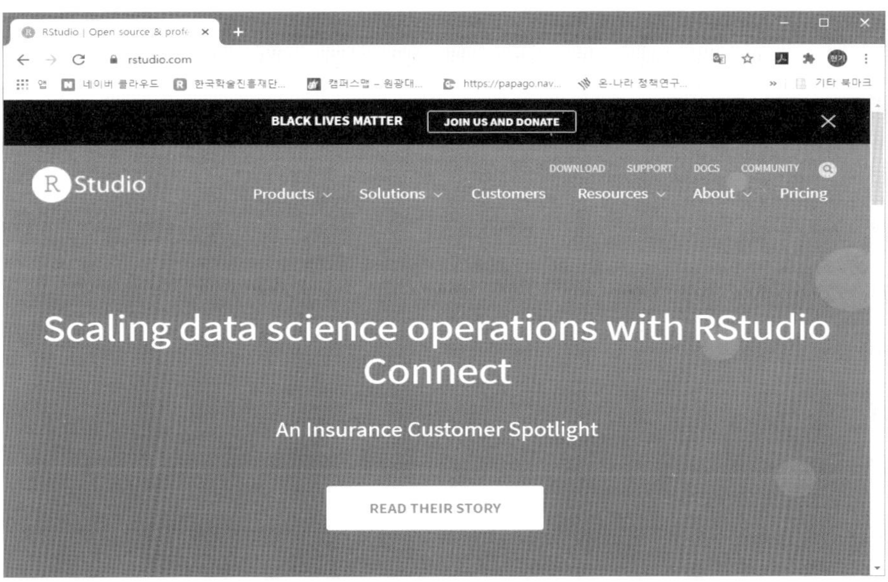

[단계 2] Product → RStudio 메뉴를 선택한다.

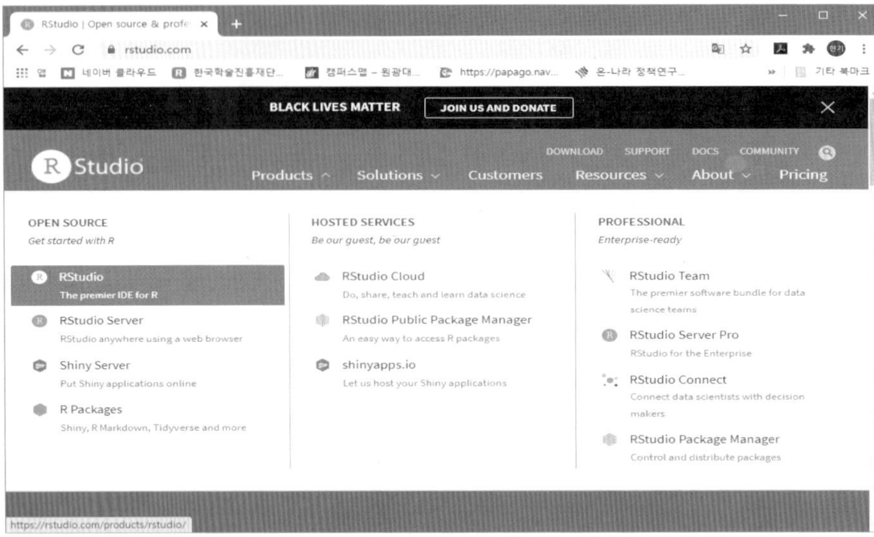

[단계 3] RSTUDIO DESKTOP을 선택한다.

Desktop용 RStudio는 Open Source Edition과 Commercial License가 있다. Open Source Edition는 개인이나 기관에서 무료로 사용할 수 있는 것이고, Commercial License는 매년 995 달러의 라이센스 비용을 지불해야 한다. 라이센스를 지불하는 만큼 Open Source Edition보다 사용하기에 좋게 되어 있다. 하지만 Open Source Edition으로 해도 손색이 없다.

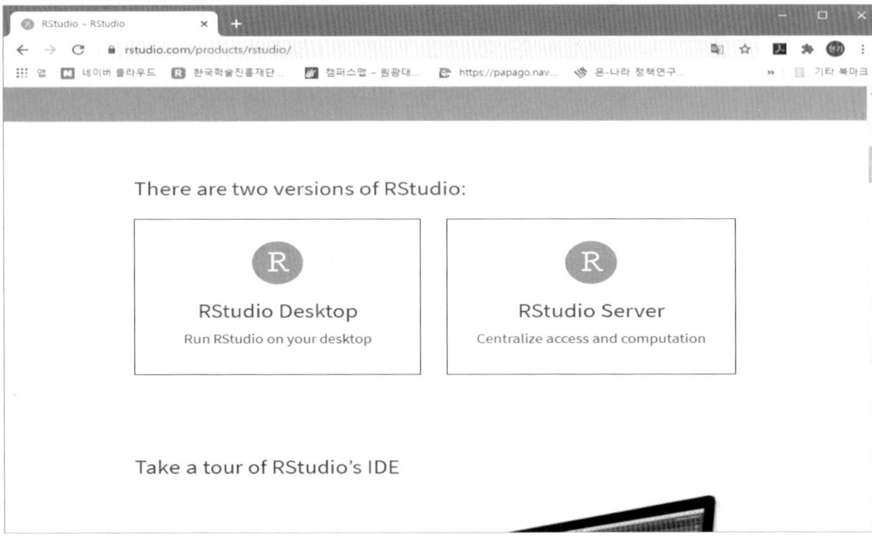

[단계 4] Open Source Edition의 DOWNLOAD RSTUDIO DESKTOP 버튼을 선택한다.

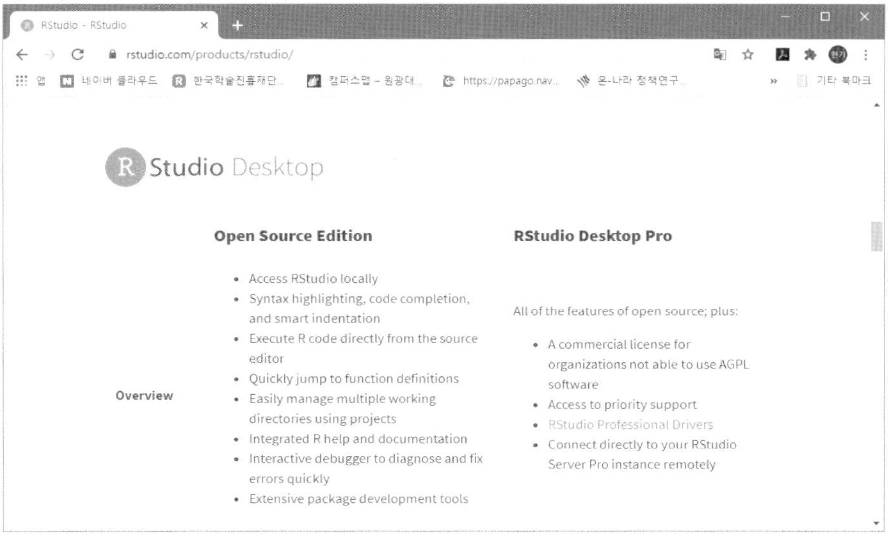

[단계 5] RStudio Desktop Open Source License의 DOWNLOAD 버튼을 선택한다.

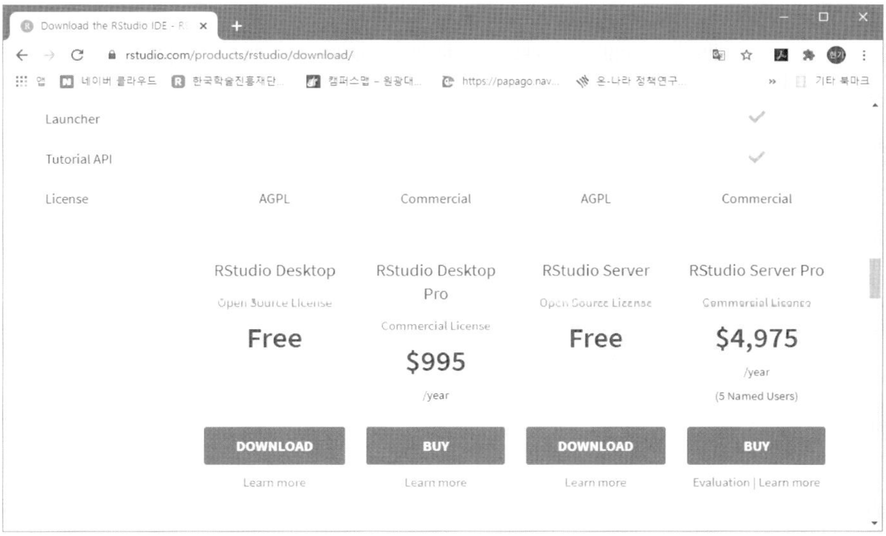

[단계 6] RStudio도 다양한 운영체제를 지원한다. 여기서는 윈도우용인 RStudio를 선택한다. 그러면 RStudio 프로그램이 다운로드 된다.

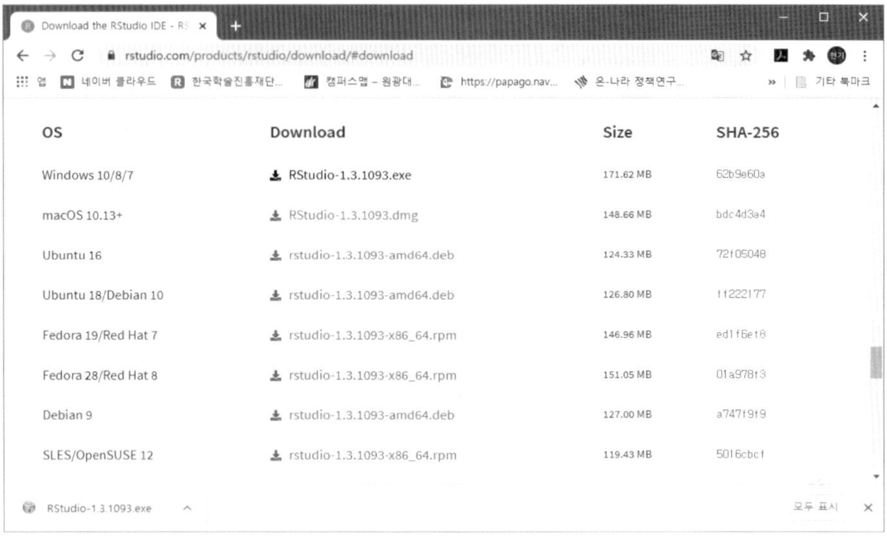

[단계 7] 다운로드가 다 되면 화면의 아래 쪽에 있는 실행 버튼을 선택한다.

[단계 8] RStudio 설치 화면에 있는 다음 버튼을 선택한다.

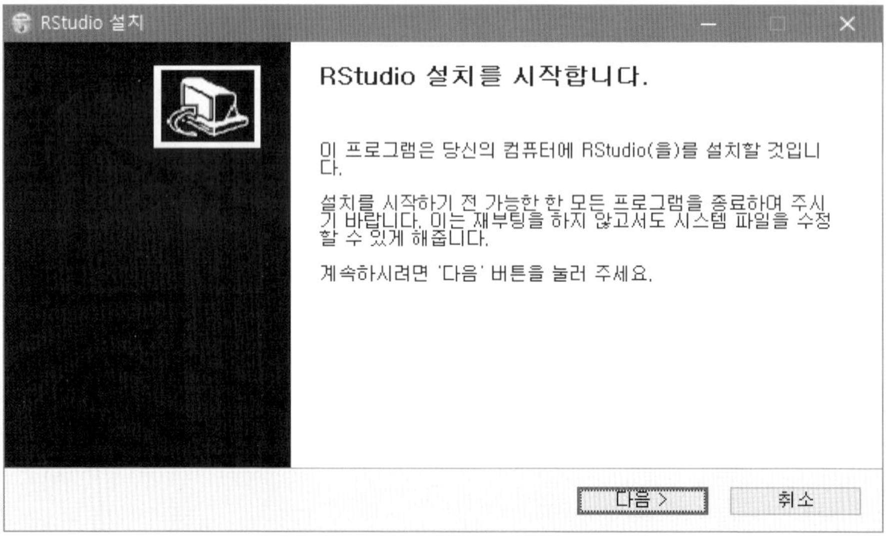

[단계 9] RStudio 설치가 설치되는 위치를 『C: Program Files RStudio』에서 『C: RStudio』로 수정한다. 이렇게 수정하는 이유는 나중에 RStudio를 사용할 때에 에러(error)를 발생할 수 있기 때문이다.

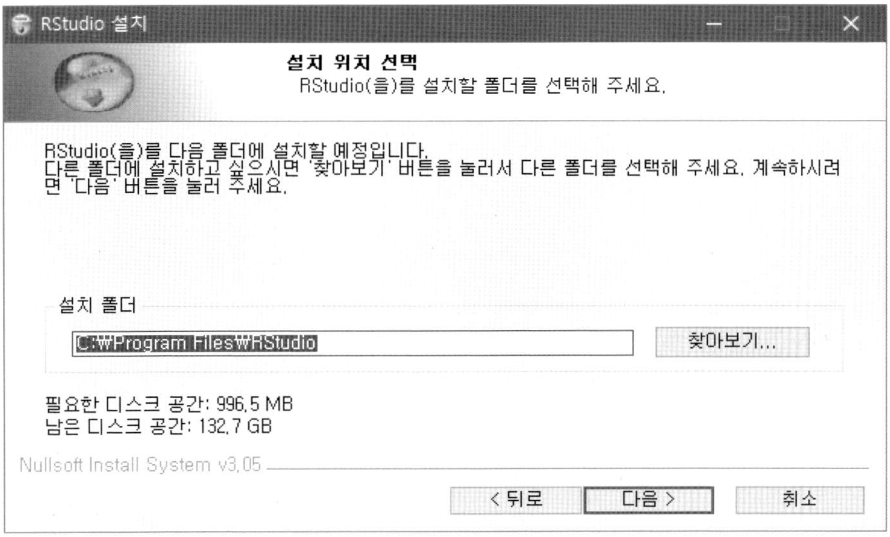

[단계 10] RStudio 설치 화면에 있는 다음 버튼을 선택한다.

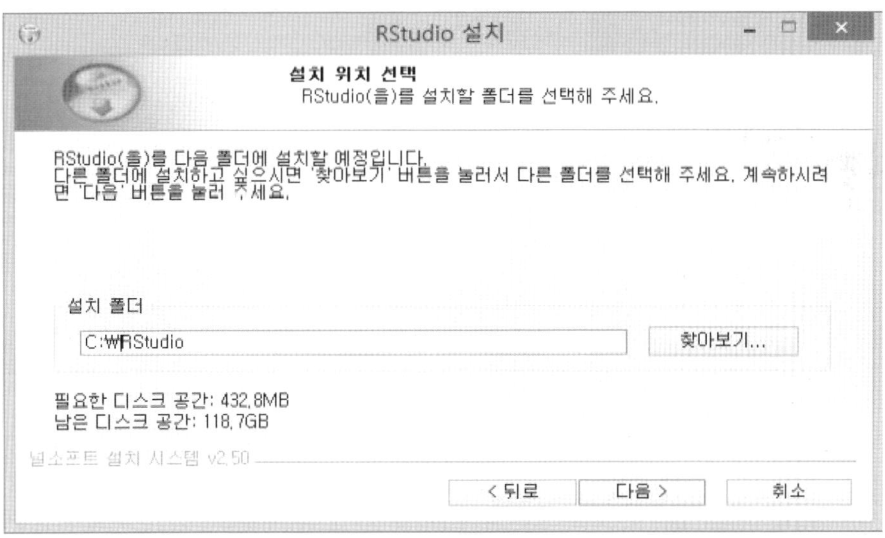

[단계 11] RStudio 설치 화면에 있는 설치 버튼을 선택한다.

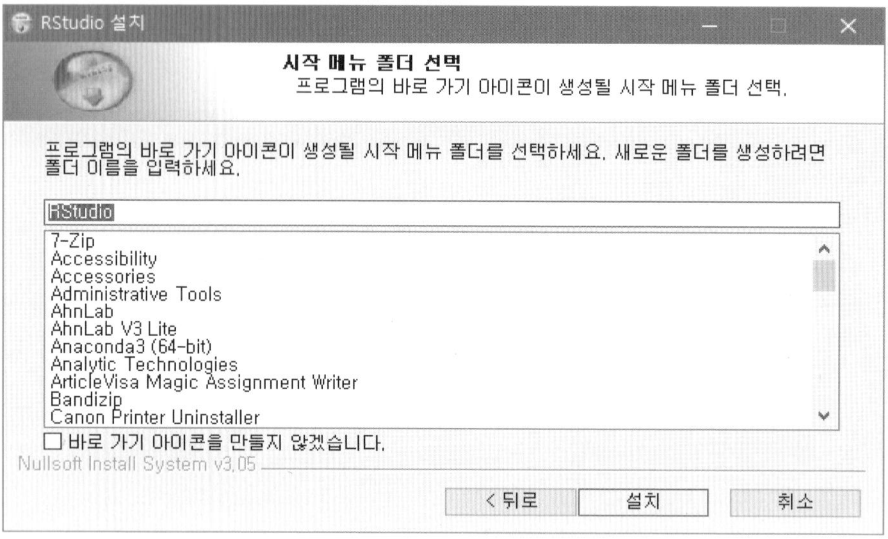

[단계 12] RStudio 설치 화면에 있는 마침 버튼을 선택한다. RStudio 프로그램 설치가 완료되었다.

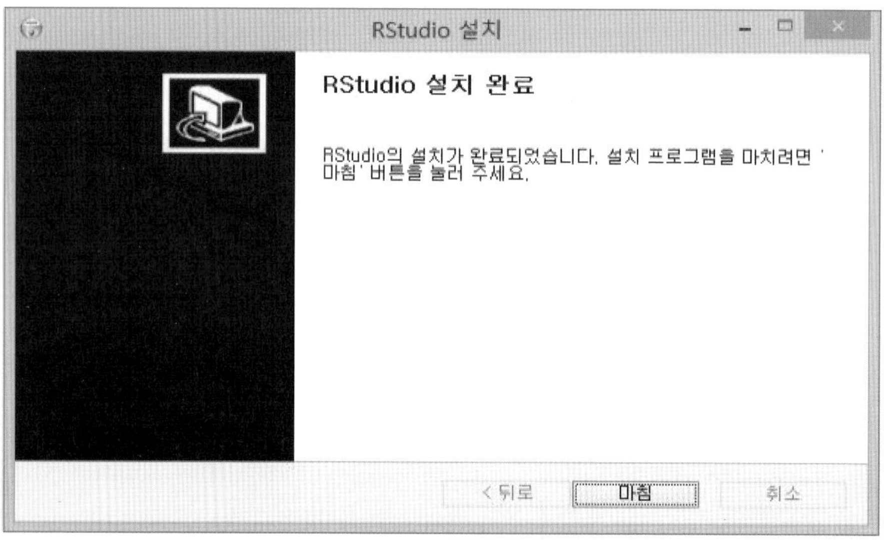

3.2. RStudio 프로그램 실행하기

[단계1] 『바탕화면에 RStudio 아이콘 생겼다. 이 아이콘을 왼쪽 마우스로 더블클릭하면 RStudio 프로그램이 실행된다. 참고로 RStudio를 실행할 때에는 항상 관리자 권한으로 실행하는 것이 좋다. 이것을 설정하는 방법은 다음과 같다.

- 윈도우 탐색기를 실행하여 RStudio bin 폴더로 이동한다.
- RStudio 실행 파일(rstudio.exe)를 선택하고, 마우스 오른쪽은 선택한다.
- 속성을 선택한다.
- 호환성 탭을 선택한다.
- 관리자 권한으로 이 프로그램 실행을 체크한다.

- 확인 버튼을 클릭한다. 그러면 이후부터 실행되는 RStudio 프로그램은 관리자 권한으로 실행된다.

3.3. RStudio 프로그램의 환경 설정하기

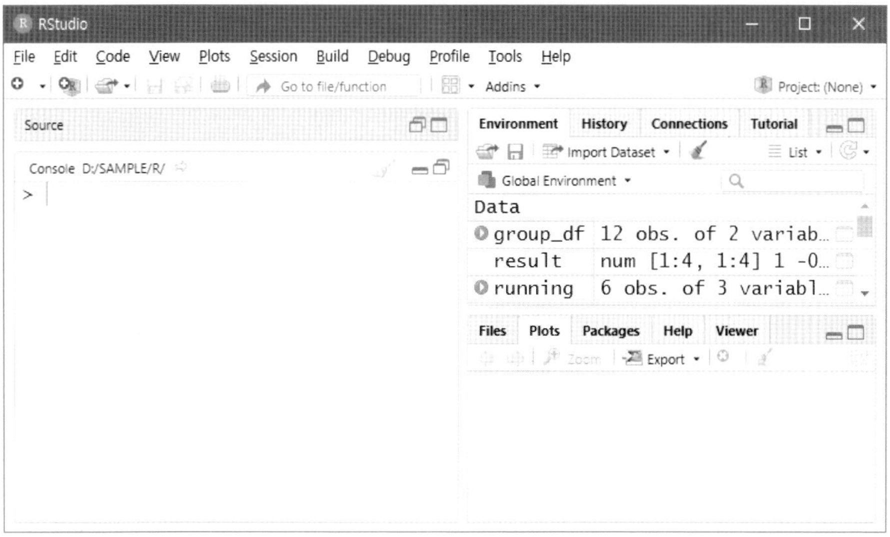

- RStudio 프로그램의 화면은 기본으로 3개의 화면으로 구성되어 있다. 명령어를 입력하거나 연산의 결과를 보여주는 콘솔(console), 객체들을 보여주는 Environment, 도움말이나 그래프를 보여주는 Plot이다.
- 화면의 제일 위에는 메뉴가 있고, 메뉴 중에서 자주 사용하는 기능은 도구모음으로 만들어 놓았다.
- [단계 1] RStudio 프로그램의 환경설정을 변경하려면 메뉴에서 『Tools』 ⇒ 『Global Options』을 선택한다.
- 환경설정(Options) 화면은 General, Code, Appearance, Pane Layout, Packages, Sweave, Spelling, Git/SVN, Publishing으로 구성되어 있고, 이 중에서 General, Code, Appearance, Pane Layout에서 일부만 변경하는 것을 소개한다.

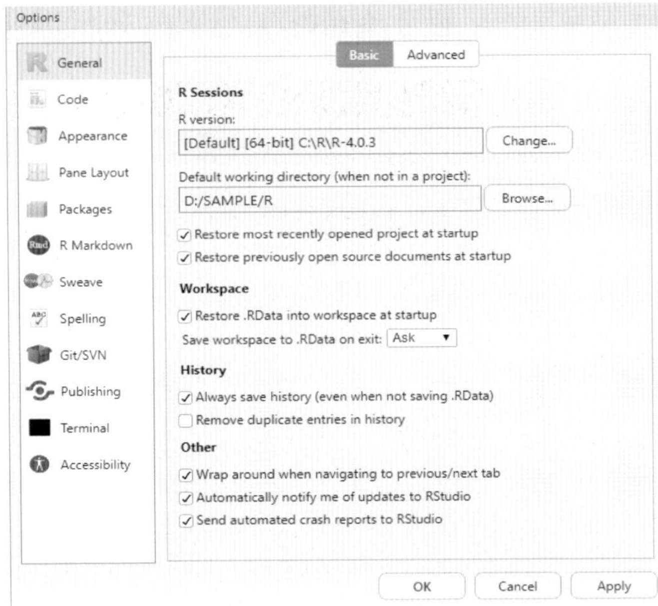

(1) General

- R version : 현재 설정된 R 프로그램의 버전으로 Change 버튼을 클릭하여 다른 버전으로 변경할 수 있다.
- Default working directory : 현재 설정된 작업공간(working directory)으로 데이터, 프로그램 등을 저장할 위치를 의미하며, Browse 버튼을 클릭하여 작업공간을 다른 위치로 변경할 수 있다.

(2) Code

- code에는 Editing, Display, Saving, Completion, Diagnostics라는 5개의 탭이 존재한다.
- Insert spaces for tab : 탭(tab)을 눌렀을 때에 몇 개의 공백을 줄 것인지를 지정함.
- Soft-wrap R sources files : RStudio 프로그램은 하나의 화면에 몇 개의 작은 화면으로 구성되어 있고, 각각의 화면의 크기를 조절할 수 있다. 화면의 크기를 조절하면 script에 있는 R 프로그램 명령어들이 다른 화면에 가려지는 현상이 발생한다. 이 부분을 체크하면 다른 화면에 의해서 내용이 가려지는 현상을 방지할 수 있다. 즉 화면이 작아지면 프로그램의 내용들이 다른 줄에 있는 것처럼 이동해서 보여준다.

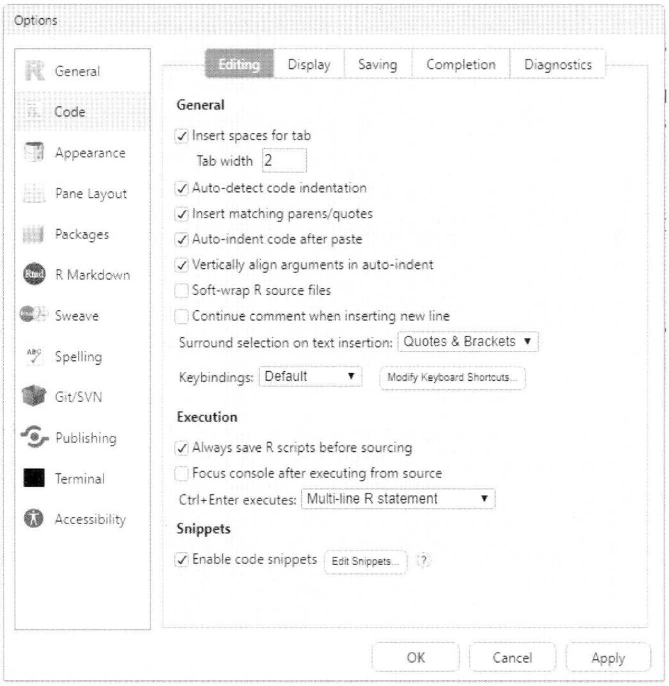

✔ Default text encoding : R 프로그램을 짤 수 있는 script에서 한글이 지원할 수 있도록 인코딩(encoding) 방식을 지정할 수 있다. 주로 주석(comment)로 많이 사용되는 한글이 깨지지 않고 지원할 수 있도록 하기 위해서는 Change 버튼을 클릭하여 EUC-KR 이라는 인코딩 방식으로 변경하면 된다.

(3) Appearance

- Zoom : RStudio 화면의 크기의 비율을 확대할 수 있다.
- Editor font : 글씨체를 변경할 수 있다.
- Font size : 글씨크기를 변경할 수 있다.
- Editor theme : script의 배경화면, 예약어 글씨체, 색깔 등을 다양하게 변경할 수 있다.

chapter 04

R 기초 사용법

학습개요

빅데이터 분석을 위한 R 기본 문법을 이해하고 조작할 수 있도록 산술연산자, 비교연산자 등을 설명해주고 있다. R에는 데이터의 유형(type of data)이 있다. 즉 데이터가 어떤 값으로 이루어져 있는가를 의미한다. 데이터 유형에는 기본적인 것과 특수한 형태로 구성되어 있다. 기본적인 데이터 유형이 많이 사용된다.

이 장에서는 R의 기본 문법과 변수의 개념을 익히고, 이해할 수 있도록 제시한다. 그리고 R의 데이터 유형을 이해할 수 있도록 제시한다.

학습목표

- R의 기본 문법을 이해할 수 있다.
- R의 데이터 유형을 이해할 수 있다.

4.1. 기초 사용법

❑

- "#" 다음에 나타나는 모든 문장은 주석이다. 주석(comment)의 기능은 명령어 내용 등이 무엇을 의미하는지 알 수 있도록 사용자가 설명을 달아주는 기능이다. "#" 뒤에 있는 한 줄이 주석으로 처리되며 R에서 지정된 문법을 검사하지 않는다. 단 한 줄만 주석으로 처리되므로 다른 줄을 사용하려면 줄 앞에 "#" 기호를 추가해야 한다.

❑ ;

- 세미콜론은 하나의 명령어가 끝났음을 알려주는 기능이다. 그러나 한 줄에 하나의 명령만 있는 경우 세미콜론 없이 명령어가 완료된 것으로 인식한다.

❑ Enter

- 다음 줄로 이동할 때 사용한다.

❑ Ctrl + Enter

- R의 명령어를 실행하는 기능이다. 명령어가 한 줄인 경우 마우스의 위치는 해당 줄의 아무 곳에 있을 수 있다. 명령어가 두 줄 이상인 경우에는 반드시 해당 명령어가 있는 곳을 블록잡고 실행시켜야 한다.

❑ Shift + Enter

- 함수를 사용할 때에 함수에 들어가는 값을 전달인자(argument)라고 한다. 함수 안에 들어가는 argument가 많아지면 하나의 명령어가 길게 표현된다. 그러면 명령어를 이해하는 데에 불편함이 있다. Shift + Enter를 하면 동일한 위치에 다른 argument를 올 수 있도록 해준다.

❑ 대소문자

- R은 대소문자를 구별한다. 이것은 "case sensitive하다" 라고 표현한다. 소문자 x와 대문자 X는 완전히 다른 것을 의미한다.
- RStudio 프로그램의 메뉴에서 File → New File → R Script를 선택한다.

위의 그림의 상단의 왼쪽에 있는 화면이 R Script 화면이다. 이곳에 R의 문법에 따라 명령어를 입력하고 실행할 수 있다.

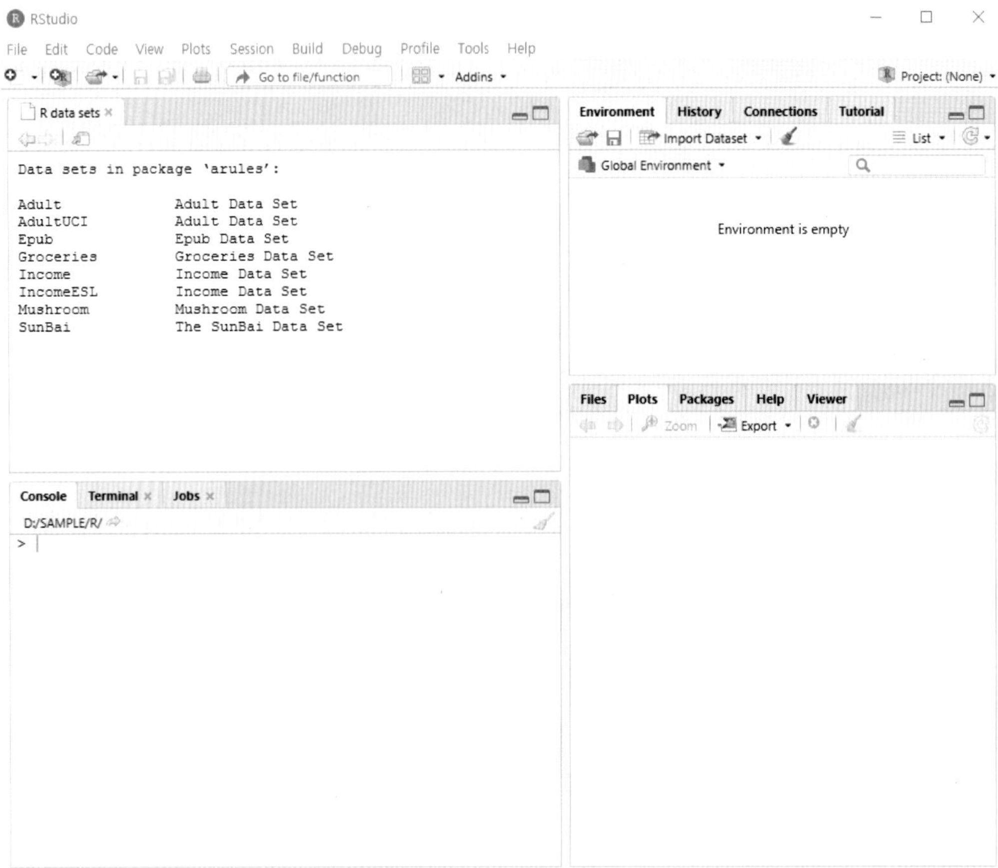

(1) 산술 연산자

산술 연산자(Arithmetic Operator)는 하나 이상의 수치에 대한 연산으로 더하기, 빼기, 곱하기, 나누기, 거듭제곱, 몫, 나머지를 구할 수 있다. 산술 연산자의 우선순위는 괄호(())가 가장 높고, 그 다음으로 거듭제곱(^, **), 그 다음으로 곱하기와 나누기(*, /)이고, 마지막으로 더하기와 빼기(+, -)이다. 곱하기와 나누기는 우선순위가 동일하고, 더하기와 빼기도 동일하다. 동일한 우선순위를 가지는 산술 연산자가 나열되어 있다면 왼쪽이 오른쪽보다 우선순위를 먼저 갖게 된다.

연산자	설명	입력내용	결과 내용
+	더하기	21 + 5	26
-	빼기	21 - 5	16
*	곱하기	21 * 5	105
/	나누기	21 / 5	4.2
**	거듭제곱	21 ** 5	4084101
^	거듭제곱	21 ^ 5	4084101
%/%	몫	21 %/% 5	4
%%	나머지	21 %% 5	1

아래의 그림과 같이 R Script에 표에 있는 입력내용을 쓰고 한 줄씩 실행하거나 전체를 블록잡고 실행해도 된다.

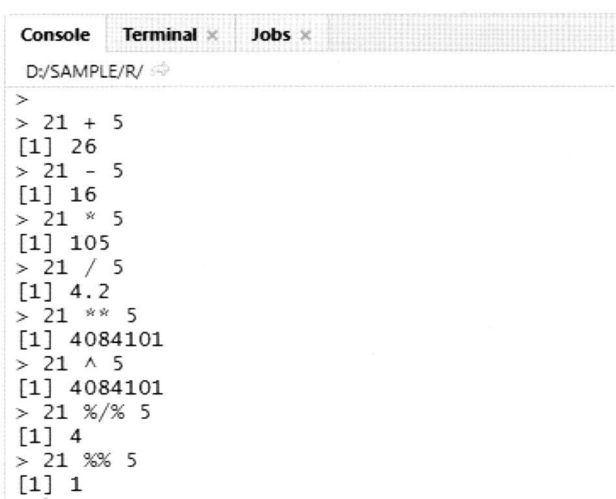

(2) 비교 연산자

비교 연산자(Relational Operator)는 두 값에 대한 비교로서 맞으면 TRUE, 맞지 않으면 FALSE를 반환한다. 비교 연산의 최종적인 결과가 갖는 값이다. 비교 연산자에는 크다, 크거나 같다. 작다, 작거나 같다, 같다, 같지 않다, 아니다가 있다.

연산자	설명	입력내용	결과 내용
〉	크다	5 〉 3	TRUE
〉=	크거나 같다	5 〉= 3	TRUE
〈	작다	5 〈 3	FALSE
〈=	작거나 같다	5 〈= 3	FALSE
==	같다	5 == 3	FALSE
!=	같지 않다	5 != 3	TRUE
!	아니다	!(5 == 3)	TRUE

크거나 같다(〉=), 작거나 같다(〈=), 같다(==), 같지 않다(!=)라는 비교 연산자를 사용할 때에 주의할 점은 연산자 안에 공백이 있으면 에러(error)가 발생한다는 것이다. 즉 '크거나 같다'를 사용할 때에 '〉공백='로 사용하면 안 된다.

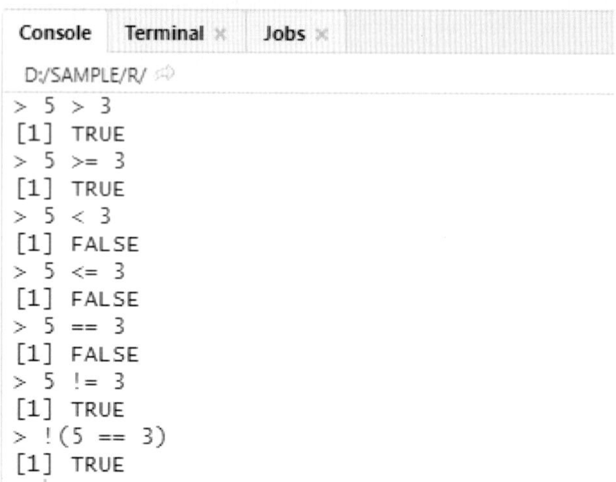
```
Console   Terminal ×   Jobs ×
D:/SAMPLE/R/
> 5 > 3
[1] TRUE
> 5 >= 3
[1] TRUE
> 5 < 3
[1] FALSE
> 5 <= 3
[1] FALSE
> 5 == 3
[1] FALSE
> 5 != 3
[1] TRUE
> !(5 == 3)
[1] TRUE
```

(3) 할당 연산자

할당 연산자(allocation operator)는 어떤 객체의 이름(변수 이름, 데이터 이름)에 특정한 값을 저장할 때 사용하는 연산자이다.

연산자	설명	결과 내용
<-	오른쪽의 값을 왼쪽의 이름에 저장함	x <- 5
=	오른쪽의 값을 왼쪽의 이름에 저장함	y = 6
->	왼쪽의 값을 오른쪽의 이름에 저장함	7 -> z

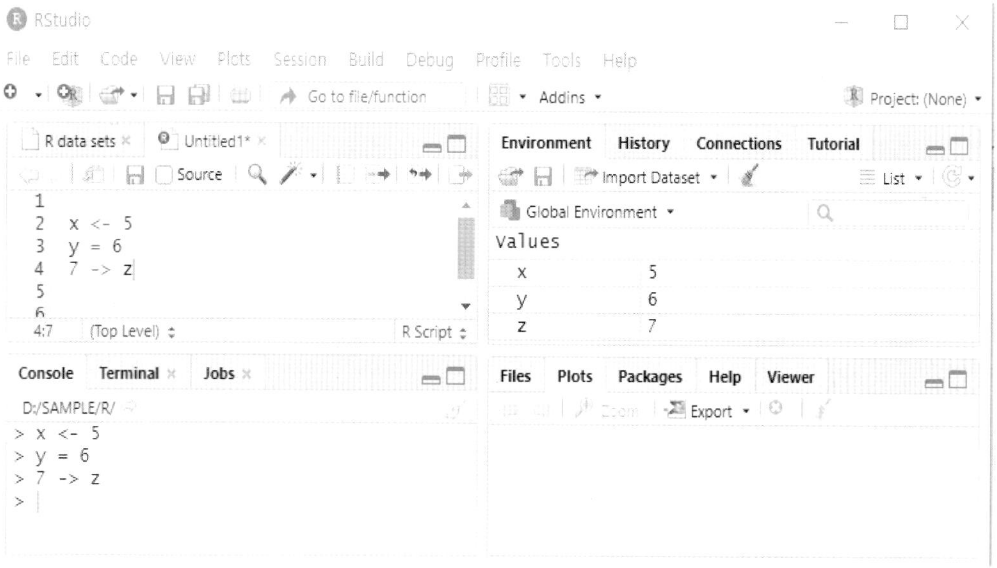

RStudio 프로그램의 왼쪽 하단을 보면 x, y, z라는 변수가 생성되었고, 각각의 값은 5, 6, 7임을 알려주고 있다. x, y, z에 무엇이 있는지를 일부러 새로운 명령어를 실행하지 않아도 알 수 있는 좋은 기능을 RStudio가 제공해 주고 있다.

(4) 논리 연산자

논리 연산자(logical operator)는 두 개 이상의 조건을 비교한다. &, &&는 모든 조건이 참일 때에만 최종적인 결과가 TRUE가 되며, |, ||는 조건 중에서 하나라도 참이면 최종적인 결과가 TRUE가 된다. 하지만 조건에 벡터(vector)가 오면 &와 &&의 결과, 또는 |와 ||의 결과에는 차이가 있다.

연산자	설명	결과 내용
&	AND	(조건1) & (조건2)
&&	AND	(조건1) && (조건2)
|	OR	(조건1) | (조건2)
||	OR	(조건1) || (조건2)
!	NOT	!(조건)

❑ &

&는 AND의 개념으로 두 개(또는 그 이상)의 조건을 동시에 만족할 때만 TRUE가 되는 논리 연산이다. &는 데이터가 하나인 스칼라(scalar)나 데이터가 두 개 이상을 가지는 벡터(vector)인 경우에도 작동한다.

❑ &&

&&는 AND의 개념으로 두 개(또는 그 이상)의 조건을 동시에 만족할 때만 TRUE가 되는 논리 연산이다. &&는 데이터가 하나인 스칼라인 경우에만 가능하며 벡터인 경우에는 벡터의 첫 번째만 작동하고 나머지는 작동하지 않는다.

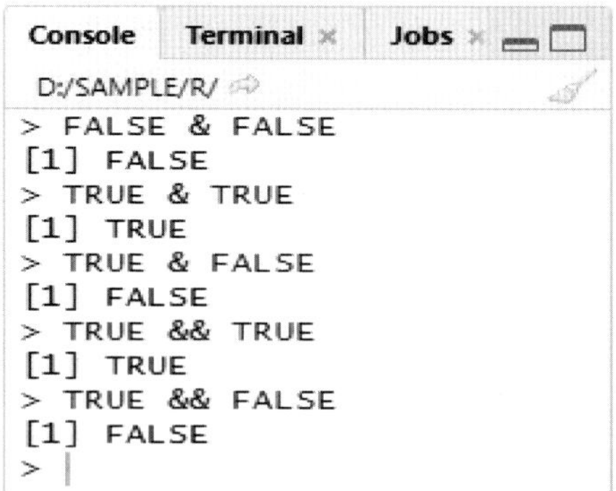

조건에 있는 값이 스칼라(scalar) 형태이며 &와 &&의 결과는 동일하다.

```
Console  Terminal ×  Jobs ×
D:/SAMPLE/R/
> c(TRUE, TRUE) & c(TRUE, FALSE)
[1]  TRUE FALSE
> c(TRUE, TRUE) && c(TRUE, FALSE)
[1] TRUE
>
```

하지만 바로 위의 그림처럼 조건이 벡터인 경우에는 &와 &&의 결과에 차이를 보인다. &는 벡터에 있는 두 개의 조건에 대한 결과를 보여주지만 &&는 벡터에 있는 첫 번째의 조건에 대한 결과만 보여주고 나머지는 작동하지 않는다.

❑ |

|는 OR의 개념으로 두 개(또는 그 이상)의 조건 중에서 하나만 만족하여도 TRUE가 되는 논리 연산이다. |는 데이터가 하나인 스칼라(scalar)나 벡터(vector)인 경우에도 작동한다.

❑ ||

||는 OR의 개념으로 두 개(또는 그 이상)의 조건 중에서 하나만 만족하여도 TRUE가 되는 논리 연산이다. ||는 데이터가 하나인 스칼라인 경우에만 가능하며 벡터인 경우에는 벡터의 첫 번째만 작동하고 나머지는 작동하지 않는다.

```
Console  Terminal ×  Jobs ×
D:/SAMPLE/R/
> FALSE | TRUE
[1] TRUE
> FALSE || TRUE
[1] TRUE
> TRUE | TRUE
[1] TRUE
> TRUE || TRUE
[1] TRUE
> FALSE | FALSE
[1] FALSE
>
```

```
Console  Terminal ×  Jobs ×
D:/SAMPLE/R/
> c(TRUE, TRUE) | c(TRUE, FALSE)
[1] TRUE TRUE
> c(TRUE, TRUE) || c(TRUE, FALSE)
[1] TRUE
> c(TRUE, TRUE) | c(FALSE, FALSE)
[1] TRUE TRUE
> c(FALSE, TRUE) | c(TRUE, FALSE)
[1] TRUE TRUE
> c(FALSE, TRUE) || c(TRUE, FALSE)
[1] TRUE
> |
```

결과에 대한 차이는 &와 &&의 설명과 동일하다.

❑ !

!는 NOT의 개념으로 지정된 조건의 결과를 반대(부정)하는 논리 연산이다. 조건이 TRUE는 최종 결과가 FALSE가 되고 하고, 조건이 FALSE이면 최종 결과가 TRUE가 되도록 한다.

```
Console  Terminal ×  Jobs ×
D:/SAMPLE/R/
> !c(TRUE, TRUE)
[1] FALSE FALSE
> !c(FALSE, FALSE)
[1] TRUE TRUE
> |
```

!는 TRUE를 FALSE로, FALSE를 TRUE로 변경했다.

(5) 주요 수학함수

연산자	설명	입력내용	결과 내용
abs()	절대값	abs(-3)	3
sqrt()	제곱근	sqrt(16)	16
pi	원주율	pi	3.141593
sign()	부호	sign(-3)	-1
round()	반올림	round(2.345, digits=2)	2.35
ceiling()	무조건 올림	ceiling(2.3)	3
floor()	무조건 내림	floor(2.7)	2
exp()	지수	exp(10)	22026.47
log()	자연로그	log(10)	2.302585
log10()	사용로그	log10(10)	1
log2()	로그(2)	log2(10)	3.321928
logb()	일반화 로그	logb(10, base=3)	2.095903
factorial()	계승	factorial(4)	24
choose()	조합	choose(4, 2)	6
prod()	곱	prod(1:4)	24
sin()	사인(sine)	sin(0.5)	0.4794255
cos()	코사인(cosine)	cos(0.5)	0.8775826
tan()	탄젠트(tangent)	tan(0.5)	0.5463025

4.2. 데이터 유형

R에는 데이터의 유형(type of data)이 있다. 즉 데이터가 어떤 값으로 이루어져 있는가를 의미한다. 숫자로 되어 있는지, 문자로 되어 있는지 등을 말한다. 데이터 유형에는 기본적인 것과 특수한 형태로 구성되어 있다. 기본적인 데이터 유형이 많이 사용된다.

(1) 기본의 데이터 유형

기본적인 데이터 유형에는 수치형, 문자형, 논리형, 복소수형이 있다. 이중에서 수치형, 문자형, 논리형이 자주 사용되며, 복소수형은 수학분야를 다룰 때에 사용할 것이다.

❑ 수치형(numeric)

숫자로 되어 있으며, 정수형(integer)과 실수형(double)이 있다.

❑ 문자형(character)

하나의 문자 또는 문자열로 되어 있으며, “” 또는 ”로 묶여 있다.

❑ 논리형(logical)

참과 거짓의 논리값으로 TRUE(or T)이나 FALSE(or F)를 가진다.

❑ 복소수형(complex)

실수와 허수로 이루어진 복소수이다.

x1에는 수치형, x2에는 문자형, x3에는 논리형, x4에는 복소수형 데이터가 하나씩 저장되었다.

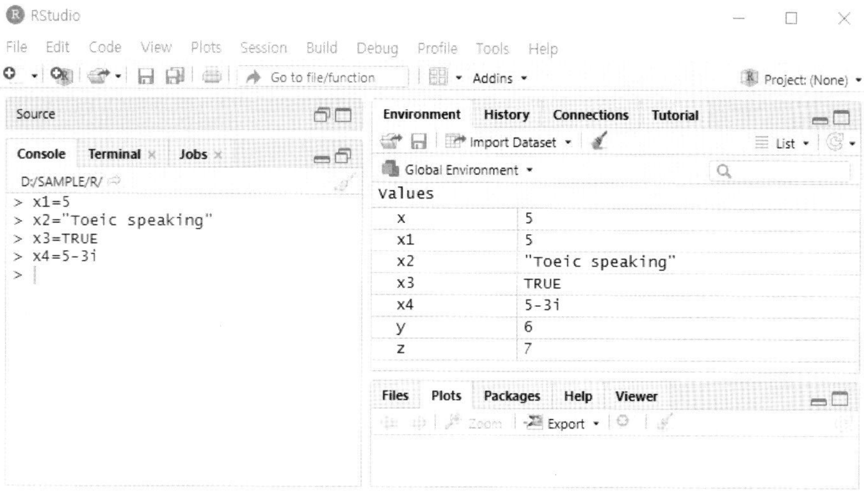

(2) 특수 형태의 데이터 유형

특수한 형태의 데이터 유형은 다음과 같다.

❑ NULL

객체(object)로서 존재하지 않는 객체로 지정할 때 사용한다.

❑ NA

Not Available의 약자로 결측치(missing value)를 의미한다.

❑ NaN

Not available Number의 약자로 수학적으로 계산이 불가능한 수를 의미한다. 예를 들면 sqrt(-3)로 음수에 대한 제곱근은 구할 수 없다.

❑ Inf

Infinite의 양자로 양의 무한대이다.

❑ –Inf

음의 무한대이다.

(3) 데이터의 유형을 알려주는 함수

데이터의 유형을 알려주는 함수에는 mode() 함수와 is로 시작하는 함수들이 있다. mode() 함수는 문자형 형태로 최종적인 결과를 알려준다. 즉 "numeric", "character", "logical", "complex" 중에 하나로 표현된다. is로 시작하는 함수들의 최종적인 결과는 TRUE 또는 FALSE 형태로 나타난다.

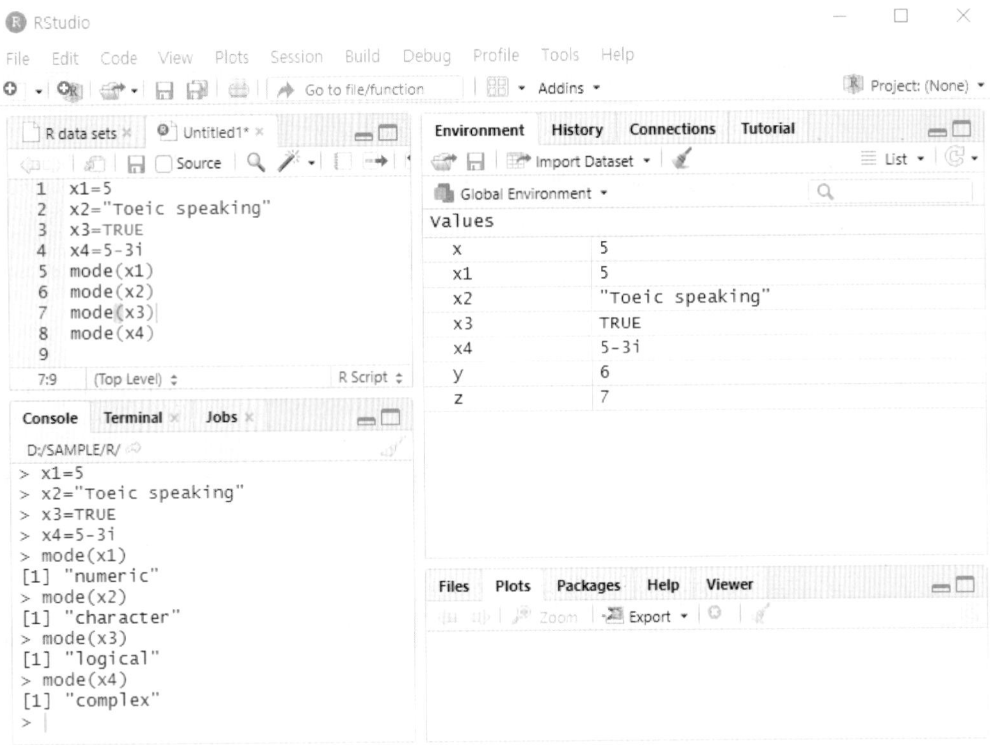

mode() 함수는 x1에는 수치형이 있기 때문에 x1의 데이터 유형은 "numeric"이라고 알려준다. x2는 문자형이기 때문에 "character", x3은 논리형이기 때문에 "logical", x4는 복소수형이기 때문에 "complex"라고 알려준다.

데이터 유형을 알려주는 is로 시작하는 함수들은 아래의 표와 같다.

함수명	설명	입력내용	결과 내용
is.numeric()	수치형 여부	is.numeric(데이터)	TRUE or FALSE
is.integer()	정수형 여부	is.integer(데이터)	TRUE or FALSE
is.double()	실수형 여부	is.double(데이터)	TRUE or FALSE
is.character()	문자형 여부	is.character(데이터)	TRUE or FALSE
is.logical()	논리형 여부	is.logical(데이터)	TRUE or FALSE
is.complex()	복소수형 여부	is.complex(데이터)	TRUE or FALSE
is.null()	NULL 여부	is.null(데이터)	TRUE or FALSE
is.na()	NA 여부	is.na(데이터)	TRUE or FALSE
is.finite()	유한 수치 여부	is.finite(데이터)	TRUE or FALSE
is.infinite()	무한 수치 여부	is.infinite(데이터)	TRUE or FALSE

```
Console   Terminal ×   Jobs ×
D:/SAMPLE/R/
> is.numeric(x1)
[1] TRUE
> is.integer(x1)
[1] FALSE
> is.double(x1)
[1] TRUE
> is.character(x2)
[1] TRUE
> is.logical(x2)
[1] FALSE
> is.complex(x3)
[1] FALSE
> is.null(x1)
[1] FALSE
> is.na(x1)
[1] FALSE
> is.finite(x1)
[1] TRUE
> is.infinite(x1)
[1] FALSE
>
```

(4) 데이터 유형의 우선순위

대표적인 네 가지 데이터 유형에는 우선순위가 있다. 벡터는 하나의 유형만 가질 수 있다. 그러므로 벡터를 만들 때에 여러 가지의 유형을 넣어도 최종적인 결과에는 하나의 유형으로 변경된다.

네 가지 데이터 유형의 우선순위는 다음과 같다.

문자형(character) 〉 복소수형(complex) 〉 수치형(numeric) 〉 논리형(logical)

```
Console   Terminal ×   Jobs ×
D:/SAMPLE/R/
> x1=c(12, "speaking", TRUE, 3+2i)
> x1
[1] "12"       "speaking"
[3] "TRUE"     "3+2i"
> |
```

x1은 네 개의 값을 가지는 벡터이며, 네 가지 유형으로 입력하였다. 하지만 x1이라는 벡터가 가지는 최종적인 유형은 한 가지로 문자형임을 알 수 있다. 참고로 데이터 이름을 주고 실행하면, 데이터가 가지는 값을 보여준다.

또한 데이터의 유형을 강제적으로 변경하는 함수는 다음과 같다.

함수명	설명	입력내용	결과 내용
as.numeric()	수치형으로 변환	as.numeric(데이터)	변환되거나 NA
as.integer()	정수형으로 변환	as.integer(데이터)	변환되거나 NA
as.double()	실수형으로 변환	as.double(데이터)	변환되거나 NA
as.character()	문자형으로 변환	as.character(데이터)	변환되거나 NA
as.logical()	논리형으로 변환	as.logical(데이터)	변환되거나 NA
as.complex()	복소수형으로 변환	as.complex(데이터)	변환되거나 NA

```
Console   Terminal ×   Jobs ×
D:/SAMPLE/R/
> x1=20
> as.numeric(x1)
[1] 20
> as.integer(x1)
[1] 20
> as.double(x1)
[1] 20
> as.character(x1)
[1] "20"
> as.logical(x1)
[1] TRUE
> as.complex(x1)
[1] 20+0i
>
```

x1에 20이라는 수치형 데이터를 하나 저장하였다. x1에 저장되어 있는 수치형을 강제적으로 다른 유형으로 변경한 결과는 위의 그림과 같다.

수치형인 것을 강제적으로 수치형으로 변경할 때에는 에러(error)가 발생하고, 정수형, 실수형, 문자형, 논리형, 복소수형으로 모두 강제 변환되었다. 위의 결과처럼 언제나 데이터의 유형이 강제적으로 변환되는 것은 아니다.

데이터 유형 중 우선순위가 낮은 형태에서 우선순위가 높은 형태로는 아무런 문제없이 강제적으로 유형이 변환되지만, 우선순위가 높은 형태에서 우선순위가 낮은 형태로의 변환은 일부만 가능하기 때문에 경우에 따라서는 강제적으로 유형이 변경되지 않을 수 있다.

chapter 05

데이터 형태

학습개요

빅데이터 분석을 위한 R 기본 문법을 이해하고 조작할 수 있도록 산술연산자, 비교연산자 등을 설명해주고 있다. R에는 데이터의 유형(type of data)이 있다. 즉 데이터가 어떤 값으로 이루어져 있는가를 의미한다. 데이터 유형에는 기본적인 것과 특수한 형태로 구성되어 있다. 기본적인 데이터 유형이 많이 사용된다.

이 장에서는 R의 기본 문법과 변수의 개념을 익히고, 이해할 수 있도록 제시한다. 그리고 R의 데이터 유형을 이해할 수 있도록 제시한다.

학습목표

- R에서 자주 사용하는 4가지 데이터 형태를 숙지할 수 있다.
- R에서 4가지 데이터 형태를 활용할 수 있다.
- R에서 벡터, 행렬의 연산을 실시할 수 있다.

R에서 객체는 데이터나 그래프를 의미한다. 여기서는 데이터로서의 객체를 소개한다. 데이터에는 벡터(vector), 요인(factor), 데이터 프레임(data frame), 리스트(list) 등이 있다.

5.1. 벡터

벡터는 여러 데이터를 포함하는 스칼라 확장이다. 벡터는 하나의 열로 구성되며, 콘솔에 출력될 때에는 하나의 행으로 나타난다. 벡터는 데이터에 대한 통계분석이나 그래프를 작성할 때 사용되는 데이터 형태로서 가장 활용된다. 여기서는 벡터를 생성하는 방법, 벡터의 속성 등을 만드는 방법을 다룬다.

(1) 벡터의 생성

벡터를 생성하는 방법은 많다. 하지만 여기서는 대표적인 3가지 방법인 c(), :, seq()를 소개한다.

① c( )

R에서 자료를 생성하는 기본적인 방법인 c( ) 함수는 combine 또는 concatenate 의미를 갖으며, 벡터를 생성하는 가장 대표적인 방법이다. c( ) 함수는 네 가지 유형(수치형, 문자형, 논리형, 복소수형)에 적용할 수 있다. 즉 수치형 벡터, 문자형 벡터, 논리형 벡터, 복소수형 벡터를 생성할 수 있다.

그리고 규칙이 없는 데이터로 이루어진 벡터를 생성할 때 사용한다. 규칙이 있을 때에는 다른 기능을 이용한다. c( ) 함수를 사용하는 방법은 다음과 같다.

argument	설명
…	기본적으로는 스칼라가 들어가며, 스칼라와 스칼라 사이는 콤마로 구분한다. 또한 벡터도 들어갈 수 있다.

수치형 벡터인 v1, 문자형 벡터인 v2, 논리형 벡터인 v3을 생성하면 다음과 같다.

○ v1 = c(5, 20, 22)

○ v2 = c("kabim", "Laban", "PABA")

○ v3 = c(TRUE, TRUE, FALSE, FALSE)

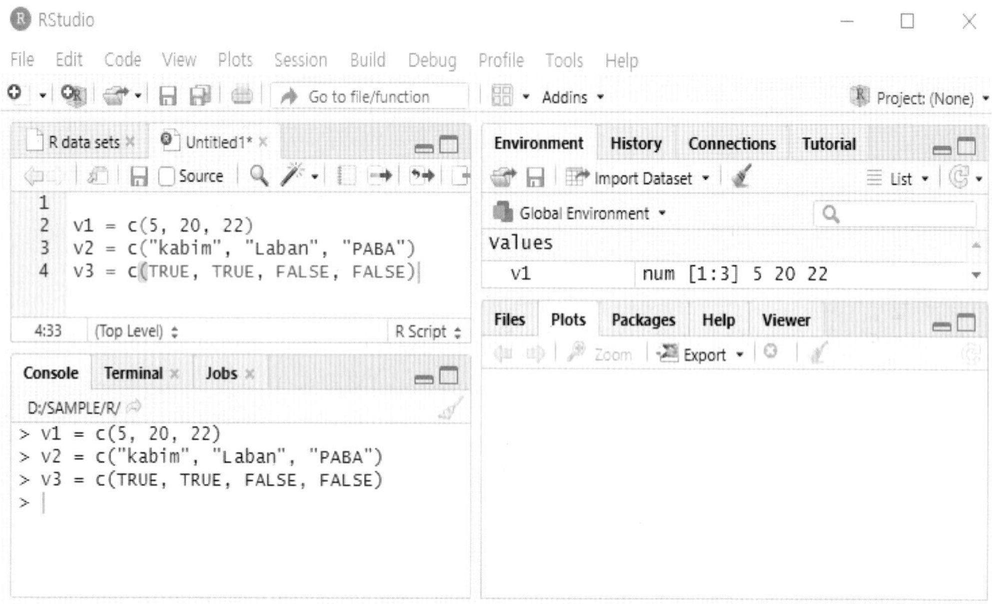

v1은 3개의 수치형으로 이루어진 벡터이고, v2는 3개의 문자형, v3은 4개의 논리형으로 만들어진 벡터이다. 문자형이나 논리형으로 이루어진 벡터를 생성할 때에 초보자들이 가끔씩 실수하는 것이 있다. Kim처럼 큰 따옴표를 생각하거나 "FALSE"에 큰 따옴표를 사용한다. 문자형은 큰 따옴표나 작은 따옴표로 감싸야 하고, 논리형은 감싸지 않아야 한다.

c( ) 함수는 벡터들을 하나로 합쳐서 하나의 새로운 벡터를 생성할 수도 있다. 새로운 v1 벡터와 v2를 생성하고, c() 함수를 이용하여 v1, v2 벡터를 연결하여 v3이라는 새로운 벡터를 생성한다.

○ v1 = c(3, 5, 8)

○ v2 = c(20, 40, 60)

○ v3 = c(v1, v2)

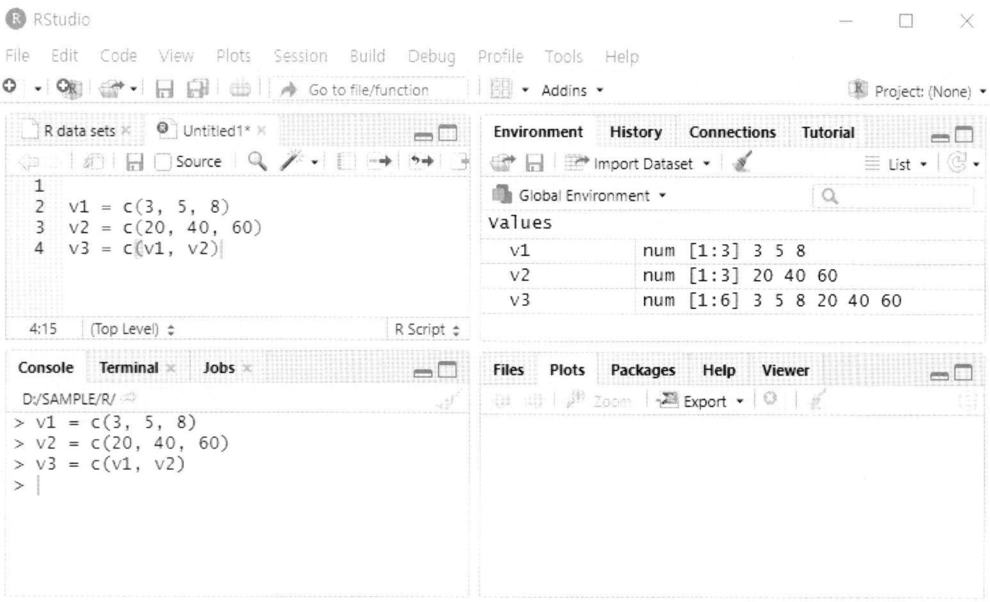

c() 함수는 벡터를 생성할 때에도 사용하지만 다른 데이터 형태에서 일부의 데이터를 추출할 때에도 사용한다. 규칙이 없는 특정한 행이나 열의 데이터를 추출할 때 사용한다.

② :

콜론(:)은 수치형에만 적용되며, 1씩 증가되거나 1씩 감소되는 규칙이 있는 값으로 이루어진 벡터를 생성할 때 사용한다. start:end 구조로 사용하며, start, end는 숫자이고, start 〉 end 이면 1씩 감소되고, start 〈 end이면 1씩 증가되며, start=end 이면 start 또는 end가 된다. 시작은 무조건 start에서 시작해서 end를 넘지 않는다.

○ v1 = 1:6

start는 1, end는 6이다. start 〈 end가 성립하므로 1씩 증가된다. start부터 시작해서 end를 넘지 않을 때까지 1씩 증가하는 수치형으로 이루어지는 벡터가 된다. 즉 1부터 시작해서 5를 넘지 않을 때까지 1씩 증가하는 수치형 벡터가 생성된다. v1은 1, 2, 3, 4, 5, 6으로 되어 있다.

○ v2 = 6:1

start는 6, end는 1이고, start 〉 end가 성립하므로 1씩 감소된다. start부터 시작해서 end를 넘지 않을 때까지 1씩 감소하는 수치형으로 이루어지는 벡터가 된다. 즉 5부터 시작해서 1을 넘지 않을 때까지 1씩 감소하는 수치형 벡터가 생성된다. v2는 6, 5, 4, 3, 2, 1로 되어 있다.

○ v3 = −3.3:6

start는 -3.3, end는 6이고, start 〉 end가 성립하므로 1씩 증가된다. start부터 시작해서 end를 넘지 않을 때까지 1씩 증가하는 수치형으로 이루어지는 벡터가 된다. 즉 −3.3부터 시작해서 5를 넘지 않을 때까지 1씩 증가하는 수치형 벡터가 생성된다. v3은 −3.3, -2.3, -1.3, -0.3, 0.7, 1.7, 2.7, 3.7, 4.7, 5.7로 되어 있다.

○ v4 = 6:−3.3

start는 6, end는 −3.3고, start 〈 end가 성립하므로 1씩 감소된다. start부터 시작해서 end를 넘지 않을 때까지 1씩 감소하는 수치형으로 이루어지는 벡터가 된다. 즉 5부터 시작해서 −3.3을 넘지 않을 때까지 1씩 감소하는 수치형 벡터가 생성된다. v4는 6, 5, 4, 3, 2, 1, 0, -1, -2, -3으로 되어 있다.

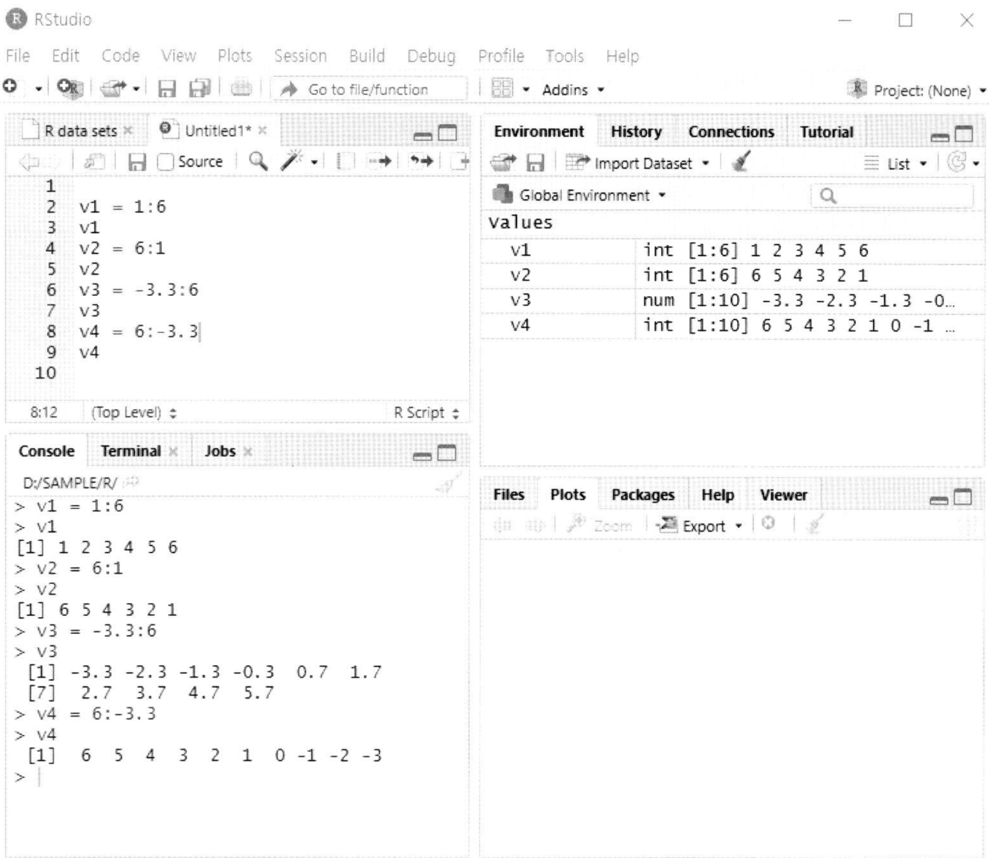

콜론(:)도 벡터를 생성할 때 사용하지만 다른 데이터 형태에서 연달아 있는 특정한 행이나 열의 데이터를 추출할 때 사용할 수 있다.

③ seq( )

seq( ) 함수는 sequence의 약자이며, 콜론(:)의 확장 또는 일반화이다. 즉 콜론(:)은 1씩 증가하거나 감소하는 수치형으로 이루어진 벡터를 생성하지만, seq( ) 함수는 1 이외의 증감이 되는 규칙 있는 수치형 벡터를 생성할 수 있다. seq( ) 함수의 사용방법은 다음과 같다.

argument	설명
from	시작값이다.
to	끝값이다.
by	얼마씩 증가 또는 감소시킬지를 정하는 단계값이다. 단, 감소시킬 경우에는 부호가 음수이어야 한다. 그렇지 않으면 에러(error)가 발생한다.

❍ v1 = seq(from=1, to=6, by=1)

1부터 시작해서 6를 넘지 않을 때까지 1씩 증가하는 수치형 벡터가 생성된다. v1은 1, 2, 3, 4, 5, 6으로 되어 있다.

❍ v2 = seq(from=1, to=6, by=0.6)

1부터 시작해서 5를 넘지 않을 때까지 0.5씩 증가하는 수치형 벡터가 생성된다. v2는 1.0 1.6 2.2 2.8 3.4 4.0 4.6 5.2, 5.8로 되어 있다.

❍ v3 = seq(from=6, to=1, by=0.6)

6부터 시작해서 1을 넘지 않을 때까지 0.5씩 감소시키고 싶지만, by의 부호가 양수이기 때문에 에러(error)가 발생한다.

❍ v4 = seq(from=6, to=1, by=–0.6)

5부터 시작해서 1을 넘지 않을 때까지 0.5씩 감소하는 수치형 벡터가 생성된다. v3은 6.0 5.4 4.8 4.2 3.6 3.0 2.4 1.8, 1.2로 되어 있다.

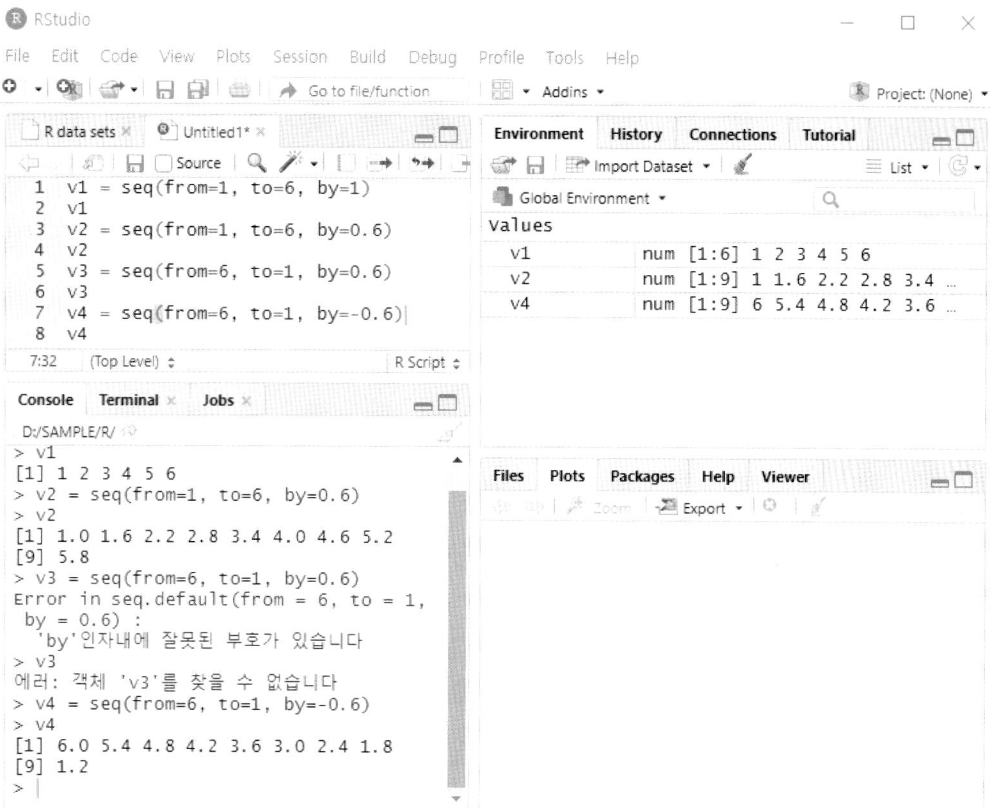
RStudio
File Edit Code View Plots Session Build Debug Profile Tools Help
Go to file/function
Addins
Project: (None)
R data sets
Untitled1*
Source
v1 = seq(from=1, to=6, by=1)
v1
v2 = seq(from=1, to=6, by=0.6)
v2
v3 = seq(from=6, to=1, by=0.6)
v3
v4 = seq(from=6, to=1, by=-0.6)
v4
7:32
(Top Level)
R Script
Environment
History
Connections
Tutorial
Import Dataset
List
Global Environment
Values
v1 num [1:6] 1 2 3 4 5 6
v2 num [1:9] 1 1.6 2.2 2.8 3.4 ...
v4 num [1:9] 6 5.4 4.8 4.2 3.6 ...
Console
Terminal
Jobs
D:/SAMPLE/R/
> v1
[1] 1 2 3 4 5 6
> v2 = seq(from=1, to=6, by=0.6)
> v2
[1] 1.0 1.6 2.2 2.8 3.4 4.0 4.6 5.2
[9] 5.8
> v3 = seq(from=6, to=1, by=0.6)
Error in seq.default(from = 6, to = 1,
by = 0.6) :
'by'인자내에 잘못된 부호가 있습니다
> v3
에러: 객체 'v3'를 찾을 수 없습니다
> v4 = seq(from=6, to=1, by=-0.6)
> v4
[1] 6.0 5.4 4.8 4.2 3.6 3.0 2.4 1.8
[9] 1.2
>
Files
Plots
Packages
Help
Viewer
Zoom
Export

(2) 벡터의 속성

벡터의 속성으로는 벡터가 가지는 데이터의 유형, 데이터의 개수, 데이터의 이름을 알아내거나 데이터의 이름의 경우에는 새롭게 지정할 수 있다. 또한 벡터가 가지는 데이터 중에서 일부를 추출할 수도 있다.

① 데이터의 유형

mode(), is.numeric(), is.character(), is.logical(), is.complex() 함수를 사용한다. 사용방법은 다음과 같다.

- mode(벡터)
- is.numeric(벡터)
- is.character(벡터)
- is.logical(벡터)
- is.complex(벡터)

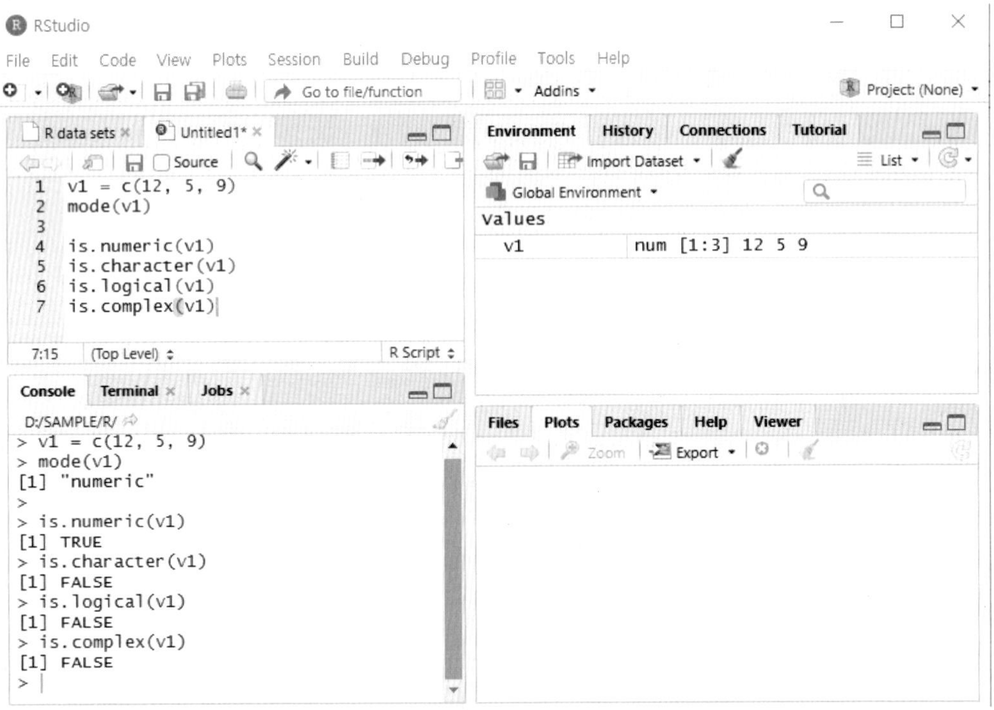

② **데이터의 개수**

벡터가 몇 개의 데이터를 가지고 있는지를 데이터의 개수라고 하며, length() 함수를 사용한다. 그 사용 방법은 다음과 같다.

❍ length(벡터)

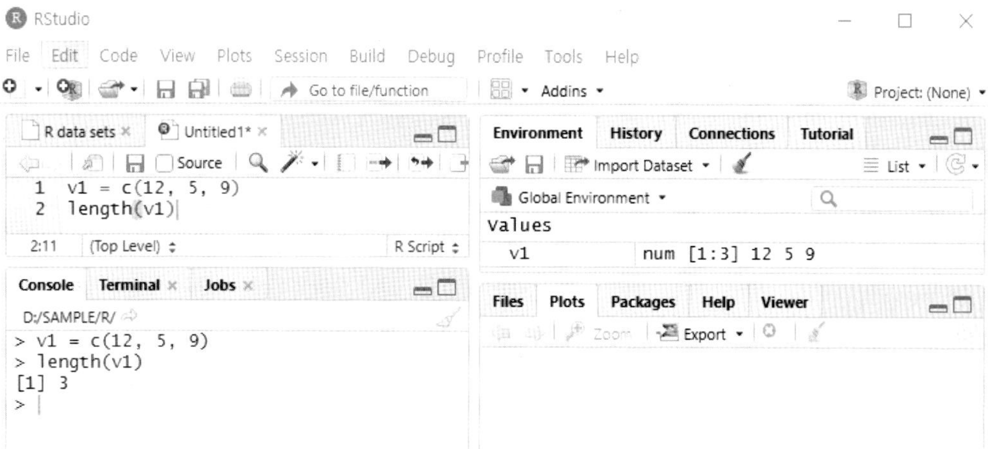

③ **데이터의 이름**

names() 함수를 사용하며, 해당 벡터를 지정하면 된다. 벡터의 원소 각각에 이름이 있으면, 이름을 문자형 형태로 알려주고, 이름이 없으면 NULL을 반환한다. 만약에 벡터의 원소에 대한 이름이 없는 경우, 이름을 붙여 주고 싶을 때에는 c() 함수 등을 이용하여 이름을 지정하면 된다.

❍ names(벡터)

❍ names(벡터) = c(원소의 이름)

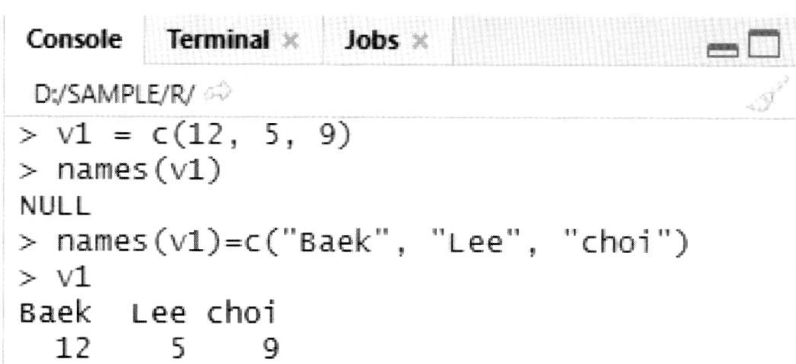

④ 데이터의 추출

벡터 중에서 일부의 데이터를 추출할 때는 대괄호([])를 사용한다. 대괄호 안에 양의 정수를 입력하며, 양의 정수는 색인(index)으로 벡터가 가지는 데이터의 위치를 의미한다. index가 1이면 벡터의 첫 번째 원소를 의미한다. index에는 벡터를 생성하는 방법에서 소개했던 c(), :, seq(), sequence() 등도 올 수 있다.

○ 벡터[index]

5명의 몸무게(62, 73, 65, 52, 63)를 저장하는 weight라는 변수를 생성하고, 일부를 추출하면 다음과 같다.

○ weight = c(62, 73, 65, 52, 63)

○ weight[1]

weight 벡터가 가지는 데이터 중에서 첫 번째 데이터인 62를 가져온다. 참고로 R에서는 색인(index)의 처음 위치를 1부터 시작한다. 다른 프로그램들 중에서 일부는 색인의 처음 위치를 0으로 시작하는 경우가 있다.

○ weight[2]

weight 벡터가 가지는 데이터 중에서 두 번째 데이터인 73을 가져온다.

○ weight[2:4]

weight 벡터가 가지는 데이터 중에서 2, 3, 4번째에 있는 데이터인 73, 65, 52를 가져온다. 이렇게 가져오는 데이터가 연달아 있는 경우에는 :(콜론)을 사용하면 편리하다.

○ weight[c(1, 4, 5)]

weight 벡터가 가지는 데이터 중에서 1, 4, 5번째 있는 데이터인 62, 52, 63을 가져온다. 가져오고 싶은 데이터가 연달아 있지 않고, 특정한 규칙이 없다면 c() 함수를 이용하여 가져오고 싶은 위치를 지정하면 된다.

○ weight[-c(1, 4, 5)]

weight 벡터가 가지는 데이터 중에서 1, 4, 5번째 있는 데이터를 제외하고 나머지 데이터를 가져오라는 뜻이다. 즉 2, 3번째 위치에 있는 데이터인 73, 65를 가져온다.

(3) 벡터의 연산

하나의 수치형 벡터에 수치형 스칼라의 값을 이용하여 사칙연산을 통해 새로운 값을 가지는 벡터를 생성할 수 있다. 벡터와 벡터 간에 사칙연산을 할 수 있다. R의 강점 중의 하나가 바로 벡터의 연산이 편리하고 빠르다는 것이다.

① 벡터의 길이가 동일한 경우

연산에 사용되는 벡터들의 길이가 동일한 경우로서 벡터들 간의 사칙연산을 할 수 있다. 최종적인 결과는 벡터가 된다. 벡터들 간의 연산이 될 때에는 각 벡터에 있는 동일한 위치의 값들 간이 연산이 된다. 예를 들어, 수치형 벡터인 v1과 v2가 있고 v1 + v2의 연산을 하면, v1[1] + v2[1]의 연산이 된다.

v1에는 1, 2, 3을 가지고, v2는 4, 5, 6을 갖도록 생성한 후에 연산을 하면 다음과 같다.

- ❍ v1 + v2
- ❍ v1 – v2
- ❍ v1 * v2
- ❍ v1 / v2
- ❍ v1 ** v2

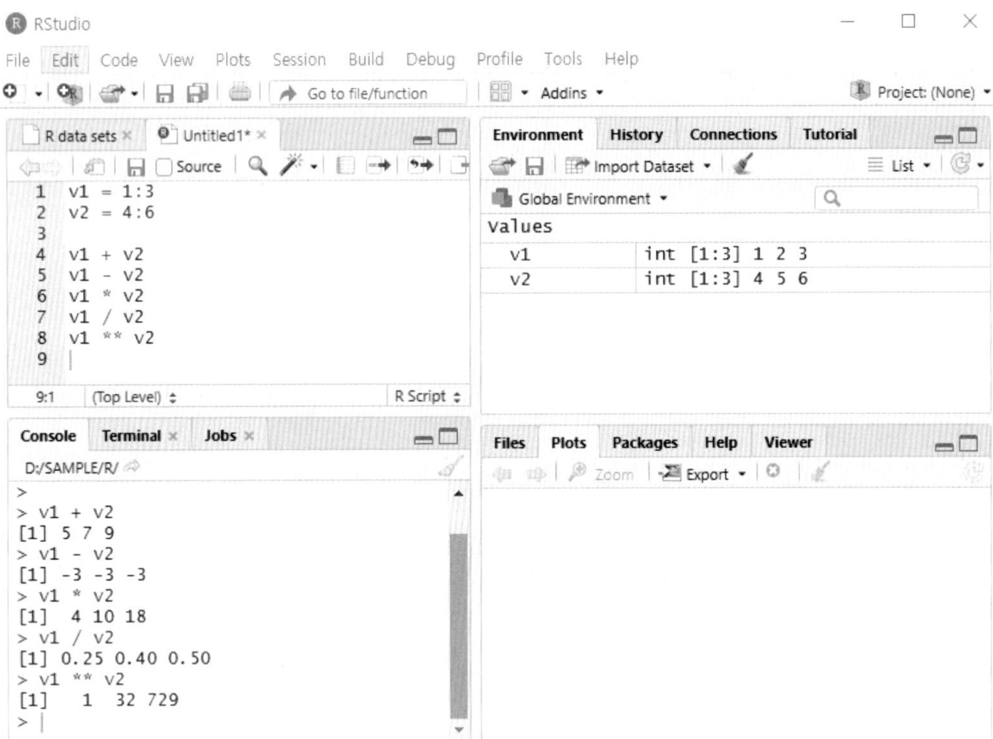

② 벡터의 길이가 동일하지 않은 경우

두 벡터가 가지는 데이터의 개수가 다를 때에는 연산이 될 것인가? 결과적으로 연산이 된다. 연산이 된다면 어떤 방식으로 연산이 될 것인가? 벡터 자체는 변하지 않지만 연산과정에서 데이터의 개수가 적은 쪽의 벡터는 데이터 개수가 많은 쪽의 벡터와 동일하게 데이터의 개수를 맞춘다. 즉 데이터 개수가 차이가 나는 만큼 임시적으로 데이터가 생성된다. v1은 3개의 데이터, v2는 6개의 데이터가 있다면 v1과 v2 벡터 간의 연산을 했을 경우, v1의 데이터는 추가적으로 3개가 더 생성되어 6개가 된다. 그렇다면 새롭게 생성되는 3개의 데이터는 어떤 값을 가질까? v1이 가지고 있는 값을 순서적으로 새롭게 생성되는 데이터에 지정하게 된다. 이러한 규칙을 재사용 규칙(recycling rule)이라고 한다. 재사용 규칙은 R이 가지는 중요한 특징 중에 하나이다.

v1에 1, 2, 3을, v2에는 1, 2, 3, 4, 5, 6을 저장하고 있고, 두 벡터 간의 연산을 하면 다음과 같다.

- v1 = 1:3
- v2 = 1:6
- v1 + v2

```
Console   Terminal ×   Jobs ×
D:/SAMPLE/R/
> v1 = 1:3
> v2 = 1:6
> v1 + v2
[1] 2 4 6 5 7 9
> 
```

v1은 3개의 수치형 데이터를 가지는 벡터이고, v2는 6개의 수치형 데이터를 가는 벡터이다. v1 + v2의 연산을 하면 v1는 변하지 않지만 연산과정에서만 추가적으로 3개의 데이터를 가지게 된다. 새롭게 생성되는 4, 5, 6번째의 데이터는 v1의 1, 2, 3째의 있는 값을 순서적으로 갖게 된다. 즉 1, 2, 3, 1, 2, 3으로 된다. 그러므로 연산과정에서 데이터의 개수가 동일하게 되고, 동일한 위치 간의 연산이 가능하게 된다. 즉 [1+1, 2+2, 3+3, 1+4, 2+5, 3+6]이다. 이것의 결과값은 2, 4, 6, 5, 7, 9가 된다.

v1은 1, 2, 3을 가지는 벡터이고, v2는 1, 2, 3, 4, 5, 6, 7, 8, 9, 10을 가지는 벡터이다.

○ v1 = 1:3

○ v2 = 1:10

○ v1 + v2

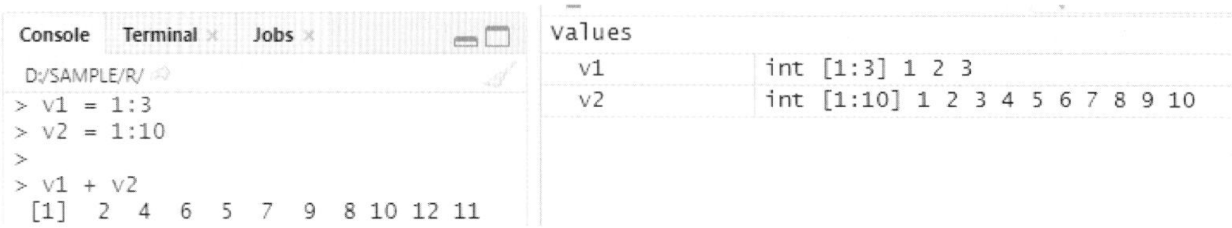

재사용규칙이 동일하게 적용되어 v1은 연산과정에서 7개가 추가적으로 생성되고, 추가적으로 생성된 데이터의 값은 v1에 있는 1, 2, 3을 순서적으로 갖게 된다. 즉 1, 2, 3, 1, 2, 3, 1, 2, 3 1이 된다. 그리하여 v1과 v2 벡터 간에 연산이 된다. 하지만 경고 메시지(warning message)가 발생하였다. 그 이유는 v1의 데이터 개수와 v2의 데이터 개수 간에 배수가 존재하지 않기 때문이다. 즉 1+1, 2+2, 3+3, 1+4, 2+5, 3+6, 1+7, 2+8, 3+9, 1+10이다. 이것의 결과값은 2, 4, 6, 5, 7, 9, 8, 10, 12, 11이 된다.

5.2. 요인

요인(factor)은 데이터를 질적 자료(또는 범주형 자료)로 변환해 주는 기능이다. 질적자료로 변경되면 집단별로 통계분석을 할 수 있다. factor() 함수를 사용하며, 그 사용방법은 다음과 같다.

argument	설명
x	벡터를 지정한다.
levels	그룹으로 지정할 문자형 벡터를 지정하며, levels를 쓰지 않으면 오름차순으로 구분하여 자체적으로 그룹을 지정한다.
labels	levels에 대한 문자형 벡터를 지정한다.
ordered	levels에 대해 특정한 순서를 정하고 싶으면 TRUE를 지정한다.

6명의 혈액형 데이터를 bt라는 벡터에 저장하고, bt라는 벡터를 요인(factor)로 변환해 본다.

○ bt = c("A", "O", "A", "AB", "O", "B")

○ bt

○ bt_factor = factor(bt)

○ bt_factor

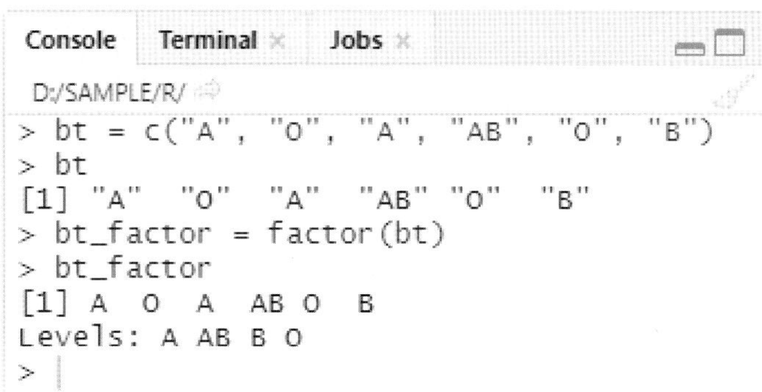

ft_factor가 가지는 그룹(또는 집단)이 몇 개이며, 그 이름이 무엇인지를 알려면 levels() 함수를 사용하면 된다. 그리고 이름을 변경하고 싶으면 c() 함수를 이용하면 된다.

- levels(bt_factor)
- levels(bt_factor) = c("A형", "AB형", "B형", "O형")
- bt_factor

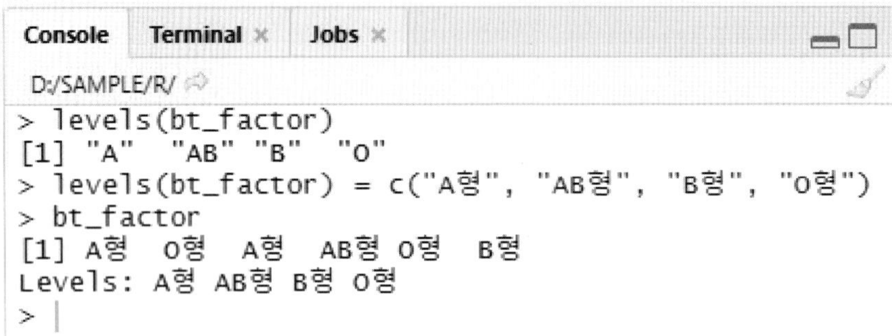

5.3. 리스트

리스트(list)는 주로 통계분석의 결과를 저장할 때 사용하는 데이터 형태이며, 리스트의 원소로 스칼라, 벡터, 행렬, 배열, 데이터 프레임, 요인 그리고 리스트 자신을 가질 수 있다. 사용 방법은 다음과 같다.

argument	설명
x	스칼라, 벡터, 행렬, 배열, 데이터 프레임, 요인, 리스트를 지정할 수 있다.

- s1 = 10
- v1 = 1:10
- m1 = matrix(1:4, nrow=2, ncol=2)
- a1 = array(1:8, dim=c(2, 2, 2))
- df1 = data.frame(id=1:3, age=c(20, 30, 40))
- f1 = factor(c("A", "O", "A", "AB", "O", "B"))
- result = list(s1, v1, m1, a1, df1, f1)

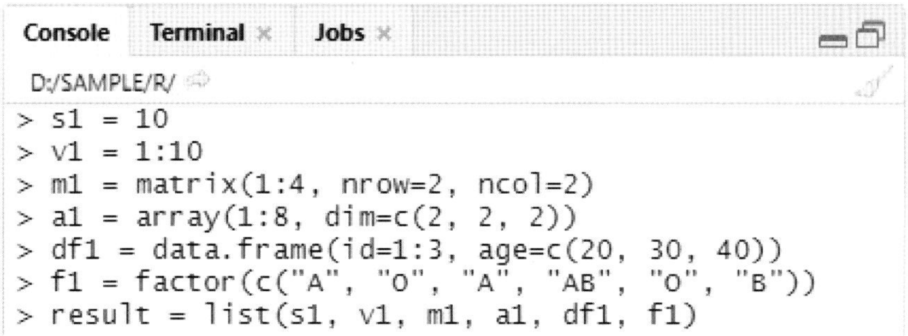

❍ result

```
Console  Terminal ×  Jobs ×
D:/SAMPLE/R/
> s1 = 10
> v1 = 1:10
> m1 = matrix(1:4, nrow=2, ncol=2)
> a1 = array(1:8, dim=c(2, 2, 2))
> df1 = data.frame(id=1:3, age=c(20, 30, 40))
> f1 = factor(c("A", "O", "A", "AB", "O", "B"))
> result = list(s1, v1, m1, a1, df1, f1)
> result
[[1]]
[1] 10

[[2]]
 [1]  1  2  3  4  5  6  7  8  9 10

[[3]]
     [,1] [,2]
[1,]    1    3
[2,]    2    4

[[4]]
, , 1

     [,1] [,2]
[1,]    1    3
[2,]    2    4

, , 2

     [,1] [,2]
[1,]    5    7
[2,]    6    8


[[5]]
  id age
1  1  20
2  2  30
3  3  40

[[6]]
[1] A  O  A  AB O  B
Levels: A AB B O

> |
```

리스트(list)의 원소를 추출하는 방법은 두 가지가 있다. 대괄호([index]) 하나를 쓰는 것과 대괄호를 두 개([[index]]) 쓴다. 대괄호를 하나를 쓰면 최종적인 결과가 리스트가 된다. 대괄호를 두 개를 쓰면 최종적인 결과가 해당 원소의 데이터 형태가 된다.

chapter 06

외부 데이터 읽어오기

학습개요

분석하고 싶은 데이터는 일반적으로 R이 아닌 다른 파일로 저장되어 있다. 텍스트, 엑셀, CSV(Comma Separated Vaule), 그리고 오라클(Oracle)과 같은 데이터베이스(Data Base)로 되어 있다. 여기서는 텍스트, 엑셀, CSV로 되어 있는 데이터를 R에서 불러오는 방법만 다룬다. 참고로 데이터는 정형 데이터와 비정형 데이터로 구분할 수 있으며, 여기서는 정형 데이터만 다룬다. R에 대한 실력이 향상되면 비정형 데이터도 다룰 수 있을 것이다.

학습목표

- 텍스트 데이터 파일을 다루는 방법을 활용할 수 있다.
- CSV 데이터 파일을 다루는 방법을 활용할 수 있다.
- 엑셀 데이터 파일을 다루는 방법을 활용할 수 있다.

6.1 텍스트 데이터

텍스트 데이터는 데이터와 데이터를 구분하기 위해서 공백(blank), 콤마(comma), 탭(tab)와 같은 구분자(separator)를 사용한다. 텍스트 데이터를 R에서 읽어오기 위해서는 read.table() 함수를 사용하며, 그 사용 방법은 다음과 같다.

argument	설명
file	R에서 읽어올 외부 데이터가 있는 파일의 위치(경로)와 파일명(확장자 포함)을 문자형으로 지정한다.
header	논리형으로 TRUE를 지정하면 외부 데이터에 있는 변수명을 R 데이터에서도 동일하게 사용하며, FALSE를 지정하면 외부 데이터의 변수명을 사용하지 않고 R에서 자체적으로 변수명을 지정한다. 그 이름은 "V1", "V2" 식으로 된다.
sep	구분자로 문자형 형태로 지정한다.
stringsAsFactors	문자형 데이터를 요인(factor)으로 자동으로 변경할 지를 설정한다. FALSE를 지정하면 문자형 데이터를 요인으로 변경하지 않고 문자형으로 읽어 들인다.
na.strings	데이터에 결측치가 있거나 결측치로 지정할 내용을 문자형으로 지정한다.

(1) 구분자가 공백인 경우

구분자가 공백으로 되어 있는 경우는 다음과 같이 하면 된다. 만약에 R에서 불러오고 싶은 텍스트 데이터가 d드라이브에 blank.txt로 되어 있다면 다음과 같이 하면 된다.

```
○ rblank = read.table(file="d:/blank.txt", header=TRUE, sep=" ")
```

(2) 구분자가 콤마인 경우

구분자가 콤마로 되어 있는 경우는 다음과 같이 하면 된다. 만약에 R에서 불러오고 싶은 텍스트 데이터가 d드라이브에 comma.txt로 되어 있다면 다음과 같이 하면 된다.

```
○ rcomma = read.table(file="d:/comma.txt", header=TRUE, sep=",")
```

(3) 구분자가 탭인 경우

구분자가 탭으로 되어 있는 경우는 다음과 같이 하면 된다. 만약에 R에서 불러오고 싶은 텍스트 데이터가 d드라이브에 tab.txt로 되어 있다면 다음과 같이 하면 된다.

```
○ rtab = read.table(file="d:/tab.txt", header=TRUE, sep="t")
```

6.2 CSV 데이터

CSV 데이터는 엑셀 데이터의 특별한 형태로 콤마로 구분된 형태의 데이터이다. 이것은 R의 기본 기능으로 읽어올 수 있다. 참고로 CSV는 Comma Separated Value의 약자이다. CSV 데이터는 read.csv() 함수를 사용하면 되고, 그 사용 방법은 다음과 같다.

argument	설명
file	R에서 읽어올 외부 데이터가 있는 파일의 위치(경로)와 파일명(확장자 포함)을 문자형으로 지정한다.
header	논리형으로 CSV 데이터 있는 변수명을 사용하려면 TRUE를 지정한다.

d 드라이브에 medfactor.csv 데이터가 있다면 다음과 같이 하면 된다.

❍ rsurvey = read.csv(file="d:/medfactor.csv", header=TRUE)

[해석]

- 먼저 medfactor.csv 함수를 입력한다.
- file= 뒤에 csv 파일이 저장된 경로를 입력한다.
- .csv 확장자 명도 입력한다.
- 경로명은 큰 따옴표 “ ” 안에 넣어야 한다.
- 자료의 첫번째 줄에 변수명이 있기 때문에 header=뒤에 T 혹은 True로 입력한다.
- head( ) 함수 : 상위 10개 저장된 데이터를 확인한다.
- tail( ) 함수 : 하위 3개 데이터를 확인한다.

6.3 엑셀 데이터

R의 기본 기능으로는 엑셀 데이터를 읽어오는 함수가 없다. 새로운 기능을 설치해야 한다. 이러한 새로운 기능을 R에서는 패키지(package)라고 한다. R의 패키지에는 예제 데이터(data), 함수(function), 도움말(help), 예제(example)이 있다. 이 중에서 R의 패키지를 설치하는 가장 주된 이유는 새로운 기능을 제공하는 함수를 사용하기 위함이다.

패키지를 설치하는 방법은 install.packages("패키지명") 함수를 실행하면 된다. 새로운 패키지를 설치하기 위해서는 인터넷을 사용할 수 있는 환경이 되어야 한다. 엑셀 데이터를 읽어오는 기능을 제공하는 많은 패키지가 있지만 여기서는 최근에 해들리 위컴(Hadley Wickham)이 개발한 readxl 패키지이다. 엑셀 데이터를 쉽고 빠르게 불러올 수 있도록 해 준다.

○ install.packages("readxl")

패키지가 더 설치되고 나면 R과 패키지를 연결해 주기 위해서 require(패키지명) 또는 library(패키지명)을 해 주어야 한다. 이것을 구동하기, 또는 로딩하기 라고 한다.

○ library(readxl)

패키지의 설치는 한 번만 하면 되지만 해당 패키지의 기능을 사용하기 위해서는 R을 다시 실행할 때마다 로딩하기는 매번 실행해 주어야 한다.

readxl 패키지에 있는 read_excel() 함수를 사용하면, 엑셀 데이터를 읽을 수 있다. 그 사용 방법은 다음과 같다.

argument	설명
path	R에서 읽어올 외부 데이터가 있는 파일의 위치(경로)와 파일명(확장자 포함)을 문자형으로 지정한다.
sheet	엑셀 파일의 있는 시트(sheet) 중에서 어떤 시트인지를 지정하는 것으로 시트명을 알고 있으면 문자형으로 지정하며, 시트의 위치(index)를 알면 수치형으로 지정하면 된다.
col_names	논리형으로 엑셀에 있는 변수명을 사용할 지를 의미한다. TRUE이면 엑셀에 있는 변수명을 사용한다.

d드라이브에 color.xls가 있고, Sheet1에 데이터가 있다고 가정하면 다음과 같이 엑셀 데이터를 불러올 수 있다. 엑셀은 2003 이하 버전인 경우에는 확장자가 xls이고, 2007 이상 버전인 경우에는 xlsx이다.

O rbig = read_excel(path="d:/color.xls", sheet="Sheet1", col_names=TRUE)

O rbig = read_excel(path="d:/color.xlsx", sheet="Sheet1", col_names=TRUE)

[해석]

- setwd( ) 함수 : 기본 디텍토리 설정 명령어이다.
- setwd("d:/users/R")
- 엑셀 파일의 시트가 여러개인 경우
- read_excel("exam.xlsx", sheet=3)
- read_excel 명령어에 sheet 옵션을 추가하여 몇번째 시트를 불러올지 지정하면 된다.

chapter 07

데이터 핸들링

학습개요

데이터 분석의 사전 단계인 데이터 핸들링(data handling) 또는 데이터 전처리(data preprocessing)에 작업으로 데이터 프레임(data.frame)의 속성을 알아보고, 일부의 데이터를 추출하고, 데이터를 정렬하고, 여러 개의 데이터를 합치는 방법을 다룬다.

이 장에서는 ggplot2 패키지 안에 있는 diamonds 라는 예제 데이터를 사용한다. 그리고 여러 데이터를 합칠 수 있는 데이터 저장을 이해할 수 있도록 제시한다.

학습목표

- 데이터 프레임의 속성을 활용할 수 있는 능력을 기른다.
- 데이터에서 일부를 추출할 수 있는 능력을 기른다.
- 데이터를 정렬할 수 있는 능력을 기른다.
- 여러 데이터를 합칠 수 있는 능력을 기른다.

7.1. 데이터 프레임의 속성

데이터 프레임은 행과 열로 구성되어 있고, 여러 유형의 데이터를 가지는 특징이있다. 데이터 프레임의 속성에는 행의 개수, 열의 개수, 행의 이름, 열의 이름, 차원, 차원의 이름이 있다.

본 장에서는 ggplots 패키지 안에 있는 diamonds 라는 예제 데이터를 사용한다.

❍ install.packages("ggplot2")

❍ require(ggplot2)

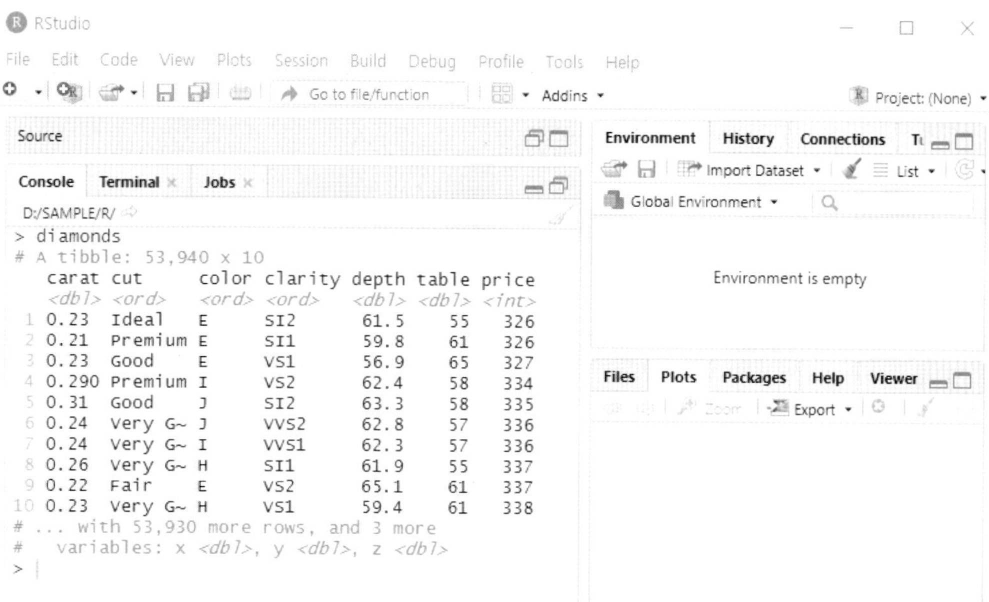

(1) 행의 개수

\# 사용법 : nrow(데이터명)

❍ nrow(diamonds)

(2) 열의 개수

\# 사용법 : ncol(데이터명)

○ ncol(diamonds)

```
> nrow(diamonds)
[1] 53940
> ncol(diamonds)
[1] 10
```

(3) 행의 이름

\# 사용법 : row.names(데이터명)

○ row.names(diamonds)

기본적으로 행의 이름은 문자형이며, 1부터 시작하는 일련번호로 되어 있다. 행의 이름을 변경하고 싶으면 c() 함수나 paste() 함수 등을 이용하여 수정할 수 있다.

○ row.names(데이터명) = paste("R", 1:53940, sep="")

(4) 열의 이름

\# 사용법 : colnames(데이터명)

○ colnames(diamonds)

열의 이름도 문자형으로 되어 있다. 열의 이름을 변경하려면 행의 이름과 동일하게 c() 함수나 paste() 함수 등을 이용하면 된다.

```
> colnames(diamonds)
 [1] "carat"   "cut"     "color"   "clarity"
 [5] "depth"   "table"   "price"   "x"
 [9] "y"       "z"
> |
```

(5) 차원

차원(dimension)은 행과 열이 몇 개인지를 알려준다.

\# 사용법 : dim(데이터명)

○ dim(diamonds)

```
Console   Terminal ×   Jobs ×
D:/SAMPLE/R/
> dim(diamonds)
[1] 53940    10
>
```

dim() 함수의 결과물에서 첫 번째 값은 행의 개수, 두 번째 값은 열의 개수이다.

(6) 차원의 이름

차원의 이름은 행과 열이 몇 개인지를 알려준다.

\# 사용법 : dim(데이터명)

○ dim(diamonds)

dimnames() 함수의 결과는 리스트 형태이며, 첫 번째가 행의 이름, 두 번째가 열의 이름이다.

(7) 데이터의 구조

데이터 프레임의 구조(structure)를 알아볼 수 있으며, str() 함수를 사용한다.

\# 사용법 : str(데이터명)

○ str(diamonds)

```
Console   Terminal ×   Jobs ×
D:/SAMPLE/R/
> str(diamonds)
tibble [53,940 x 10] (S3: tbl_df/tbl/data.frame)
 $ carat  : num [1:53940] 0.23 0.21 0.23 0.29 0.31 0.24 0.24 0.26 0.22 0.23 ...
 $ cut    : Ord.factor w/ 5 levels "Fair"<"Good"<..: 5 4 2 4 2 3 3 3 1 3 ...
 $ color  : Ord.factor w/ 7 levels "D"<"E"<"F"<"G"<..: 2 2 2 6 7 7 6 5 2 5 ...
 $ clarity: Ord.factor w/ 8 levels "I1"<"SI2"<"SI1"<..: 2 3 5 4 2 6 7 3 4 5 ...
 $ depth  : num [1:53940] 61.5 59.8 56.9 62.4 63.3 62.8 62.3 61.9 65.1 59.4 ...
 $ table  : num [1:53940] 55 61 65 58 58 57 57 55 61 61 ...
 $ price  : int [1:53940] 326 326 327 334 335 336 336 337 337 338 ...
 $ x      : num [1:53940] 3.95 3.89 4.05 4.2 4.34 3.94 3.95 4.07 3.87 4 ...
 $ y      : num [1:53940] 3.98 3.84 4.07 4.23 4.35 3.96 3.98 4.11 3.78 4.05 ...
 $ z      : num [1:53940] 2.43 2.31 2.31 2.63 2.75 2.48 2.47 2.53 2.49 2.39 ...
>
```

데이터의 구조로 데이터의 형태, 행의 개수, 열의 개수, 변수명, 데이터의 유형 등을 알려준다.

■ 추가적으로 length(), NROW(), NCOL(), names() 함수도 있다

- 데이터 프레임에서의 length() 함수는 열의 개수를 알려주고, NROW() 함수는 벡터와 데이터 프레임에서 동시에 사용할 수 있다. 벡터에서는 벡터의 원소의 개수, 데이터 프레임에서는 행의 개수를 알려준다.
- NCOL() 함수도 NROW() 함수처럼 벡터와 데이터 프레임에 동시에 사용할 수 있다. 벡터에서는 원소의 개수, 데이터 프레임에서는 열의 개수를 알려준다.
- names() 함수는 데이터 프레임에서 사용하면 열의 이름을 나타낸다.

7.2. 데이터 추출하기

데이터의 일부를 추출하는 것으로 특정한 열이나 행을 추출하거나 특정한 열과행을 동시에 추출할 수 있다.

두 개 이상의 열이나 행을 추출할 때는 벡터를 생성할 때 배웠던 c(), :, seq(), sequence(), rep(), paste() 함수와 문자형 관련 함수들을 이용한다.

(1) 데이터의 일부 보기

데이터 중에서 일부를 보기 위해서는 head() 함수와 tail() 함수를 사용하면 된다. 즉 head(데이터명), tail(데이터명)을 실행하면 된다.

head() 함수는 데이터 중에서 1~6행의 데이터를 보여주고, tail() 함수는 데이터의 끝부분에 있는 6개의 행의 데이터를 보여준다. head() 함수의 사용 방법은 다음과 같고, tail() 함수의 사용 방법은 동일하다.

argument	설명
x	R에서 읽어올 외부 데이터가 있는 파일의 위치(경로)와 파일명(확장자 포함)을 문자형으로 지정한다.
n	엑셀 파일의 있는 시트(sheet) 중에서 어떤 시트인지를 지정하는 것으로 시트명을 알고 있으면 문자형으로 지정하며, 시트의 위치(index)를 알면 수치형으로 지정하면 된다.

❍ head(diamonds)

❍ head(diamonds, n=10)

```
Console   Terminal ×   Jobs ×
D:/SAMPLE/R/
> head(diamonds)
# A tibble: 6 x 10
  carat cut       color clarity depth table price     x     y     z
  <dbl> <ord>     <ord> <ord>   <dbl> <dbl> <int> <dbl> <dbl> <dbl>
1 0.23  Ideal     E     SI2      61.5    55   326  3.95  3.98  2.43
2 0.21  Premium   E     SI1      59.8    61   326  3.89  3.84  2.31
3 0.23  Good      E     VS1      56.9    65   327  4.05  4.07  2.31
4 0.290 Premium   I     VS2      62.4    58   334  4.2   4.23  2.63
5 0.31  Good      J     SI2      63.3    58   335  4.34  4.35  2.75
6 0.24  Very Good J     VVS2     62.8    57   336  3.94  3.96  2.48
> head(diamonds, n=10)
# A tibble: 10 x 10
   carat cut     color clarity depth table price     x     y     z
   <dbl> <ord>   <ord> <ord>   <dbl> <dbl> <int> <dbl> <dbl> <dbl>
 1 0.23  Ideal   E     SI2      61.5    55   326  3.95  3.98  2.43
 2 0.21  Premium E     SI1      59.8    61   326  3.89  3.84  2.31
 3 0.23  Good    E     VS1      56.9    65   327  4.05  4.07  2.31
 4 0.290 Premium I     VS2      62.4    58   334  4.2   4.23  2.63
 5 0.31  Good    J     SI2      63.3    58   335  4.34  4.35  2.75
 6 0.24  Very G~ J     VVS2     62.8    57   336  3.94  3.96  2.48
 7 0.24  Very G~ I     VVS1     62.3    57   336  3.95  3.98  2.47
 8 0.26  Very G~ H     SI1      61.9    55   337  4.07  4.11  2.53
 9 0.22  Fair    E     VS2      65.1    61   337  3.87  3.78  2.49
10 0.23  Very G~ H     VS1      59.4    61   338  4     4.05  2.39
> |
```

❍ tail(diamonds)

❍ tail(diamonds, n=10)

```
Console   Terminal ×   Jobs ×
D:/SAMPLE/R/
> tail(diamonds)
# A tibble: 6 x 10
  carat cut      color clarity depth table price     x     y     z
  <dbl> <ord>    <ord> <ord>   <dbl> <dbl> <int> <dbl> <dbl> <dbl>
1  0.72 Premium  D     SI1      62.7    59  2757  5.69  5.73  3.58
2  0.72 Ideal    D     SI1      60.8    57  2757  5.75  5.76  3.5
3  0.72 Good     D     SI1      63.1    55  2757  5.69  5.75  3.61
4  0.7  Very Go~ D     SI1      62.8    60  2757  5.66  5.68  3.56
5  0.86 Premium  H     SI2      61      58  2757  6.15  6.12  3.74
6  0.75 Ideal    D     SI2      62.2    55  2757  5.83  5.87  3.64
> tail(diamonds, n=10)
# A tibble: 10 x 10
   carat cut     color clarity depth table price     x     y     z
   <dbl> <ord>   <ord> <ord>   <dbl> <dbl> <int> <dbl> <dbl> <dbl>
 1  0.71 Premium E     SI1      60.5    55  2756  5.79  5.74  3.49
 2  0.71 Premium F     SI1      59.8    62  2756  5.74  5.73  3.43
 3  0.7  Very G~ E     VS2      60.5    59  2757  5.71  5.76  3.47
 4  0.7  Very G~ E     VS2      61.2    59  2757  5.69  5.72  3.49
 5  0.72 Premium D     SI1      62.7    59  2757  5.69  5.73  3.58
 6  0.72 Ideal   D     SI1      60.8    57  2757  5.75  5.76  3.5
 7  0.72 Good    D     SI1      63.1    55  2757  5.69  5.75  3.61
 8  0.7  Very G~ D     SI1      62.8    60  2757  5.66  5.68  3.56
 9  0.86 Premium H     SI2      61      58  2757  6.15  6.12  3.74
10  0.75 Ideal   D     SI2      62.2    55  2757  5.83  5.87  3.64
>
```

(2) 열 추출하기

데이터 프레임에서 특정한 열을 추출할 때에는 대괄호([])를 사용하고, 대괄호에 콤마(,)를 넣어서 행과 열을 구분한다. 즉, 데이터[행index, 열index] 형태로 추출한다.

diamonds 데이터의 첫 열을 추출하려면 다음과 같이 한다.

○ diamonds[, 1]

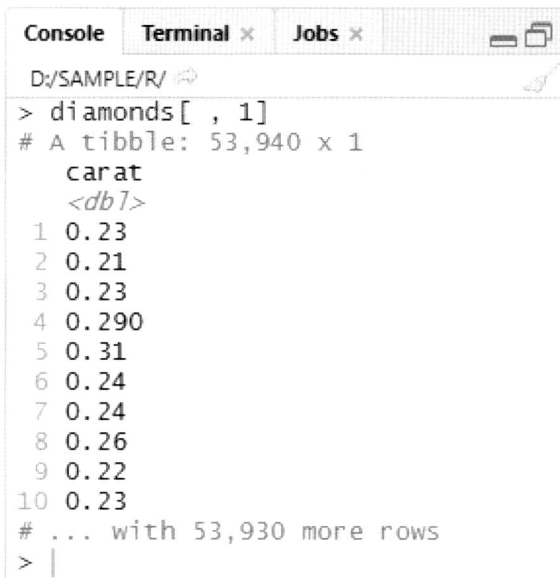

데이터 프레임에서 하나의 열만 추출하거나 하나의 행만 추출하면 최종적인 결과는 벡터 형태가 된다. 하나의 열만 추출해도 최종적인 결과가 데이터 프레임을 유지하고 싶으면 drop=FALSE를 지정하면 된다.

❍ diamonds[, 1, drop=FALSE]

```
Console   Terminal ×   Jobs ×
D:/SAMPLE/R/
> diamonds[ , 1, drop=FALSE]
# A tibble: 53,940 x 1
   carat
   <dbl>
 1 0.23
 2 0.21
 3 0.23
 4 0.290
 5 0.31
 6 0.24
 7 0.24
 8 0.26
 9 0.22
10 0.23
# ... with 53,930 more rows
> |
```

두 개 이상의 열을 추출하며, 인덱스에 규칙이 없을 때에는 c() 함수를 사용하면 된다. 1, 3, 4번째 열을 가져오려면 다음과 같이 한다.

❍ diamonds[, c(1, 3, 4)]

```
Console   Terminal ×   Jobs ×
D:/SAMPLE/R/
> diamonds[ , c(1, 3, 4)]
# A tibble: 53,940 x 3
   carat color clarity
   <dbl> <ord> <ord>
 1 0.23  E     SI2
 2 0.21  E     SI1
 3 0.23  E     VS1
 4 0.290 I     VS2
 5 0.31  J     SI2
 6 0.24  J     VVS2
 7 0.24  I     VVS1
 8 0.26  H     SI1
 9 0.22  E     VS2
10 0.23  H     VS1
# ... with 53,930 more rows
> |
```

두 개 이상의 열을 추출하지만 연달아 있는 경우에는 콜론(:)를 사용한다.

2~5번째 열을 가져오면 다음과 같다.

○ diamonds[, 2:5]

```
Console  Terminal ×  Jobs ×
D:/SAMPLE/R/
> diamonds[ , 2:5]
# A tibble: 53,940 x 4
   cut       color clarity depth
   <ord>     <ord> <ord>   <dbl>
 1 Ideal     E     SI2      61.5
 2 Premium   E     SI1      59.8
 3 Good      E     VS1      56.9
 4 Premium   I     VS2      62.4
 5 Good      J     SI2      63.3
 6 Very Go~  J     VVS2     62.8
 7 Very Go~  I     VVS1     62.3
 8 Very Go~  H     SI1      61.9
 9 Fair      E     VS2      65.1
10 Very Go~  H     VS1      59.4
# ... with 53,930 more rows
> |
```

두 개 이상의 열을 추출하는 것으로 일정한 간격으로 떨어져 있는 열들을 추출할 때에는 seq() 함수를 사용한다.

홀수 번째의 열들을 추출하려면 다음과 같이 한다.

○ diamonds[, seq(from=1, to=ncol(diamonds), by=2)]

```
Console  Terminal ×  Jobs ×
D:/SAMPLE/R/
> diamonds[ , seq(from=1, to=ncol(diamonds), by=2)]
# A tibble: 53,940 x 5
   carat color depth price
   <dbl> <ord> <dbl> <int>
 1 0.23  E      61.5   326
 2 0.21  E      59.8   326
 3 0.23  E      56.9   327
 4 0.290 I      62.4   334
 5 0.31  J      63.3   335
 6 0.24  J      62.8   336
 7 0.24  I      62.3   336
 8 0.26  H      61.9   337
 9 0.22  E      65.1   337
10 0.23  H      59.4   338
# ... with 53,930 more rows,
#   and 1 more variable:
#   y <dbl>
> |
```

지금까지는 추출하고 싶은 열의 위치(index)를 아는 경우이다. 위치를 모르고 변수명을 알고 있는 경우는 다룬다.

변수명이 x, y, z인 열을 추출하면 다음과 같다.

○ diamonds[, c("x", "y", "z")]

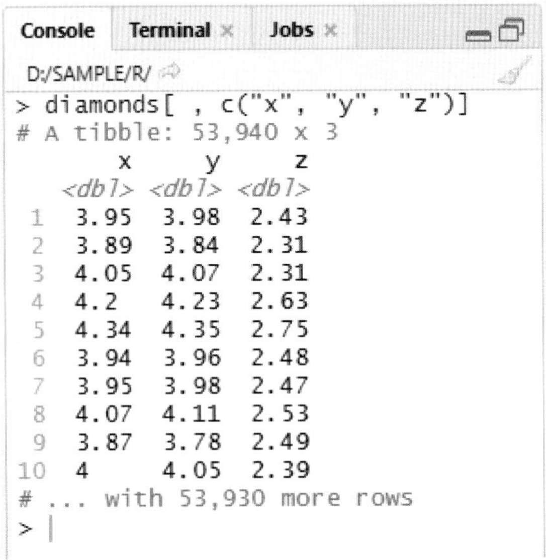

변수명 중에서 특정 문자로 시작하거나 끝나거나 포함하고 있는 것을 추출할 때에는 grep() 함수를 이용한다. grep() 함수의 사용 방법 중 간략히 소개하면 다음과 같다.

argument	설명
pattern	특정한 문자로 시작하거나 끝나거나 포함하고 있는지를 문자형으로 표현한다. a로 시작하는 것은 "^a", a로 끝나는 것은 "a$", a를 포함하는 것은 "a"로 지정한다.
x	문자형 벡터를 지정한다.
value	논리형으로 TRUE으로 pattern를 만족하는 벡터의 값을 반환하고, FALSE를 지정하면 pattern를 만족하는 벡터의 위치(index)를 반환 한다.

a라는 문자를 포함하고 있는 변수명들을 모두 추출하려면 다음과 같이 한다.

❍ diamonds[, grep("a", colnames(diamonds), value=TRUE)]

```
Console  Terminal ×  Jobs ×
D:/SAMPLE/R/
> diamonds[ , grep("a", colnames(diamonds), value=TRUE)]
# A tibble: 53,940 x 3
   carat clarity table
   <dbl> <ord>   <dbl>
 1 0.23  SI2        55
 2 0.21  SI1        61
 3 0.23  VS1        65
 4 0.290 VS2        58
 5 0.31  SI2        58
 6 0.24  VVS2       57
 7 0.24  VVS1       57
 8 0.26  SI1        55
 9 0.22  VS2        61
10 0.23  VS1        61
# ... with 53,930 more rows
> 
```

❍ diamonds[, grep("a", colnames(diamonds), value=FALSE)]

```
Console  Terminal ×  Jobs ×
D:/SAMPLE/R/
> diamonds[ , grep("a", colnames(diamonds), value=FALSE)]
# A tibble: 53,940 x 3
   carat clarity table
   <dbl> <ord>   <dbl>
 1 0.23  SI2        55
 2 0.21  SI1        61
 3 0.23  VS1        65
 4 0.290 VS2        58
 5 0.31  SI2        58
 6 0.24  VVS2       57
 7 0.24  VVS1       57
 8 0.26  SI1        55
 9 0.22  VS2        61
10 0.23  VS1        61
# ... with 53,930 more rows
> 
```

문자 중에서 일부를 추출하는 것으로 substr() 함수가 있다. 변수명 중에서 일부의 문자를 추출하고, 추출된 문자형이 특정한 문자인지를 비교하여 특정한 열을 추출할 수 있다. 먼저 substr() 함수의 사용 방법은 다음과 같다.

argument	설명
x	문자형 벡터를 지정한다.
start	추출할 문자의 첫 번째 위치를 정수형으로 지정한다.
stop	추출한 문자의 마지막 위치를 정수형으로 지정한다.

변수명 중에서 처음 두 개의 문자를 추출하려면 다음과 같이 한다.

❍ substr(colnames(diamonds), start=1, stop=2)

```
Console   Terminal ×   Jobs ×
D:/SAMPLE/R/
> substr(colnames(diamonds), start=1, stop=2)
 [1] "ca" "cu" "co" "cl" "de" "ta" "pr" "x"  "y" 
[10] "z" 
> 
```

변수명 중에서 처음 두 개의 문자를 추출한 것이 "co"과 같은 열을 추출하려면 다음과 같이 한다.

❍ diamonds[, substr(colnames(diamonds), start=1, stop=2) == "co"]

```
Console   Terminal ×   Jobs ×
D:/SAMPLE/R/
> diamonds[ , substr(colnames(diamonds), start=1, stop=2) == "co"]
# A tibble: 53,940 x 1
   color
   <ord>
 1 E    
 2 E    
 3 E    
 4 I    
 5 J    
 6 J    
 7 I    
 8 H    
 9 E    
10 H    
# ... with 53,930 more rows
> 
```

(3) 행 추출하기

데이터 프레임에서 특정한 행을 추출할 때에는 열 추출하기에서 학습했던 대부분의 내용들을 적용할 수 있다. 몇 가지 특수한 형태의 행을 추출하는 방법을 소개한다.

diamonds 데이터에서 다이아몬드의 품질 상태를 나타내는 cut이라는 변수가 있다. cut에는 “Fair”, “Good”, “Very Good”, “Premium”, “Ideal”이 있다. 이중에서 “Good”에 해당하는 행만 추출한다.

○ diamonds[diamonds$cut == "Good",]

```
Console  Terminal ×  Jobs ×
D:/SAMPLE/R/
> diamonds[diamonds$cut == "Good", ]
# A tibble: 4,906 x 10
   carat cut   color clarity depth table price     x     y
   <dbl> <ord> <ord> <ord>   <dbl> <dbl> <int> <dbl> <dbl>
 1  0.23 Good  E     VS1      56.9    65   327  4.05  4.07
 2  0.31 Good  J     SI2      63.3    58   335  4.34  4.35
 3  0.3  Good  J     SI1      64      55   339  4.25  4.28
 4  0.3  Good  J     SI1      63.4    54   351  4.23  4.29
 5  0.3  Good  J     SI1      63.8    56   351  4.23  4.26
 6  0.3  Good  I     SI2      63.3    56   351  4.26  4.3
 7  0.23 Good  F     VS1      58.2    59   402  4.06  4.08
 8  0.23 Good  E     VS1      64.1    59   402  3.83  3.85
 9  0.31 Good  H     SI1      64      54   402  4.29  4.31
10  0.26 Good  D     VS2      65.2    56   403  3.99  4.02
# ... with 4,896 more rows, and 1 more variable: z <dbl>
>
```

diamonds의 가격이 10000달러 이상인 다이아몬드만 추출하려면 다음과 같이 한다. 다이아몬드의 가격을 나타내는 변수명은 price이다.

○ diamonds[diamonds$price >= 10000,]

```
Console   Terminal ×   Jobs ×
D:/SAMPLE/R/
> diamonds[diamonds$price >= 10000, ]
# A tibble: 5,223 x 10
   carat cut    color clarity depth table price     x
   <dbl> <ord>  <ord> <ord>   <dbl> <dbl> <int> <dbl>
 1  1.51 Good   H     VS2      64      59 10000  7.25
 2  1.7  Ideal  J     VS2      60.5    58 10002  7.73
 3  1.03 Ideal  E     VVS2     60.6    59 10003  6.5 
 4  1.23 Very~  G     VVS2     60.6    55 10004  6.93
 5  1.25 Ideal  F     VS2      61.6    55 10006  6.93
 6  2.01 Very~  I     SI2      61.4    63 10009  8.19
 7  1.21 Very~  F     VS1      62.3    58 10009  6.76
 8  1.51 Prem~  I     VS2      59.9    60 10010  7.42
 9  1.01 Fair   D     SI2      64.6    58 10011  6.25
10  1.05 Ideal  F     VVS2     60.5    55 10011  6.67
# ... with 5,213 more rows, and 2 more variables:
#   y <dbl>, z <dbl>
> |
```

다이아몬드의 품질이 "Good"이고 가격이 10000달러 이상인 다이아몬드를 추출하려고 한다. 두 가지 조건을 동시에 만족해야 한다. 두 개의 조건을 동시에 만족할 때만 TRUE를 가지는 개념은 AND이다. R에서의 AND는 &를 사용한다. 참고로 &는 스칼라와 벡터에도 작동되며, &&도 동일하게 AND의 개념이지만 스칼라에서만 작동된다.

○ diamonds[(diamonds$cut == "Good") & (diamonds$price >= 10000),]

```
Console   Terminal ×   Jobs ×
D:/SAMPLE/R/
> diamonds[(diamonds$cut == "Good") & (diamonds$price >= 10000), ]
# A tibble: 375 x 10
   carat cut   color clarity depth table price     x     y
   <dbl> <ord> <ord> <ord>   <dbl> <dbl> <int> <dbl> <dbl>
 1  1.51 Good  H     VS2      64    59   10000  7.25  7.19
 2  1.5  Good  G     VS1      63.6  57   10036  7.23  7.14
 3  1.52 Good  H     SI1      63.6  57   10078  7.3   7.25
 4  1.52 Good  H     SI1      63.8  60   10078  7.3   7.24
 5  1.72 Good  G     SI2      62.8  59.3 10084  7.55  7.62
 6  1.51 Good  G     SI1      63.3  58   10085  7.2   7.26
 7  1.51 Good  E     SI1      60.4  61   10088  7.33  7.37
 8  1.33 Good  G     VS1      62.8  60   10096  6.87  6.92
 9  1.64 Good  I     SI1      57.9  61   10102  7.78  7.74
10  1.51 Good  H     VS1      59.9  61   10129  7.34  7.39
# ... with 365 more rows, and 1 more variable: z <dbl>
>
```

이번에는 다이아몬드의 품질이 “Good”이거나 또는 가격이 10000달러 이상인 다이아몬드를 추출하려고 한다. 두 가지 조건 중에서 하나만 만족해도 된다. 두 개의 조건중에서 하나만 만족해도 TRUE가 되는 개념은 OR이다. R에서는 파이프(|)를 사용한다. 파이프가 두 개인 ||도 OR 개념이 있지만 스칼라에서만 작동된다.

❍ diamonds[(diamonds$cut == "Good") | (diamonds$price >= 10000),]

```
Console   Terminal ×   Jobs ×
D:/SAMPLE/R/
> diamonds[(diamonds$cut == "Good") | (diamonds$price >= 10000), ]
# A tibble: 9,754 x 10
   carat cut   color clarity depth table price     x     y
   <dbl> <ord> <ord> <ord>   <dbl> <dbl> <int> <dbl> <dbl>
 1  0.23 Good  E     VS1      56.9    65   327  4.05  4.07
 2  0.31 Good  J     SI2      63.3    58   335  4.34  4.35
 3  0.3  Good  J     SI1      64      55   339  4.25  4.28
 4  0.3  Good  J     SI1      63.4    54   351  4.23  4.29
 5  0.3  Good  J     SI1      63.8    56   351  4.23  4.26
 6  0.3  Good  I     SI2      63.3    56   351  4.26  4.3
 7  0.23 Good  F     VS1      58.2    59   402  4.06  4.08
 8  0.23 Good  E     VS1      64.1    59   402  3.83  3.85
 9  0.31 Good  H     SI1      64      54   402  4.29  4.31
10  0.26 Good  D     VS2      65.2    56   403  3.99  4.02
# ... with 9,744 more rows, and 1 more variable: z <dbl>
> 
```

(4) 행과 열 추출하기

데이터 프레임에서 행과 열을 동시에 추출하는 방법은 행과 열에 대해서 각각의 위치(index)를 지정하면 된다. 다이아몬드의 품질이 "Good"인 다이아몬드의 x, y, z의 변수만 가져오려면 다음과 같이 한다.

○ diamonds[diamonds$cut == "Good", c("x", "y", "z")]

```
Console  Terminal ×  Jobs ×
D:/SAMPLE/R/
> diamonds[diamonds$cut == "Good", c("x", "y", "z")]
# A tibble: 4,906 x 3
       x     y     z
   <dbl> <dbl> <dbl>
 1  4.05  4.07  2.31
 2  4.34  4.35  2.75
 3  4.25  4.28  2.73
 4  4.23  4.29  2.7
 5  4.23  4.26  2.71
 6  4.26  4.3   2.71
 7  4.06  4.08  2.37
 8  3.83  3.85  2.46
 9  4.29  4.31  2.75
10  3.99  4.02  2.61
# ... with 4,896 more rows
> |
```

7.3. 데이터 정렬하기

데이터 정렬에는 오름차순과 내림차순이 있다. 오름차순은 데이터가 한글이면 'ㄱ'으로 시작하는 것이 가장 먼저 오고, 알파벳인 경우에는 'a'가, 숫자인 경우에는 가장 작은 값이 먼저 오도록 정렬하는 방식이다. 내림차순은 오름차순의 반대이다. R에서는 벡터를 정렬해 주는 sort() 함수와 데이터 프레임을 정렬하는 order() 함수가 있다.

벡터를 정렬해 주는 sort() 함수의 사용 방법은 다음과 같다.

argument	설명
x	정렬하고 싶은 벡터를 지정한다.
decreasing	오름차순으로 정렬할 것인지, 내림차순으로 정렬할 것인지를 논리형으로 지정한다. 기본은 FALSE로 오름차순이며, TRUE를 지정하면 내림차순으로 정렬한다.

4명의 나이가 32, 27, 40, 15라고 하자. 이것을 age라는 이름으로 저장하고, 오름차순과 내림차순으로 정렬하면 다음과 같다.

- ❍ age = c(32, 27, 40, 15)
- ❍ sort(age) # 오름차순
- ❍ sort(age, decreasing=TRUE) # 내림차순

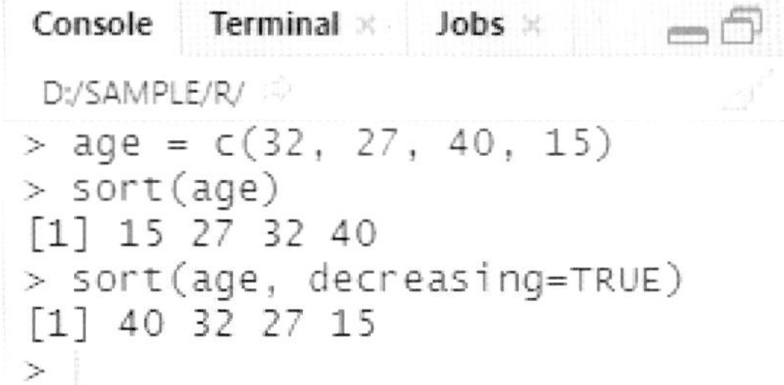

데이터 프레임 형태의 데이터를 정렬할 때에는 sort() 함수를 사용할 수 없고, order() 함수를 넣어야 한다. order() 함수의 사용 방법은 다음과 같다.

argument	설명
x	데이터 프레임 중에서 정렬하고 싶은 변수(열)를 지정한다.
decreasing	오름차순으로 정렬할 것인지, 내림차순으로 정렬할 것인지를 논리형으로 지정한다. 기본은 FALSE로 오름차순이며, TRUE를 지정하면 내림차순으로 정렬한다.

order() 함수의 최종적인 결과는 데이터 프레임을 정렬해 주는 것이 아니라 정렬했을 때의 위치(index)를 정수형으로 알려 준다. 이 값을 데이터 프레임의 행의 위치(index)에 넣어주면 데이터 프레임이 정렬된다. 기본은 오름차순이다.

sort() 함수를 학습할 때에 사용했던 age를 이용하여 원리를 알아보자.

○ age = c(32, 27, 40, 15)

○ order(age) # 오름차순

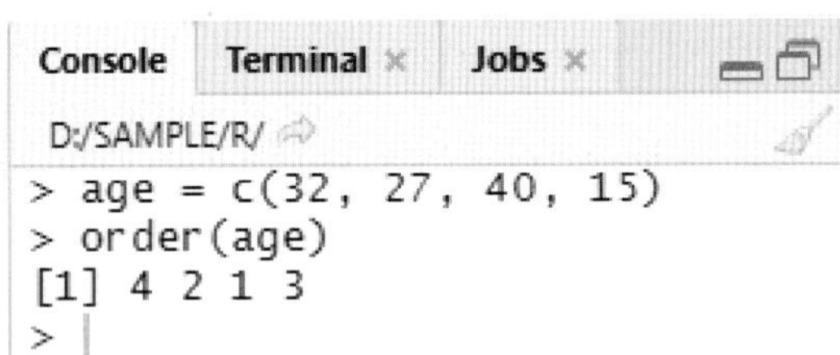

order(age)의 최종적인 결과로 4, 2, 1, 3를 출력한다. 여기서 4는 정렬하지 않은 age의 4번째 원소의 값이 정렬했을 때에 제일 먼저 온다는 뜻이다. 즉 15라는 값이 정렬했을 때에 제일 먼저 온다. 2는 정렬하지 않은 age의 2번째 원소인 27이 정렬했을 때에 두 번째로 온다는 의미이다. 이 위치(index)를 age라는 벡터에 넣어 주면 sort() 함수의 결과와 같아진다.

○ age[order(age)] # 오름차순

○ age[order(age, decreasing=TRUE)] # 내림차순

```
Console  Terminal ×  Jobs ×
D:/SAMPLE/R/
> age[order(age)]
[1] 15 27 32 40
> age[order(age, decreasing=TRUE)]
[1] 40 32 27 15
>
```

order() 함수가 이해되었으면, order() 함수를 이용하여 데이터 프레임을 정렬해 보자.

diamonds의 price 변수를 이용하여 오름차순 또는 내림차순으로 정렬하면 다음과 같다.

○ diamonds[order(diamonds$price),] # 오름차순

```
Console  Terminal ×  Jobs ×
D:/SAMPLE/R/
> diamonds[order(diamonds$price), ]
# A tibble: 53,940 x 10
   carat cut   color clarity depth table
   <dbl> <ord> <ord> <ord>   <dbl> <dbl>
 1 0.23  Ideal E     SI2      61.5    55
 2 0.21  Prem~ E     SI1      59.8    61
 3 0.23  Good  E     VS1      56.9    65
 4 0.290 Prem~ I     VS2      62.4    58
 5 0.31  Good  J     SI2      63.3    58
 6 0.24  Very~ J     VVS2     62.8    57
 7 0.24  Very~ I     VVS1     62.3    57
 8 0.26  Very~ H     SI1      61.9    55
 9 0.22  Fair  E     VS2      65.1    61
10 0.23  Very~ H     VS1      59.4    61
# ... with 53,930 more rows, and 4 more
#   variables: price <int>, x <dbl>,
#   y <dbl>, z <dbl>
>
```

❍ diamonds[order(diamonds$price, decreasing=TRUE),] # 내림차순

```
Console  Terminal ×  Jobs ×
D:/SAMPLE/R/
> diamonds[order(diamonds$price, decreasing=TRUE), ]
# A tibble: 53,940 x 10
   carat cut   color clarity depth table price
   <dbl> <ord> <ord> <ord>   <dbl> <dbl> <int>
 1  2.29 Prem~ I     VS2      60.8    60 18823
 2  2    Very~ G     SI1      63.5    56 18818
 3  1.51 Ideal G     IF       61.7    55 18806
 4  2.07 Ideal G     SI2      62.5    55 18804
 5  2    Very~ H     SI1      62.8    57 18803
 6  2.29 Prem~ I     SI1      61.8    59 18797
 7  2.04 Prem~ H     SI1      58.1    60 18795
 8  2    Prem~ I     VS1      60.8    59 18795
 9  1.71 Prem~ F     VS2      62.3    59 18791
10  2.15 Ideal G     SI2      62.6    54 18791
# ... with 53,930 more rows, and 3 more variables:
#   x <dbl>, y <dbl>, z <dbl>
>
```

두 개 이상의 변수를 기준으로 정렬하고 싶으면 order() 함수에 해당 변수들을 콤마(,)로 구분해서 넣어주면 된다. 우선순위는 order() 함수에 먼저 들어간 변수명이 갖는다. 기본은 오름차순이고, 내림차순으로 하려면 decreasing=TRUE를 지정하면 된다.

cut 변수를 기준으로 오름차순 정렬하고, 그 다음으로 price를 기준으로 오름차순으로 정렬하려면 다음과 같이 한다.

○ diamonds[order(diamonds$cut, diamonds$price),]

```
Console   Terminal ×   Jobs ×
D:/SAMPLE/R/
> diamonds[order(diamonds$cut, diamonds$price), ]
# A tibble: 53,940 x 10
   carat cut   color clarity depth table price
   <dbl> <ord> <ord> <ord>   <dbl> <dbl> <int>
 1  0.22 Fair  E     VS2      65.1    61   337
 2  0.25 Fair  E     VS1      55.2    64   361
 3  0.23 Fair  G     VVS2     61.4    66   369
 4  0.27 Fair  E     VS1      66.4    58   371
 5  0.3  Fair  J     VS2      64.8    58   416
 6  0.3  Fair  F     SI1      63.1    58   496
 7  0.34 Fair  J     SI1      64.5    57   497
 8  0.37 Fair  F     SI1      65.3    56   527
 9  0.3  Fair  D     SI2      64.6    54   536
10  0.25 Fair  D     VS1      61.2    55   563
# ... with 53,930 more rows, and 3 more variables:
#   x <dbl>, y <dbl>, z <dbl>
> |
```

cut 변수를 기준으로 내림차순 정렬하고, 그 다음으로 price를 기준으로 내림차순으로 정렬하려면 다음과 같이 한다.

○ diamonds[order(diamonds$cut, diamonds$price, decreasing=TRUE),]

```
Console   Terminal ×   Jobs ×
D:/SAMPLE/R/
> diamonds[order(diamonds$cut, diamonds$price, decreasing=TRUE), ]
# A tibble: 53,940 x 10
   carat cut   color clarity depth table price     x     y     z
   <dbl> <ord> <ord> <ord>   <dbl> <dbl> <int> <dbl> <dbl> <dbl>
 1  1.51 Ideal G     IF       61.7  55   18806  7.37  7.41  4.56
 2  2.07 Ideal G     SI2      62.5  55   18804  8.2   8.13  5.11
 3  2.15 Ideal G     SI2      62.6  54   18791  8.29  8.35  5.21
 4  2.05 Ideal G     SI1      61.9  57   18787  8.1   8.16  5.03
 5  1.6  Ideal F     VS1      62    56   18780  7.47  7.52  4.65
 6  2.06 Ideal I     VS2      62.2  55   18779  8.15  8.19  5.08
 7  1.71 Ideal G     VVS2     62.1  55   18768  7.66  7.63  4.75
 8  2.08 Ideal H     SI1      58.7  60   18760  8.36  8.4   4.92
 9  2.03 Ideal G     SI1      60    55.8 18757  8.17  8.3   4.95
10  2.61 Ideal I     SI2      62.1  56   18756  8.85  8.73  5.46
# ... with 53,930 more rows
> |
```

x 변수를 기준으로 오름차순 정렬하고, 그 다음으로 y 변수를 기준으로 내림차순으로 정렬하려면 다음과 같이 한다. 기본은 오름차순이며, 해당 변수 앞에 -를 붙이면 기본의 반대가 되어 내림차순이 된다. 이렇게 할 수 있는 것은 해당 변수가 수치형으로 되어 있어야 한다.

○ diamonds[order(diamonds$x, −diamonds$y),]

```
Console  Terminal ×  Jobs ×
D:/SAMPLE/R/
> diamonds[order(diamonds$x, -diamonds$y), ]
# A tibble: 53,940 x 10
   carat cut       color clarity depth table price     x     y     z
   <dbl> <ord>     <ord> <ord>   <dbl> <dbl> <int> <dbl> <dbl> <dbl>
 1  1.07 Ideal     F     SI2      61.6    56  4954  0     6.62  0
 2  1    Very G~   H     VS2      63.3    53  5139  0     0     0
 3  1.14 Fair      G     VS1      57.5    67  6381  0     0     0
 4  1.56 Ideal     G     VS2      62.2    54 12800  0     0     0
 5  1.2  Premium   D     VVS1     62.1    59 15686  0     0     0
 6  2.25 Premium   H     SI2      62.8    59 18034  0     0     0
 7  0.71 Good      F     SI2      64.1    60  2130  0     0     0
 8  0.71 Good      F     SI2      64.1    60  2130  0     0     0
 9  0.2  Premium   F     VS2      62.6    59   367  3.73  3.71  2.33
10  0.2  Premium   D     VS2      62.3    60   367  3.73  3.68  2.31
# ... with 53,930 more rows
> |
```

cut 변수를 기준으로 오름차순 정렬하고, 그 다음으로 color 변수를 기준으로 내림차순으로 정렬하려면 어떻게 해야 할까? diamonds[order(diamonds$cut, -diamonds$color),]를 생각할 수 있다. 하지만 실행을 하면 오류(error)가 발생한다. 그 이유는 cut과 color 변수가 factor 형태 또는 문자형으로 되어 있기 때문이다.

이 문제를 해결하는 방법은 새로운 패키지를 설치하는 것이다. data.table 패키지에 setorder() 함수가 있다.

다른 패키지에도 있을 수 있다. 여기서는 data.table 패키지의 setorder() 함수만 소개한다. data.table 패키지는 데이터를 핸들링할 때, 매우 유용한 기능이다.

❍ install.packages("data.table")

❍ require(data.table)

❍ diamonds_dt = as.data.table(diamonds) #데이터 프레임을 데이터 테이블로 변환

❍ setorder(diamonds_dt, cut, –color)

Console Terminal × Jobs ×

D:/SAMPLE/R/

```
> diamonds_dt = as.data.table(diamonds)
> setorder(diamonds_dt, cut, -color)
> diamonds_dt
       carat   cut color clarity depth table price    x    y
    1:  1.05  Fair     J     SI2  65.8    59  2789 6.41 6.27
    2:  1.00  Fair     J     VS2  65.7    59  2811 6.14 6.07
    3:  0.99  Fair     J     SI1  55.0    61  2812 6.72 6.67
    4:  0.90  Fair     J     VS2  65.0    56  2815 6.08 6.04
    5:  0.91  Fair     J     VS2  64.4    62  2854 6.06 6.03
  ---
53936:  0.51 Ideal     D    VVS2  61.7    56  2742 5.16 5.14
53937:  0.51 Ideal     D    VVS2  61.3    57  2742 5.17 5.14
53938:  0.81 Ideal     D     SI1  61.5    57  2748 6.00 6.03
53939:  0.72 Ideal     D     SI1  60.8    57  2757 5.75 5.76
53940:  0.75 Ideal     D     SI2  62.2    55  2757 5.83 5.87
          z
    1: 4.18
    2: 4.01
    3: 3.68
    4: 3.94
    5: 3.89
  ---
53936: 3.18
53937: 3.16
53938: 3.70
53939: 3.50
53940: 3.64
> 
```

7.4. 데이터 합치기

두 개 이상의 데이터를 합치는 방법은 아래 그림처럼 위/아래로 합치는 것과 왼쪽/오른쪽으로 합치는 방법이 있다.

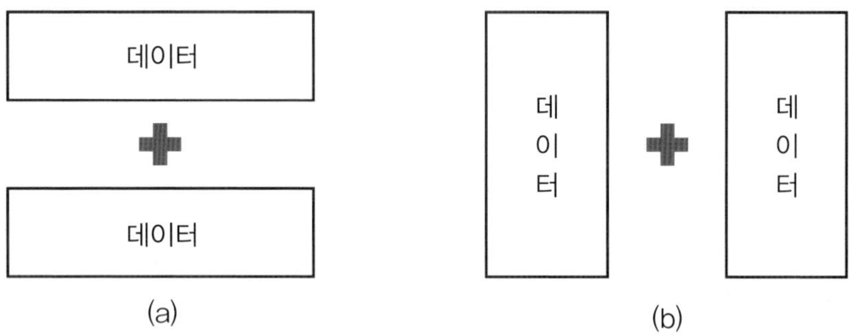

위 그림의 (a)는 동일한 주제를 여러 사람들에게 조사했을 때에 하나의 데이터는 A지역의 사람들 데이터만 저장했고, 다른 데이터는 B지역의 사람들 데이터만 저장했다고할 때 두 데이터를 합치는 방식이다.

(b)는 두 데이터가 각각 다른 정보를 저장하고 있을 때에 합치는 방식이다. 예를 들면, A는 고객의 인적사항에 대한 정보를 저장하고 있는 데이터이고, B는 고객들의 소비 정보를 저장하고 있는 데이터라고 할 때, 두 데이터를 합치는 방식이다. (a) 방식은 rbind() 함수를 이용하고, (b) 방식은 merge() 함수를 이용한다.

(1) rbind() 함수를 이용

먼저 (a)방식을 다루면 다음과 같다.

- df1 = data.frame(id=1:3, gender=c("M", "M", "F"), age=c(10, 20, 30))
- df2 = data.frame(id=4:5, gender=c("F", "F"), age=c(40, 50))
- rbind(df1, df2)

```
Console  Terminal ×  Jobs ×
D:/SAMPLE/R/
> df1 = data.frame(id=1:3, gender=c("M", "M", "F"), age=c(10, 20, 30))
> df2 = data.frame(id=4:5, gender=c("F", "F"), age=c(40, 50))
> rbind(df1, df2)
  id gender age
1  1      M  10
2  2      M  20
3  3      F  30
4  4      F  40
5  5      F  50
>
```

(2) merge() 함수를 이용

merge() 함수를 이용하면, 4가지 join 방법이 있다. inner join, outer join(full join, left join, right join)이다. merge() 함수의 사용 방법은 다음과 같다.

argument	설명
x	합쳐질 첫 번째 데이터를 지정한다.
y	합쳐질 두 번째 데이터를 지정한다.
by	두 데이터를 합칠 때에 사용할 변수명으로 두 데이터에 공통적으로 있는 변수이어야 하며, 이 변수는 각각의 데이터를 식별할 수 있어야 한다.
all	논리형으로 TRUE를 지정하면 full join 방식으로 두 데이터가 합쳐진다.
all.x	논리형으로 TRUE를 지정하면 left join 방식으로 두 데이터가 합쳐진다.
all.y	논리형으로 TRUE를 지정하면 right join 방식으로 두 데이터가 합쳐진다.

○ df3 = data.frame(id=1:3, gender=c("M", "M", "F"))

○ df4 = data.frame(id=c(1, 2, 4, 5), age=c(10, 20, 40, 50))

```
Console  Terminal ×  Jobs ×
D:/SAMPLE/R/
> df3 = data.frame(id=1:3, gender=c("M", "M", "F"))
> df3
  id gender
1  1      M
2  2      M
3  3      F
> df4 = data.frame(id=c(1, 2, 4, 5), age=c(10, 20, 40, 50))
> df4
  id age
1  1  10
2  2  20
3  4  40
4  5  50
> 
```

① inner join

inner join은 두 데이터에 공통으로 기준이 되는 변수가 가지는 값의 교집합 (intersecion), 즉 동일한 것만 합쳐지는 것을 말한다.

○ merge(df3, df4, by="id")

```
Console  Terminal ×  Jobs ×
D:/SAMPLE/R/
> merge(df3, df4, by="id")
  id gender age
1  1      M  10
2  2      M  20
> 
```

② full join

full join은 두 데이터에 공통으로 기준이 되는 변수가 가지는 값의 합집합(union)것만 합쳐지는 것을 말한다. 두 데이터의 기준이 되는 변수의 값이 없는 경우에는 수치형인 경우에는 NA, 문자형인 경우에는 〈NA〉가 된다. 즉 결측치(또는 결측값, missing value)가 된다.

○ merge(df3, df4, by="id", all=TRUE)

```
Console   Terminal ×   Jobs ×
D:/SAMPLE/R/
> merge(df3, df4, by="id", all=TRUE)
  id gender age
1  1      M  10
2  2      M  20
3  3      F  NA
4  4   <NA>  40
5  5   <NA>  50
> 
```

③ left join

left join은 두 데이터에 공통으로 기준이 되는 변수가 가지는 값 중에서 첫 번째 들어가는 데이터의 값에 대하여 두 번째 데이터와 일치하는 경우에는 두 번째 데이터의 값을 가져오며, 일치하지 않을 경우에는 NA가 된다.

○ merge(df3, df4, by="id", all.x=TRUE)

```
Console   Terminal ×   Jobs ×
D:/SAMPLE/R/
> merge(df3, df4, by="id", all.x=TRUE)
  id gender age
1  1      M  10
2  2      M  20
3  3      F  NA
> 
```

④ right join

right join은 두 데이터에 공통으로 기준이 되는 변수가 가지는 값 중에서 두 번째 들어가는 데이터의 값에 대하여 첫 번째 데이터와 일치하는 경우에는 첫 번째 데이터의 값을 가져오며, 일치하지 않을 경우에는 NA가 된다.

○ merge(df3, df4, by="id", all.y=TRUE)

```
> merge(df3, df4, by="id", all.y=TRUE)
  id gender age
1  1      M  10
2  2      M  20
3  4   <NA>  40
4  5   <NA>  50
>
> |
```

chapter 08

일변량 질적 자료의 분석

학습개요

일변량 질적 자료(univariate qualitative data)를 분석하는 방법으로는 표(table)와 그래프(graph)가 있다. 표에는 빈도(frequency)와 백분율(percent)이 있고, 그래프에는 막대그래프(bar chart)와 원그래프(pie chart)가 있다.

이 장에서는 빈도와 백분율의 개념을 익히고, 이해할 수 있도록 제시한다. 그리고 막대그래프와 원그래프의 데이터 유형을 이해할 수 있도록 제시한다. 더불어 R을 이용한 일변량 질적 자료의 분석을 예제를 통해 이해한다.

학습목표

- 빈도, 백분율의 개념을 이해한다.
- 막대그래프와 원그래프를 해석할 수 있다.
- R을 이용하여 빈도, 백분율, 막대그래프, 원그래프를 작성할 수 있다.
- R을 이용한 일변량 질적 자료 분석을 이해하고 활용한다.

8.1. 빈도와 백분율의 개념

(1) 빈도

빅데이터를 다룰 때 가장 기본적으로 알아야 할 것들이 무엇일까?

그것은 분포(distribution)다. 왜냐하면 분포를 모르면 아예 통계가 불가능하기 때문이다.

빅데이터의 분포를 파악하기 위한 가장 기본적인 분석기법이 빈도분석이다. 빈도분석은 모든 분석에서 가장 기본적이면서, 매우 중요한 개념이다. 빈도분석은 빅데이터와 관련된 세 가지 유형의 분포에 관한 정보를 제공해준다.

빈도는 자료가 가지는 각각의 값이 몇 개가 있는지를 구한 수치이며, 백분율은 자료가 가지는 각각의 값이 전체를 100으로 보았을 때에 얼마나 차지하고 있는지를 알려주는 수치이다.

데이터를 분석할 때에는 다양한 관점으로 분석된 결과를 해석하고 표현할 수 있기 때문에 정답은 없다. 하지만 표를 작성할 때에는 데이터의 특징을 잘 알 수 있도록 표현하는 것이 바람직할 것이다.

■ 빅데이터 분포의 세 가지 차원

위치 (Location)	변동성 (Variability)	형태 (Shape)
- 평균 - 최빈값 - 중위수/ 중앙값	- 범위 - 4분위수 - 분산과 표준편차 - 변동계수	- 왜도(歪度, Skewness) - 첨도(尖度, Kurtosis)

■ 위치와 관련된 분포 정보

위치와 관련된 분포 정보는 우리가 잘 알고 있는 평균, 최빈값, 중위수 혹은 중앙값이 여기에 해당한다. 빅데이터의 위치를 측정하는 것은 일반적으로 소비자나 고객들이 어떤 특정한 방향으로 집중하는 경향이 있기 때문이다.

따라서 이를 파악하기 위해 빅데이터에서 분포 파악 시 가장 기본적으로 위치를 측정하는 것이다.

평균은 빅데이터의 분포가 중앙으로 집중화 경향을 얼마나 보여주는가를 설명하며, 대부분의 값들은 평균의 주변에 분포하게 된다. 최빈값은 빈도가 가장 많은 관찰값을 말하며, 중위수 혹은 중앙값은 자료를 크기순으로 나열했을 때 가장 중앙에 오는 값을 말한다.

■ 변동성과 관련된 분포 정보

변동성은 빅데이터의 산포, 즉 흩어진 정도가 어떤지를 나타내는 통계량들이다. 대표적으로 범위, 4분위수, 분산과 표준편차 그리고 변동계수를 말한다.

범위는 빅데이터가 흩어진 정도를 알고자 하는 것으로 가장 큰 값과 가장 작은 값 사이를 범위라고 한다.

4분위수는 자료 분포를 같은 크기로 4등분하는 것을 말하며, 각 부분에 25%의 자료가 포함된다. 분산과 표준편차는 빅데이터 분석에서 평균 등과 같이 가장 많이 활용되는 통계량이다.

분산은 관찰값과 평균의 차이를 제곱하여 합계를 구한 후 이를 전체 데이터의 사례 수로 나누어 얻은 값이다. 이렇게 해서 산출된 분산값에 제곱근을 취하면 표준편차가 된다. 변동계수는 표준편차의 비율을 평균의 퍼센트로 나타낸 통계량이다.

■ 형태와 관련된 분포 정보

형태와 관련된 분포 정보는 빅데이터의 분포 형태가 정규분포 형태를 가지는지, 어느 한쪽으로 치우쳐 있는지, 혹은 분포가 평균을 중심으로 조밀하게 분포되었는지 등의 여부를 알려주는 정보들로 구성되어 있다. 대표적인 통계량으로 왜도와 첨도가 있다.

왜도는 빅데이터의 분포가 정규분포에 비해 어느 정도로 왜곡되어 분포되어 있는지를 알려주는 분포 정보이다. 즉 빅데이터의 분포가 평균을 중심으로 왼쪽으로 치우쳐 있는지, 혹은 오른쪽으로 치우쳐 있는지를 판단하는 정보이다. 왜도가 +로 나타나 있는 경우는 데이터의 대부분이 왼쪽에 위치해 있으나 큰 값들이 오른쪽에 분포되어 있는 경우다. 왜도가 -의 값을 갖는 경우는 이와는 반대의 경우다. 만약에 왜도가 0이라고 한다면 좌우대칭형의 형태로 빅데이터가 분포되어 있게 된다.

❑ 왜도가 +와 -인 경우 분포 형태

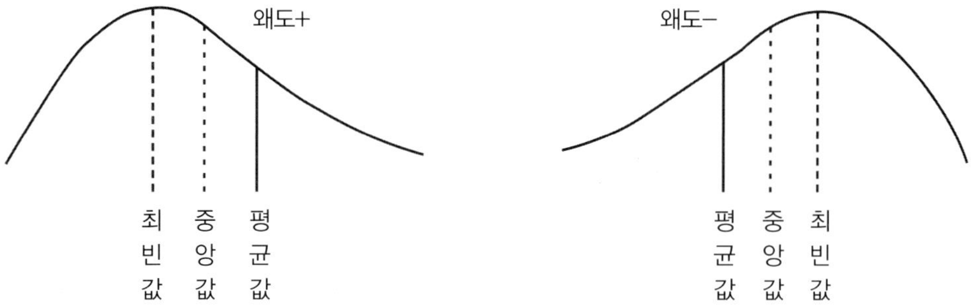

첨도는 빅데이터의 분포가 정규분포에 비해 얼마나 뾰족한 형태로 분포되어 있는지를 파악할 수 있는 정보이다. 첨도가 +값을 가진다면, 평균을 중심으로 데이터들이 매우 조밀하게 분포되어 있음을 뜻한다. 만약 첨도가 -의 값을 가지다면, 데이터의 분포형태가 평균을 중심으로 넓게 분포되어 편평한 형태의 그래프로 나타난다. 또한 첨도가 0의 값을 가지면 정규분포와 같은 형태를 보여준다.

❑ 첨도가 +와 -인 경우의 분포 형태

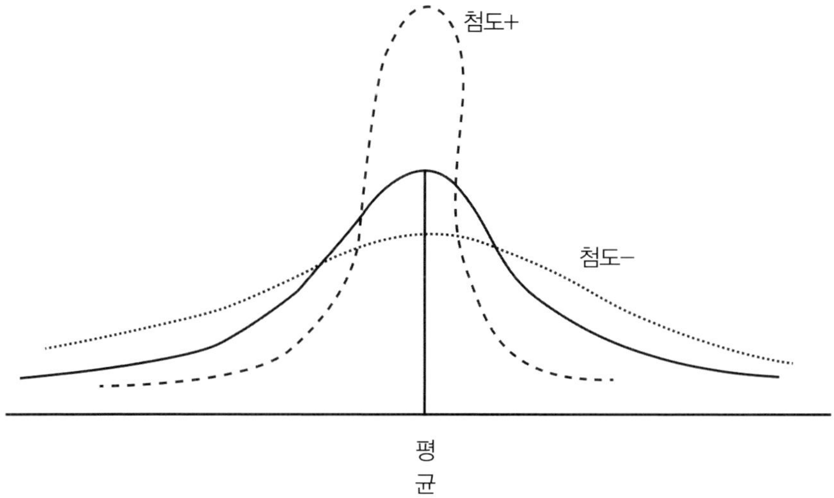

(2) 백분율

백분율(%)의 정보를 해석은 다음과 같다.

- ❑ 빈도도 함께 있는가?
- ❑ 백분율을 구할 때에 분모와 분자는 무엇인가?
- ❑ 백분율과 백분율의 차이를 언급하고 있는가?

첫 번째로 빈도 없이 백분율만 있다면 매우 위험할 수 있다.

예를 들어, "국민의 80%가 A정책을 반대하는 것으로 나타났다"고만 표현한다면, 80%를 의미하는 사람들이 몇 명인지 알 수가 없다. 5명 중에 4명이 반대해도, 50명 중에 40명이 반대해도, 500명 중에 400명이 반대해도, 5000명 중에 4000명이 반대해도 동일하게 80%가 나온다.

"국민의 80%가 A정책을 반대하는 것으로 나타났다"라는 표현은 거짓말을 한것은 아니지만 그렇다고 정확하게 정보를 전달한 것은 아니다.

이런 표현을 half-true(반만 진실)이라고 하는 것 같다. 이러한 표현은 정보를 왜곡할 수 있기 때문에 백분율과 빈도를 꼭 함께 쓰는 것이 바람직하다고 생각한다.

두 번째로 "전국 성인 남녀 1000명을 조사한 결과, 응답자의 80%가 A후보를 지지하는 것으로 나타났다"라는 표현을 바탕으로 A후보를 지지한 사람은 몇 명인가 라고 할 때, 많은 사람들은 800명이라고 쉽게 생각한다.

조사자와 응답자의 차이가 있음을 생각해 보아야 한다. 조사자가 분모로 가는 것과 응답자가 분모로 가는 것은 백분율의 값을 크게 다르게 할 수 있다. 참고로 여론조사에서 응답률은 1000명을 최종 응답자로 하고, 1000명을 채우기 위해서 조사한 사람들 분모로 하여 나눈 값이다.

세 번째로 백분율과 백분율의 차이를 언급할 때에 그냥 백분율로 얘기하는 경우가 있다. 보건복지부 · 질병관리본부의 「국민건강영양조사」에 따르면 우울증상 경험률(전체)이 2012년도 12.5%에서 2103년도 10.3%로 감소한 것으로 나타났다. 우울증상 경험률이 2012년도에 비해서 2013년도 얼마나 감소했는가 질문하면 2.2% 감소했다고 일반적으로 대답한다.

하지만 백분율과 백분율의 차이는 퍼센트 포인트(percent point)이며, 2.2%p 감소했다고 해야 한다. 이러한 실수는 2015년 대학수학능력시험의 영어 25번 문항에 나타나 복수 정답 처리하는 상황이 발생하기도 했다.

8.2. 막대그래프와 원그래프

(1) 막대그래프

막대그래프와 원그래프는 질적 자료의 특징을 파악하기 위해서 작성하는 그래프이다. 막대그래프에는 세로 막대그래프와 가로 막대그래프가 있고, 막대그래프를 작성할 때에 빈도 또는 백분율을 이용하며 일반적으로 빈도를 더 많이 사용한다.

세로 막대그래프인 경우에는 y축제목이 꼭 있도록 하고, 가로 막대그래프인 경우에는 x축제목이 꼭 있도록 하여 막대의 높이(또는 길이)가 무엇을 의미하는지 알 수 있도록 해준다.

또한 막대그래프의 최소값은 0부터 시작하고, 최대값이 포함되도록 y축 눈금을 설정하도록 한다. 특히 막대그래프에서 절단효과를 넣지 않도록 주의를 해야 한다.

절단효과를 넣으면 의도하지 않게 정보를 왜곡시킬 수 있기 때문이다. 막대그래프도 표와 마찬가지로 정렬을 하여 표현하는 것이 질적 자료의 특징을 파악하는 데에 좋다.

세로 막대그래프인 경우에는 내림차순으로, 가로 막대그래프인 경우에는 오름차순으로 하여 빈도(또는 백분율)이 가장 많은 것부터 시작해서 빈도가 가장 작은 순서로 표현하는 것이 바람직하다.

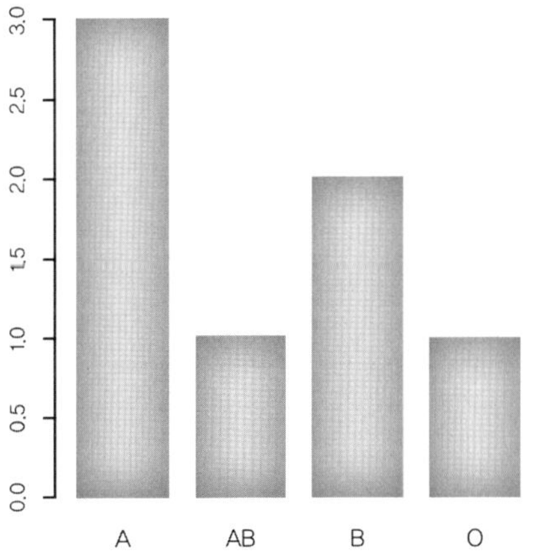

가로 막대그래프

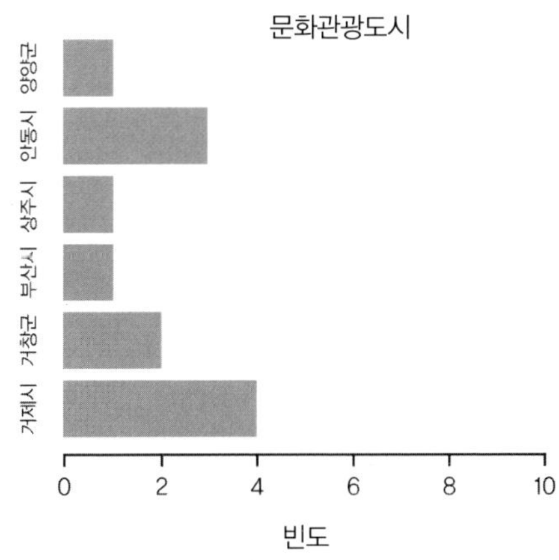

세로 막대그래프

(2) 원그래프

원그래프는 질적 자료가 가지는 항목(값)이 5개 이하인 경우에 적당하며, 각 항목이 전체 중에서 얼마나 차지하고 있는지를 표현하는 데에 유용하다. 강조하고 싶은 항목이 있다면 해당 조각을 분리해서 표현하는 것도 좋다.

그래프의 색상은 다양하거나 화려하지 않도록 하는 것이 좋다. 질적 자료가 가지는 자료의 특징을 파악하는 것이 가장 중요한 일이기 때문에 색상을 너무 다양하게 하면 자료의 특징보다는 화려함에 신경을 빼앗길 수 있다. 가급적이면 단색으로 하고, 강조하고 싶은 항목이 있을때에만 진한 색으로 하거나 다른 색상으로 하는 것이 좋다.

분석된 결과를 어떻게 표와 그래프로 잘 표현할 것인지에 대해서 관심이 있는 분들은 Dona M.Wong(2010)의 저서를 번역한 「월스트리트저널 인포그래픽 가이드(2014), 인사이트」를 참고하면 된다.

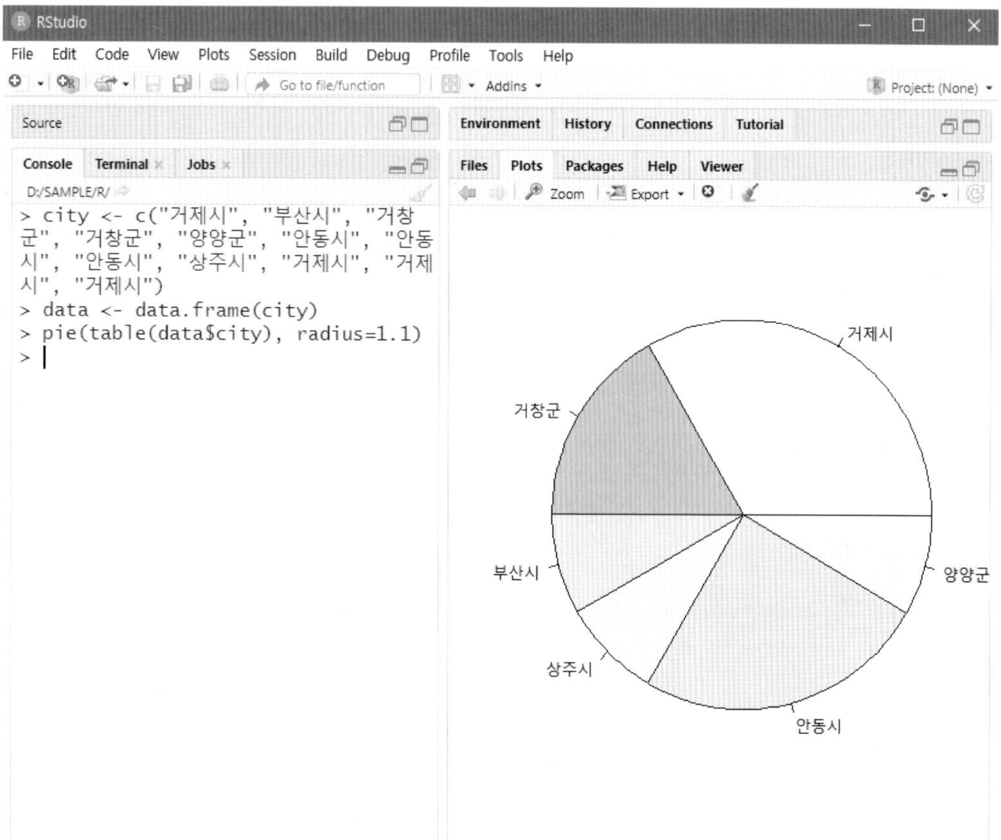

8.3. R을 이용한 일변량 질적 자료의 분석

예제 데이터는 ggplot2 패키지에서 제공하는 diamonds이다.

diamonds 데이터에는 cut, color, clarity라는 질적 자료가 3개 있다. 이 자료에 대한 분석을 R로 하면 다음과 같다.

(1) 빈도 구하기

빈도는 R에서 기본적으로 제공하는 table() 함수를 이용하여 구할 수 있다. table() 함수의 사용법은 다음과 같다.

argument	설명
x	분석하고 싶은 질적 자료를 의미하며, 데이터명$변수명, 데이터명[, "변수명"], 데이터명[, 변수명위치] 으로 표현할 수 있다.

cut, color, clarity에 대한 빈도를 구하는 명령어는 아래와 같다.

- ○ table(diamonds$cut)
- ○ table(diamonds$color)
- ○ table(diamonds$clarity)

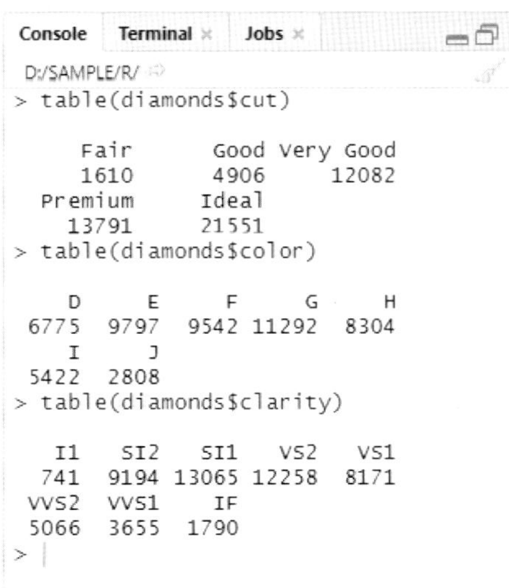

```
Console  Terminal  Jobs
D:/SAMPLE/R/
> table(diamonds$cut)

     Fair      Good Very Good
     1610      4906     12082
  Premium     Ideal
    13791     21551
> table(diamonds$color)

    D     E     F     G     H
 6775  9797  9542 11292  8304
    I     J
 5422  2808
> table(diamonds$clarity)

   I1   SI2   SI1   VS2   VS1
  741  9194 13065 12258  8171
 VVS2  VVS1    IF
 5066  3655  1790
>
```

빈도의 결과를 내림차순으로 정렬할 때에는 sort() 함수를 사용하면 된다.

argument	설명
x	정렬하고 싶은 벡터(vector)를 의미한다. 여기서는 table()의 결과를 넣어주면 된다.
decreasing	정렬기준으로 TRUE는 내림차순, FALSE는 오름차순을 의미한다.

위에서 구한 빈도를 내림차순으로 표현하면 다음과 같다.

- sort(table(diamonds$cut), decreasing=TRUE)
- sort(table(diamonds$color), decreasing=TRUE)
- sort(table(diamonds$clarity), decreasing=TRUE)

```
Console   Terminal ×   Jobs ×
D:/SAMPLE/R/
> sort(table(diamonds$cut), decreasing=TRUE)

    Ideal   Premium Very Good
    21551     13791     12082
     Good      Fair
     4906      1610
> sort(table(diamonds$color), decreasing=TRUE)

    G     E     F     H     D
11292  9797  9542  8304  6775
    I     J
 5422  2808
> sort(table(diamonds$clarity), decreasing=TRUE)

  SI1   VS2   SI2   VS1  VVS2
13065 12258  9194  8171  5066
 VVS1    IF    I1
 3655  1790   741
> 
```

(2) 백분율 구하기

백분율은 R에서 기본적으로 제공하는 prop.table() 함수를 이용하며, tables of proportions의 약자로 비율 테이블을 의미한다. prop.table() 함수의 사용방법은 다음과 같다.

argument	설명
x	질적 자료에 대한 빈도 결과를 의미하며, table(데이터명$변수명), table(데이터명[, "변수명"]), table(데이터명[, 변수명 위치])를 넣어준다.

하지만 prop.table() 함수는 0~1 사이의 값을 반환하기 때문에 백분율로 표현하기 위해서는 prop.table()의 결과에 100을 곱해주어야 한다.

cut, color, clarity에 대한 빈도를 구하는 명령어는 아래와 같다.

- prop.table(table(diamonds$cut))*100
- prop.table(table(diamonds$color))*100
- prop.table(table(diamonds$clarity))*100

```
Console  Terminal ×  Jobs ×
D:/SAMPLE/R/
> prop.table(table(diamonds$cut))*100

     Fair      Good Very Good   Premium 
 2.984798  9.095291 22.398962 25.567297 
    Ideal 
39.953652 
> prop.table(table(diamonds$color))*100

        D         E         F         G 
12.560252 18.162773 17.690026 20.934372 
        H         I         J 
15.394883 10.051910  5.205784 
> prop.table(table(diamonds$clarity))*100

       I1       SI2       SI1       VS2 
 1.373749 17.044865 24.221357 22.725250 
      VS1      VVS2      VVS1        IF 
15.148313  9.391917  6.776047  3.318502 
> 
```

참고로 백분율은 특별한 말이 없으면 일반적으로 소수점 첫째자리까지 표현한다.

즉 소수점 둘째자리에서 반올림된 결과로 소수점 둘째자리가 5이상이면 소수점 첫째 자리는 1 증가되고, 소수점 둘째자리가 5보다 작으면 소수점 첫째자리는 그대로 된다.

R에서 반올림은 round() 함수를 사용하면 된다.

argument	설명
x	반올림시키고 싶은 숫자가 들어 있는 벡터를 의미하며, 여기서는 백분율의 결과를 넣어주면 된다.
decreasing	표현되고 싶은 소수점의 자리수를 의미하며, 여기서는 1로 넣어준다.

- round(prop.table(table(diamonds$cut))*100, digits=1)
- round(prop.table(table(diamonds$color))*100, digits=1)
- round(prop.table(table(diamonds$clarity))*100, digits=1)

```
Console   Terminal ×   Jobs ×
D:/SAMPLE/R/
> round(prop.table(table(diamonds$cut))*100, digits=1)

     Fair      Good Very Good   Premium 
      3.0       9.1      22.4      25.6 
    Ideal 
     40.0 
> round(prop.table(table(diamonds$color))*100, digits=1)

   D    E    F    G    H    I    J 
12.6 18.2 17.7 20.9 15.4 10.1  5.2 
> round(prop.table(table(diamonds$clarity))*100, digits=1)

  I1  SI2  SI1  VS2  VS1 VVS2 VVS1   IF 
 1.4 17.0 24.2 22.7 15.1  9.4  6.8  3.3 
> 
```

(4) 막대 그래프

막대그래프는 R에서 기본으로 제공하는 barplot() 함수를 이용하며, 사용방법은 다음과 같다.

argument	설명
height	빈도의 정보를 의미하며, table()의 결과를 지정한다.
col	막대의 색상을 지정하며, 기본은 gray로 설정되어 있다. 색상을 변경하려면 "색상"으로 지정하면 된다.
main	차트의 제목을 의미하며, 기본은 공백으로 되어 있다. 그래프에 제목을 추가하려면 "제목" 형태로 지정하면 된다.
xlab	x축제목을 의미하며, 기본은 공백으로 되어 있다. x축제목을 추가하려면 "x축제목" 형태로 지정하면 된다.
ylab	y축제목을 의미하며, 기본은 공백으로 되어 있다. y축제목을 추가하려면 "y축제목" 형태로 지정하면 된다.
xlim	x축눈금을 의미하며, x축눈금을 조정할 때는 기본적으로 최소값과 최대값을 변경한다. c() 함수를 이용하여 최소값과 최대값을 지정하면 된다.
ylim	y축눈금을 의미하며, y축눈금을 조정할 때는 기본적으로 최소값과 최대값을 변경한다. c() 함수를 이용하여 최소값과 최대값을 지정하면 된다.
horiz	세로 막대그래프를 작성할지, 가로 막대그래프를 작성할 지를 지정하는 것으로 기본은 세로 막대그래프로 되어 있다. 가로 막대그래프로 변경하려면 FALSE로 지정하면 된다.

- 위에서 소개한 8개의 argument 이외에도 다양한 argument가 존재한다.
- 더 자세히 알고 싶으면 도움말 기능을 이용하여 argument의 기능을 살펴보면 된다.

① barplot() 함수의 기본은 다음과 같다.

▷ city <- c("거제시", "부산시", "거창군", "거창군", "양양군", "안동시", "안동시",
"안동시", "상주시", "거제시", "거제시", "거제시")

▷ data <- data.frame(city)

▷ barplot(table(data$city))

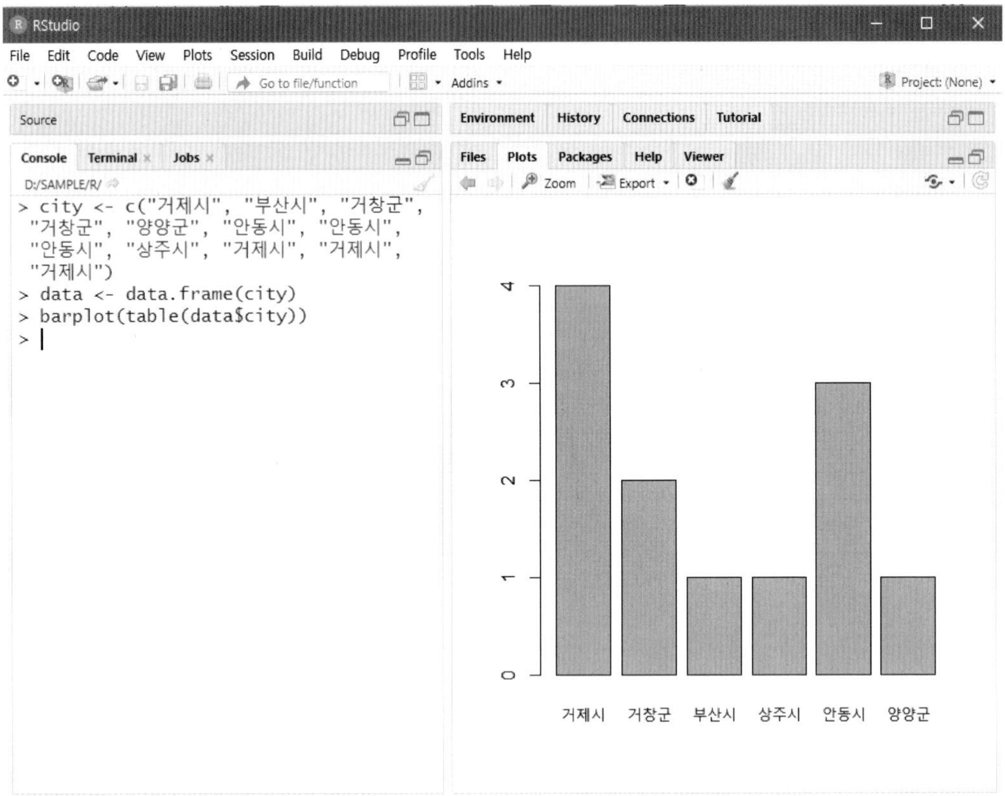

② 막대 색상을 변경하려면 'col'이라는 argument를 추가하여 색상을 지정하면 된다.

- 막대의 색상을 기본으로 설정된 'gray'에서 보라색인 'purple'로 지정한다.

▷ city <- c("거제시", "부산시", "거창군", "거창군", "양양군", "안동시", "안동시", "안동시", "상주시", "거제시", "거제시", "거제시")

▷ data <- data.frame(city)

▷ barplot(table(data$age), col="purple")

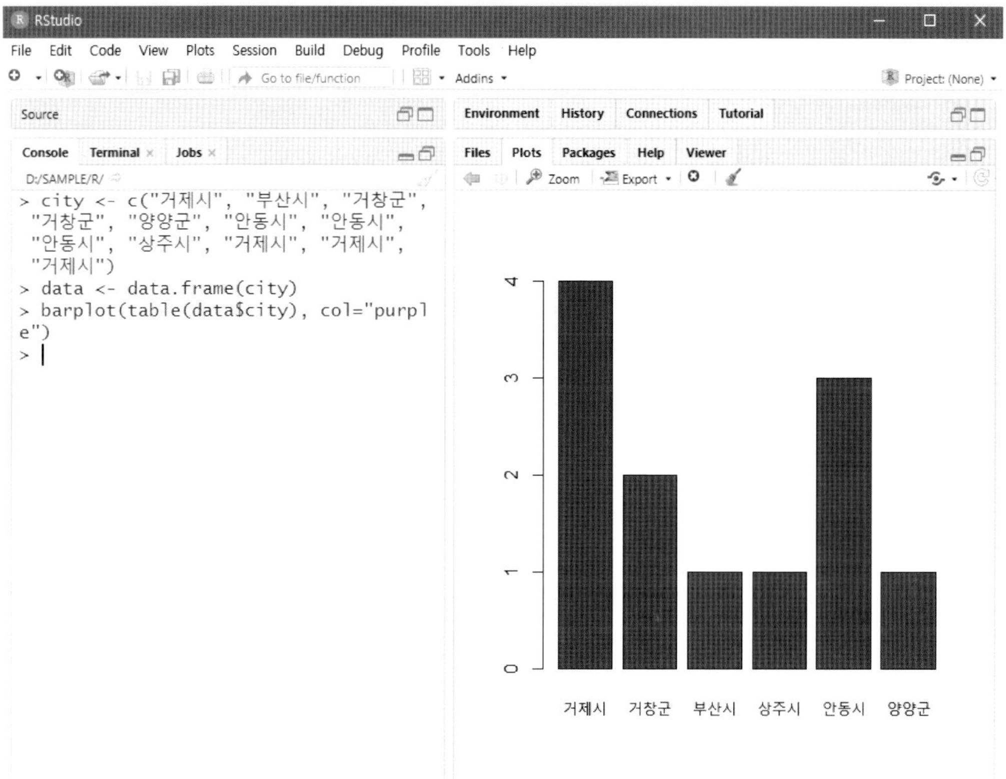

③ 5개 막대의 색상을 각각 다른 색으로 설정한다.

▷ city <- c("거제시", "부산시", "거창군", "거창군", "양양군", "안동시", "안동시", "안동시", "상주시", "거제시", "거제시", "거제시")

▷ data <- data.frame(city)

▷ barplot(table(data$city), col=c("red", "blue", "green", "purple", "yellow"))

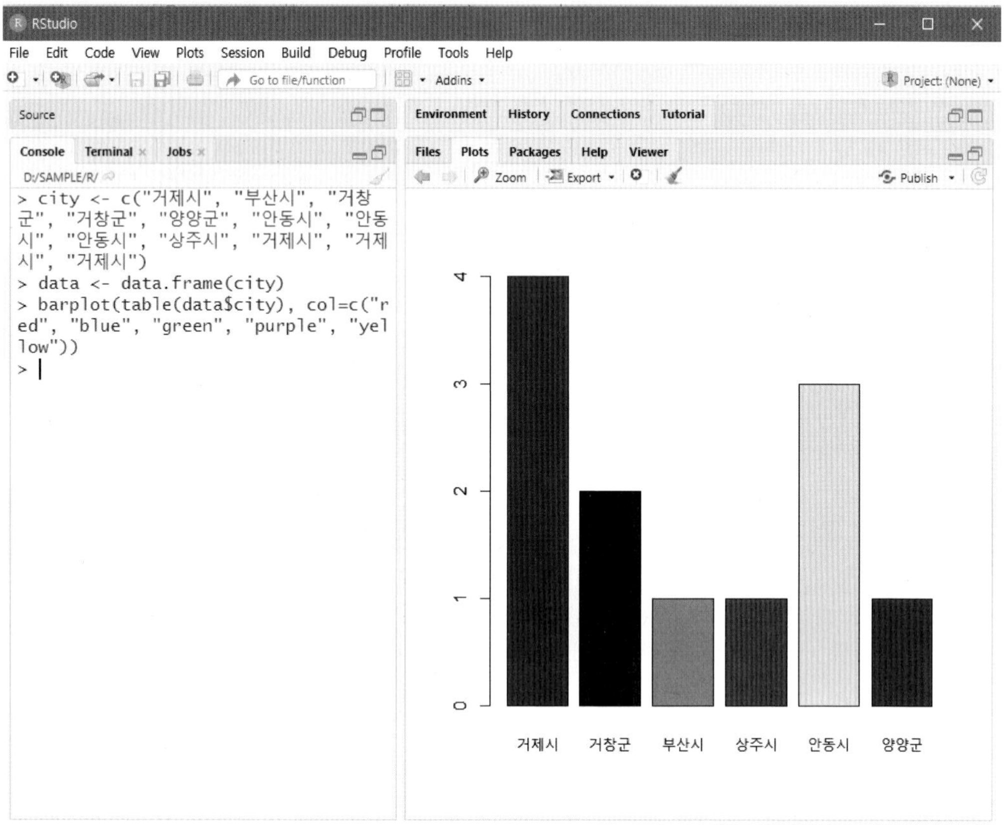

④ rainbow() 함수를 이용하여 막대의 색상을 각각 다르게 설정한다.

▷ city <- c("거제시", "부산시", "거창군", "거창군", "양양군", "안동시", "안동시", "안동시", "상주시", "거제시", "거제시", "거제시")

▷ data <- data.frame(city)

▷ barplot(table(data$city), col=rainbow(5))

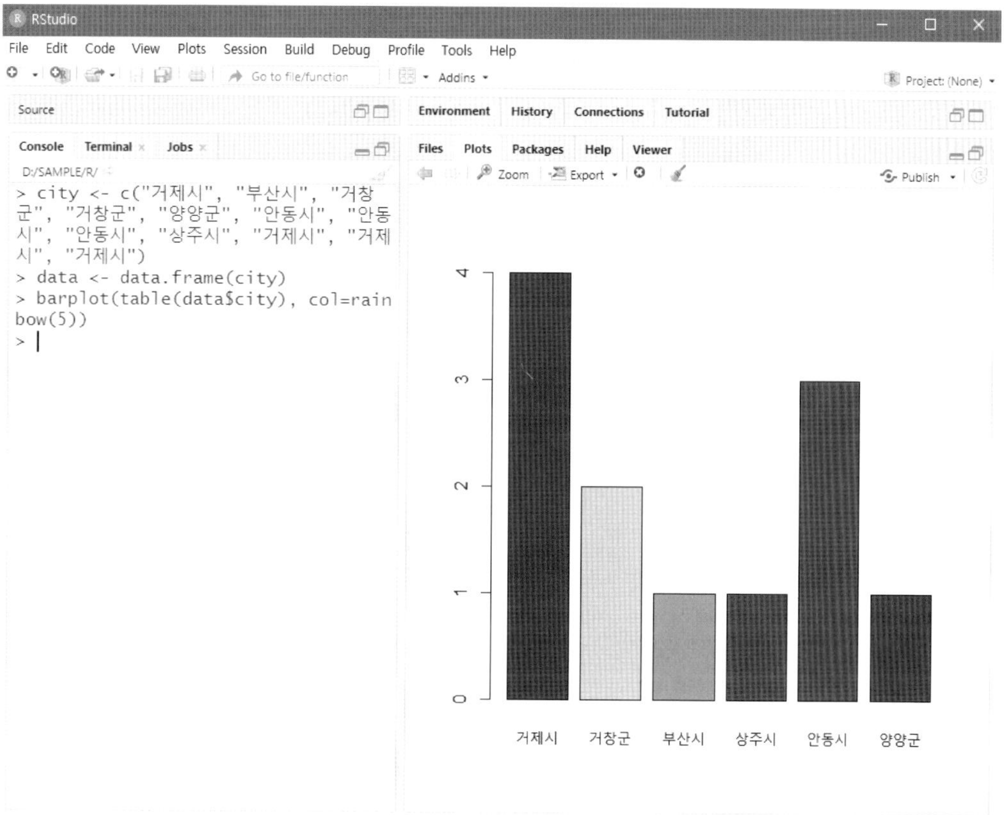

⑤ 그래프에 제목을 추가

- 그래프에 제목을 추가하려면 'main'이라는 argument를 추가하면 된다. main은 character 유형으로 입력되어야 한다.
- 그래프에 y축 제목을 추가하려면 'ylab' 라는 argument를 추가하면 되고, ylab도 character 유형으로 입력되어야 한다.
- 전에도 설명했듯이 막대그래프에는 y축 제목이 꼭 있어야 한다.
- y축의 눈금이 무엇을 의미하는지 알아야 하기 때문이다.
- ylab는 a label for the y axis의 약자이다.

```
▷ city <- c("거제시", "부산시", "거창군", "거창군", "양양군", "안동시", "안동시",
          "안동시", "상주시", "거제시", "거제시", "거제시")

▷ data <- data.frame(city)

▷ barplot(table(data$city), col="purple", main="문화관광 도시")
```

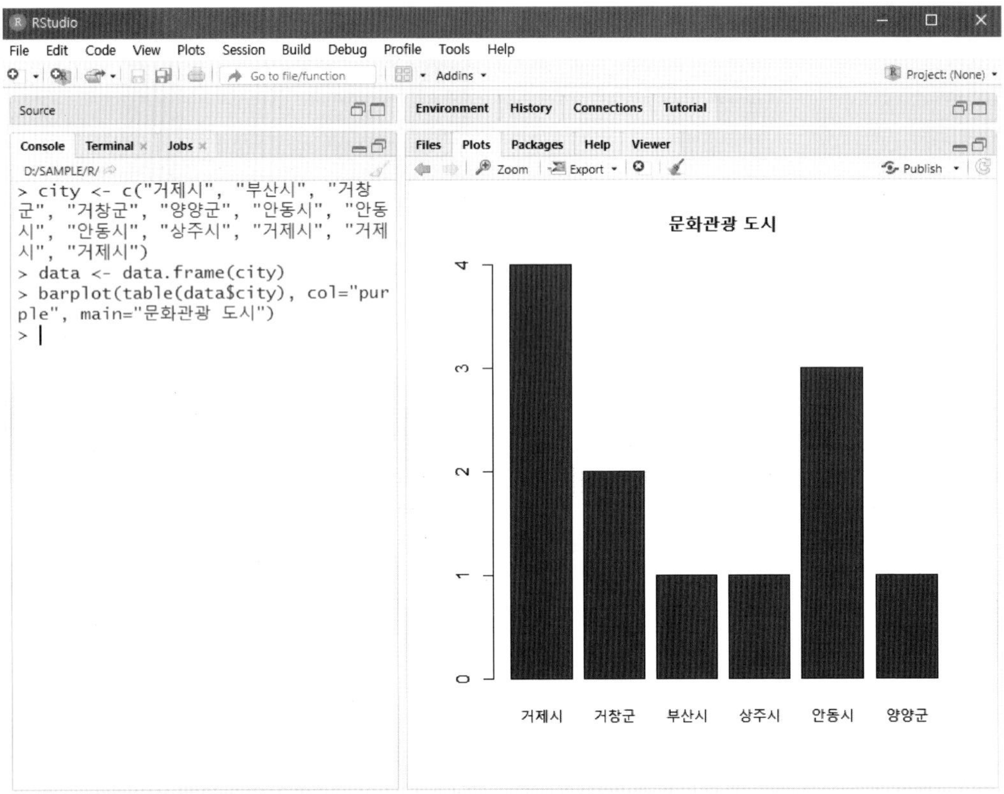

▷ city <- c("거제시", "부산시", "거창군", "거창군", "양양군", "안동시", "안동시", "안동시", "상주시", "거제시", "거제시", "거제시")

▷ data <- data.frame(city)

▷ barplot(table(data$city), col="purple", main="문화관광 도시", xlab="주소지", ylab="빈도")

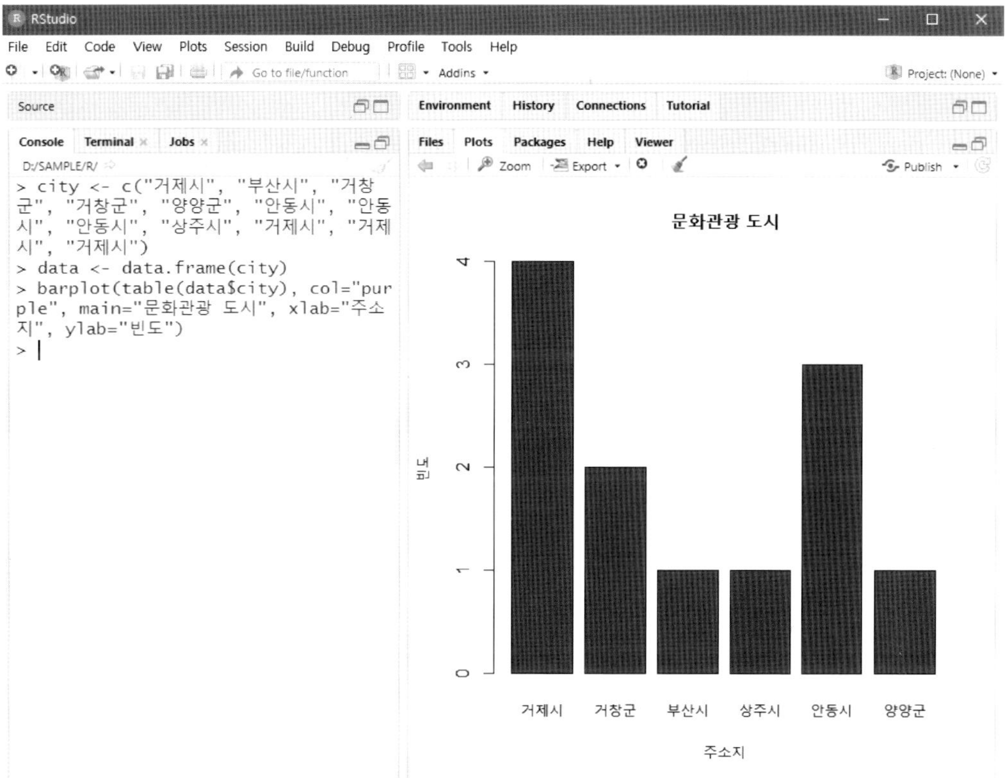

⑥ 그래프에 y축 눈금을 추가

- 그래프에 y축 눈금을 추가하려면 'ylim'이라는 argument를 추가하면 되고, y축 눈금은 y축의 최소값과 최대값을 수정한다.
- 최소값과 최대값이라는 두 개의 수치형을 지정하기 때문에 c() 함수를 사용하면 된다. 참고로 ylim은 limits for the y axis의 약자이다.

```
▷ city <- c("거제시", "부산시", "거창군", "거창군", "양양군", "안동시", "안동시",
            "안동시", "상주시", "거제시", "거제시", "거제시")

▷ data <- data.frame(city)

▷ barplot(table(data$city), col="purple", main="문화관광 도시", xlab="주소지",
  ylab="빈도", ylim=c(0, 10))
```

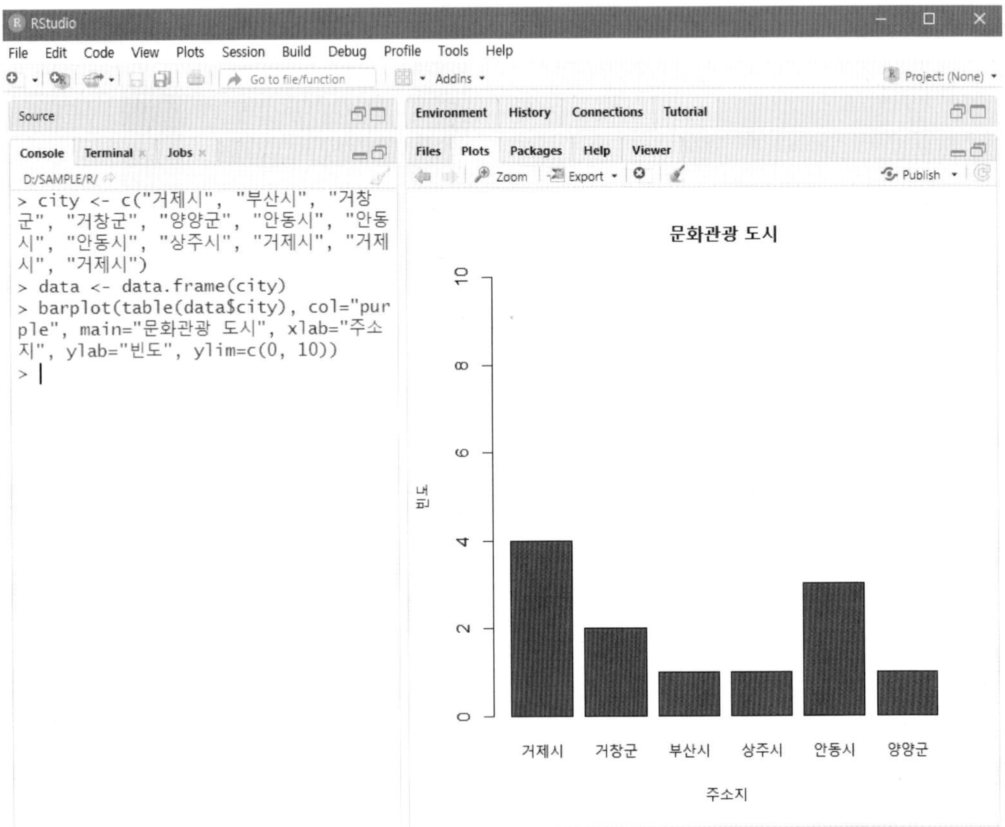

⑦ 가로 막대그래프

- R에서 막대그래프는 세로 막대그래프가 기본이다.
- 세로 막대그래프를 가로 막대그래프로 변경하려면 'horiz'라는 argument를 TRUE로 변경하면 된다.
- 대신에 x축과 y축이 변경되므로 ylab, ylim은 xlab, xlim으로 변경해 주어야 한다.

▷ city <- c("거제시", "부산시", "거창군", "거창군", "양양군", "안동시", "안동시", "안동시", "상주시", "거제시", "거제시", "거제시")

▷ data <- data.frame(city)

▷ barplot(table(data$city), col="purple", main="문화관광 도시", xlab="빈도", xlim=c(0, 10), horiz=TRUE)

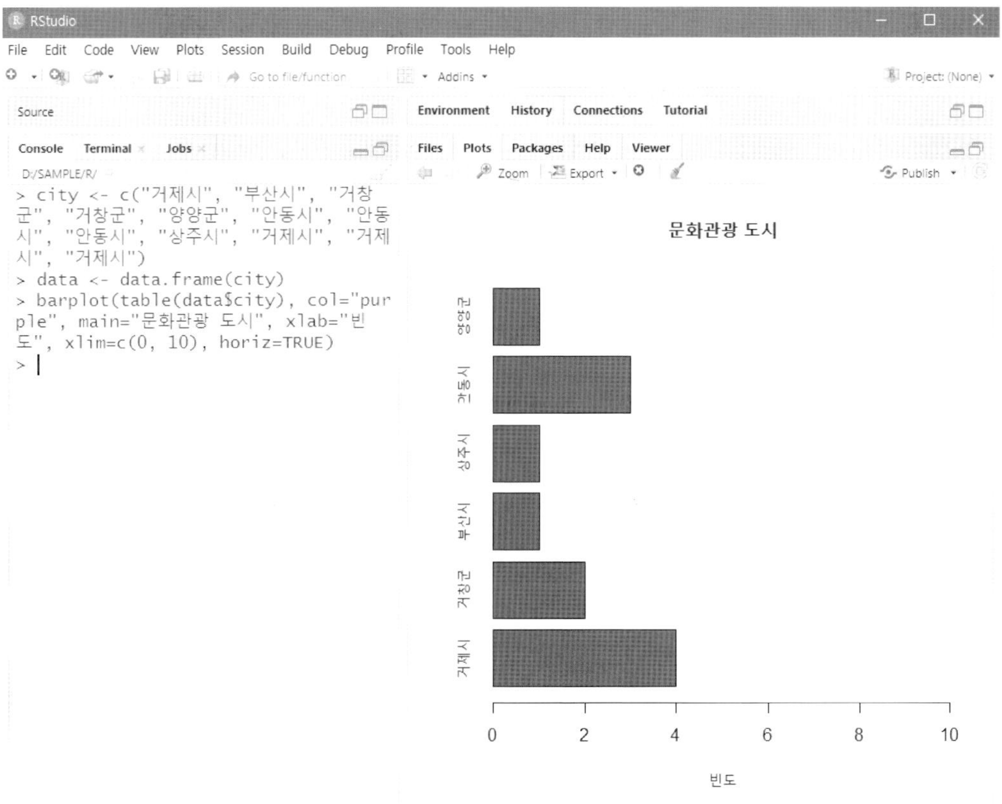

⑧ plot_ly() 함수를 이용

- R의 기본 기능에서 제공하는 그래프 작성 방법보다 더 미려(美麗)하게 해 주는 ggplot2, plotly 등과 같은 유용한 패키지들이 존재한다.
- 먼저 plotly 패키지에 있는 plot_ly() 함수를 이용하여 막대그래프를 작성하는 방법을 다룬다.

❍ install.packages("plotly")

❍ library(plotly)

argument	설명
data	분석할 데이터를 지정하며, 데이터의 형태는 데이터 프레임(data.frame)이다.
x	x축에 표현될 질적 자료의 항목을 지정한다.
y	y축에 표현될 질적 자료의 빈도나 백분율을 지정한다.
type	그래프의 유형으로 "bar"를 지정한다.

- diamonds 데이터의 cut 변수에 대한 세로 막대그래프를 작성하는 방법은 다음과 같다.
- 참고로 names(table(cut))은 cut이 가지는 5가지의 항목의 이름이 구한 것이고, table(cut)은 cut이 가지는 5가지 항목의 빈도를 구한 것이다.

❍ plot_ly(data=diamonds, x=names(table(cut)), y=table(cut), type="bar")

- plotly 패키지에 대한 세부적인 내용은 「https://plot.ly/r/」를 이용하면 된다.
- ggplot2 패키지에 있는 ggplot() 함수와 geom_bar() 함수를 이용하여 막대그래프를 작성하는 방법은 다음과 같다.
- ggplot2 패키지는 diamonds라는 예제 데이터를 사용하기 위해서 이미 설치되었기 때문에 다시 설치할 필요는 없다.

argument	설명
data	분석할 데이터를 지정하며, 데이터의 형태는 데이터 프레임(data.frame)이다.
mapping	aes() 함수를 이용하여 x축이나 y축에 들어갈 질적 자료를 지정한다.

- diamonds의 cut 변수에 대한 세로 막대그래프를 작성한다.
- geom_bar() 함수는 지정된 데이터를 가지고 막대그래프를 작성한다는 의미이다.

❍ ggplot(data=diamonds, mapping=aes(x=cut)) + geom_bar()

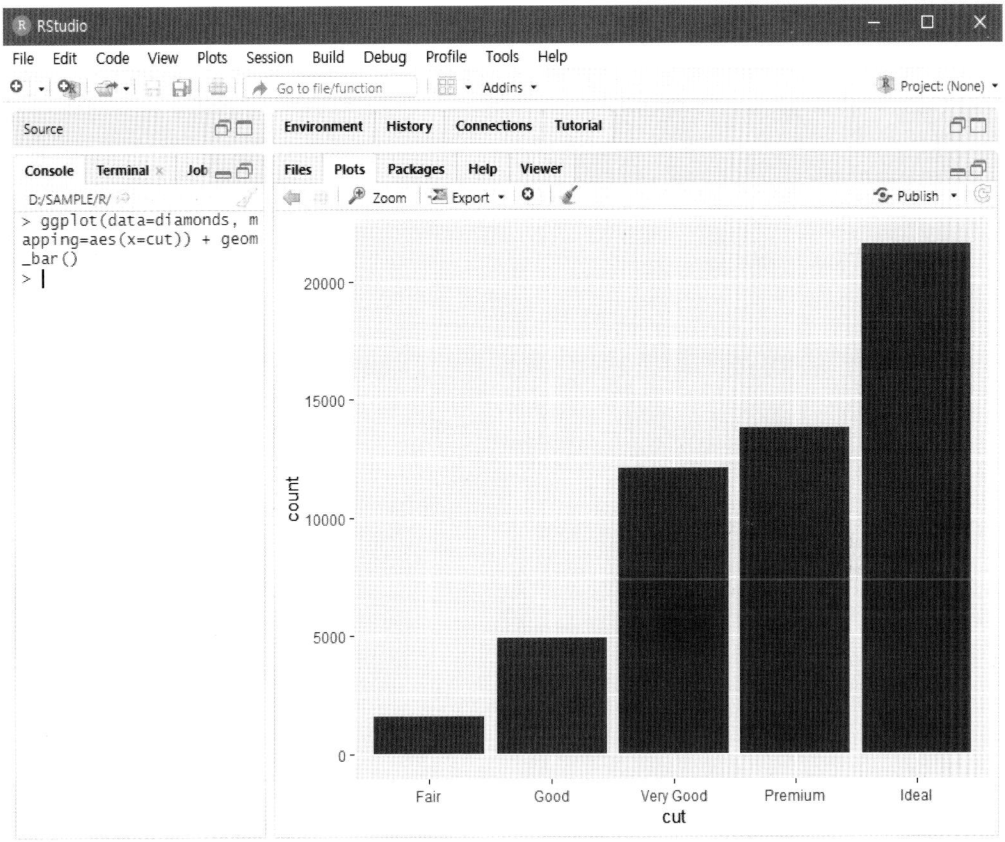

(4) 원그래프

① 원그래프는 pie() 함수를 사용하며, 사용방법은 다음과 같다.

argument	설명
x	빈도의 정보를 의미하며, table()의 결과를 지정한다.
radius	원의 반지름(반경)을 의미하며, -1 ~ 1 사이의 값으로 절대값이 1에 가까울수록 원의 반지름이 최대가 된다.
init.angle	원조각이 처음으로 시작하는 각도를 의미하며, 양의 값을 가지면 왼쪽으로 회전하고, 음의 값을 가지면 오른쪽으로 회전하게 된다.

▷ city <- c("거제시", "부산시", "거창군", "거창군", "양양군", "안동시", "안동시", "안동시", "상주시", "거제시", "거제시", "거제시")

▷ data <- data.frame(city)

▷ pie(table(data$city))

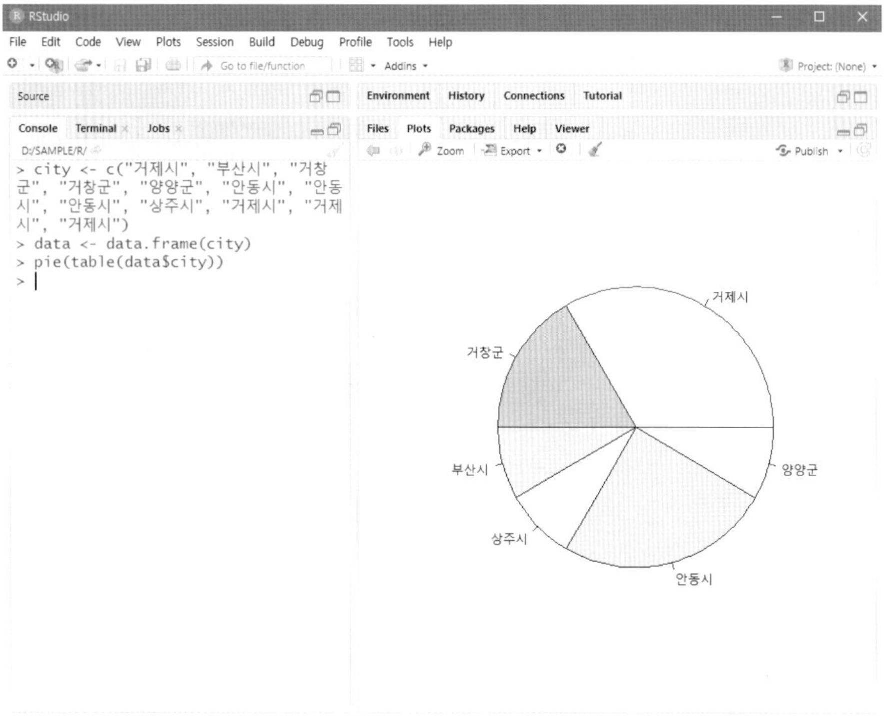

② 반지름을 최대로 지정하면 다음과 같다.

▷ city <- c("거제시", "부산시", "거창군", "거창군", "양양군", "안동시", "안동시",
"안동시", "상주시", "거제시", "거제시", "거제시")

▷ data <- data.frame(city)

▷ pie(table(data$city), radius=1.1)

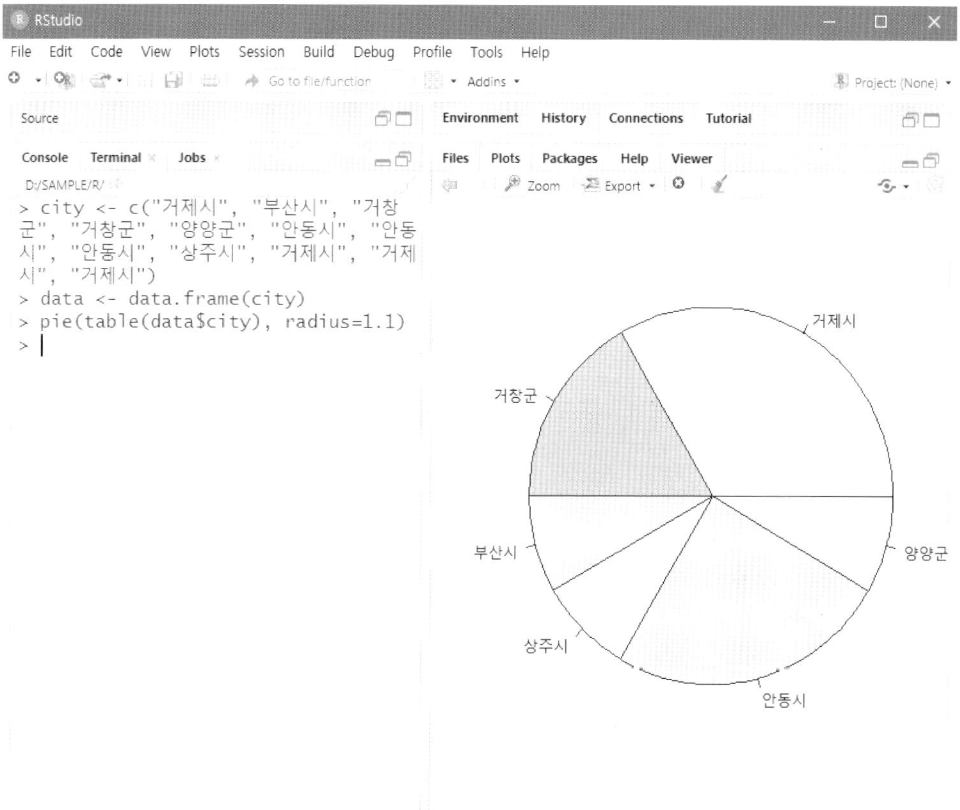

③ **원조각의 처음 시작하는 각도를 -30으로 지정하면 다음과 같다.**

▷ city <- c("거제시", "부산시", "거창군", "거창군", "양양군", "안동시", "안동시", "안동시", "상주시", "거제시", "거제시", "거제시")

▷ data <- data.frame(city)

▷ pie(table(data$city), radius=1.1, init.angle=-30)

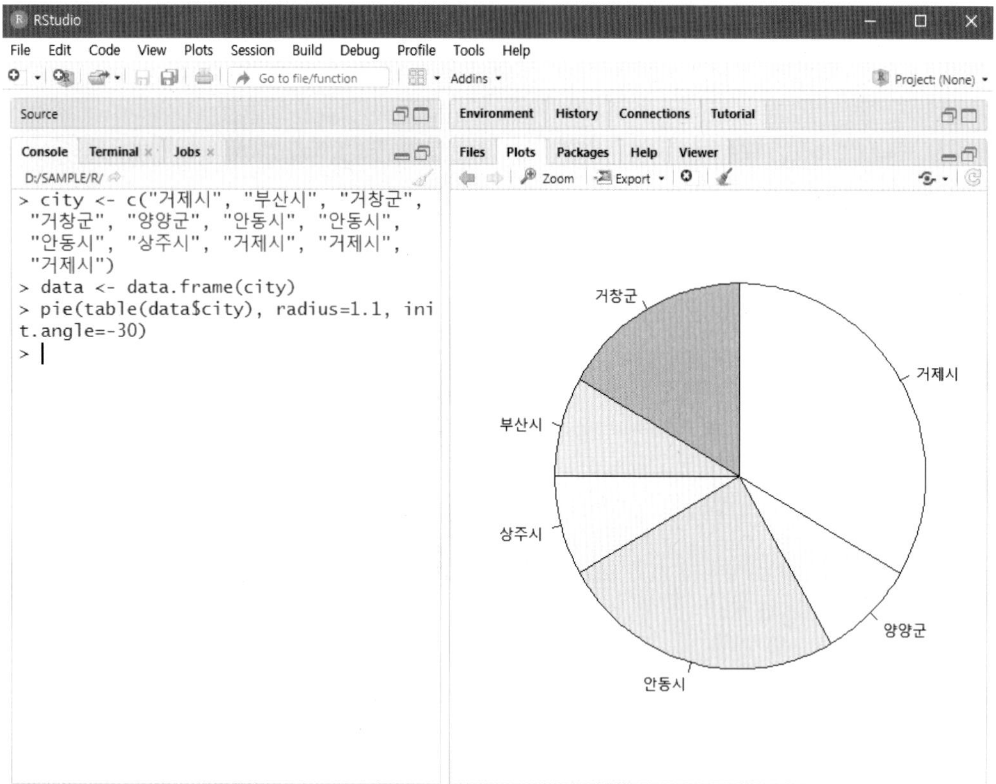

chapter 09

일변량 양적 자료의 분석

학습개요

일변량 양적 자료의 특징을 파악하기 위해서 사용되는 분석 방법에는 표, 그래프, 기술통계량(또는 요약통계량)이 있다. 일변량 질적 자료의 분석에서 소개했던 표를 작성한다. 그리고 일변량 양적 자료의 특징을 파악하기 위해서 작성하는 그래프에는 히스토그램(histogram), 줄기와 잎 그림(stem and leaf plot), 상자그림(boxplot)이 있다. 자료를 수치화 하여 요약하는 방법에는 자료의 중심(평균(Mean), 중앙값(Median) 그리고 최빈값(Mode))과 산포(자료의 퍼진 정도 : 범위(Range), 사분위 범위(IQR : Interquantile Range), 분산(Variance), 표준편차(Standard Deviation))를 구해보는 방법이 있다.

이 장에서는 R을 이용한 표, 그래프, 기술통계량을 익히고, 이해할 수 있도록 제시한다.

학습목표

- 구간의 개념을 이해할 수 있다.
- 히스토그램, 줄기와 잎 그림, 상자그림을 이해할 수 있다.
- 기술통계량(또는 요약통계량)의 개념을 이해할 수 있다.
- R을 이용하여 구간의 빈도표, 히스토그램, 줄기와 잎 그림, 상자그림, 기술통계량을 작성할 수 있다.

9.1. 표

일변량 양적 자료를 분석할 때에도 일변량 질적 자료의 분석에서 소개했던 표를 작성한다. 표에는 빈도와 백분율의 정보가 포함되어 있다. 그러나 양적 자료는 질적 자료와 다르게 자료가 가지는 각각의 값에 대한 빈도와 백분율을 구하지 않는다. 그 이유로는 질적 자료는 데이터가 많다고 하더라도 데이터가 가지는 값의 종류는 몇 개가 되지 않지만, 양적 자료는 데이터가 가지는 값의 종류가 많기 때문이다.

예를 들면, 5000명에게 성별(gender)과 신장(height)을 조사했고, 5000명 모두가 성별과 신장에 대해서 응답해 주었다고 하자.

성별이라는 질적 자료에는 5000개의 자료가 있고, 5000개가 가지는 값은 두 개의 값인 '남자(또는 1)' 나 '여자(또는 2)'로 구성되어 있다.

신장이라는 양적 자료에도 5000개의 자료가 있지만 5000개가 가지는 값은 성별처럼 두 개의 값이 아니라 훨씬 더 많은 다양한 값들로 구성되어 있다.

구간을 만들 때 구간을 몇 개로 할 지에 대해서는 다양한 방법이 있다. 하지만 여기서는 Herbert A. Sturges(1926)가 「The Choice of a Class Interval」라는 제목으로 발표한 논문에서 제시한 공식은 다음과 같다. 참고로 n은 데이터의 개수를 의미한다.

$$1 + 3.3\log_{10}(n)$$

각 구간의 너비는 다음과 같이 한다.

(최대값 - 최소값) / 구간의 개수

첫 번째 구간에는 양적 자료의 최소값이 포함되도록 하고, 제일 마지막 구간에는 최대값이 포함되도록 구간을 만들면 된다. 이렇게 만들어진 구간을 이용하여 각 구간에 있는 양적 자료의 빈도와 백분율을 구해서 표를 작성하면 된다. 작성된 표를 이용하여 양적 자료에 있는 특징을 파악하면 된다.

아래의 예제 데이터를 가지고 구간을 만들고 빈도와 백분율을 구해보도록 한다.

54 56 57 59 73 74 76 78 78 82 82 85 86 91 94 98 116

Sturges 공식을 따르면, 구간의 개수는 다음과 같다.

$$1 + 3.3\log_{10}(17) = 5.06$$

구간의 개수는 반올림해서 5개로 한다. 구간의 너비는 (116-54)/5로 하면 대략적으로 15가 된다.

구분	빈도	백분율(%)
50이상 ~ 65이하	4	23.5
65초과 ~ 80이하	5	29.4
80초과 ~ 95이하	6	35.3
95초과 ~ 110이하	1	5.9
110초과~125이하	1	5.9
합계	17	100.0

9.2. 그래프

일변량 양적 자료의 특징을 파악하기 위해서 작성하는 그래프에는 히스토그램(histogram), 줄기와 잎 그림(stem and leaf plot), 상자그림(boxplot)이 있다.

(1) 히스토그램

히스토그램은 어떠한 변수에 대해서 구간별 빈도수를 나타낸 그래프다. 일반적인 경우 히스토그램의 구간을 나눌 때 동일한 간격으로 나누기 때문에 구간의 개수가 중요해진다. 또 표본의 크기가 한정적일 수록 변수 분포의 경향을 보기가 어려워 지는데 이때 각 구간의 넓이가 중요해진다.

히스토그램은 막대그래프의 일종이다. 히스토그램을 작성하려면 먼저 범위를 정하고 일련의 간격으로 값의 전체 범위를 나누고 각 간격에 몇 개의 값이 들어갈지를 계산한다. 막대는 대개 변수의 연속적이고 겹치지 않는 간격으로 지정된다. 간격은 인접해야 하며 필수는 아니지만 종종 같은 크기여야 한다.

히스토그램을 그리는 이유는 누구나 직관적으로 그 분포의 경향을 파악할 수 있도록 하기 위함이다.

히스토그램을 통하여 다음과 같은 특징을 파악할 수 있다.

- 각 구간의 현황
- 빈도가 가장 많은 구간
- 빈도가 가장 작은 구간
- 최소값을 포함하는 구간
- 최대값을 포함하는 구간
- 무게 중심
- 대칭 여부
- 이상치(outlier) 유무 : 이상하게 크거나 이상하게 작은 값의 유무
- 단봉 : 봉우리가 한 개
- 쌍봉 : 봉우리가 두 개

명도	빈도수
0	1
1	2
2	2
3	6
4	5
5	0
6	0
7	0

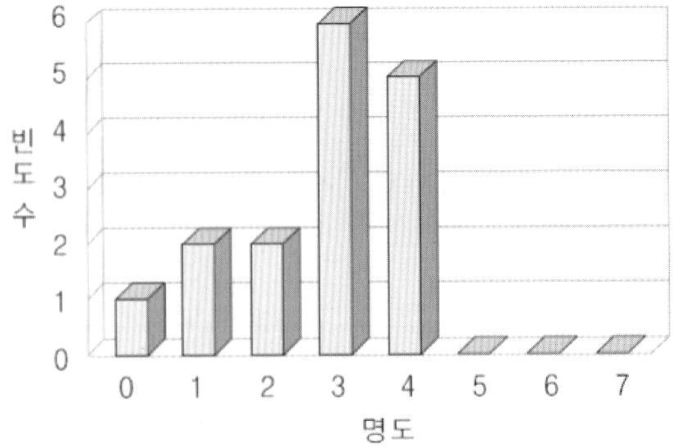

① 치우친 데이터

치우친 히스토그램(skewed histogram)은 대칭이 되지 않는 히스토그램이다. 데이터가 치우쳐 있으면 대부분의 데이터가 그래프의 높은 쪽이나 낮은 쪽에 위치한다. 왜도는 데이터가 정규 분포를 따르지 않을 수도 있음을 나타내는 것이다.

오른쪽 꼬리가 더 긴 히스토그램을 오른쪽으로 치우친 히스토그램(skewed-to-the-right histogram)이라한다.

왼쪽 꼬리가 더 긴 히스토그램을 왼쪽으로 치우친 히스토그램(skewed-to-the-left histogram)이라한다.

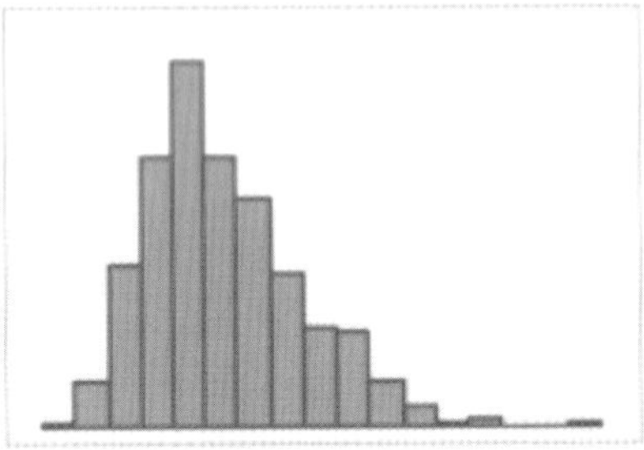

오른쪽으로 치우침

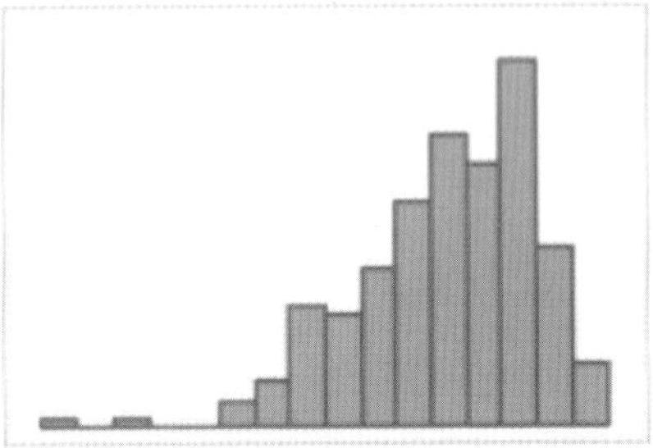

왼쪽으로 치우침

(2) 상자그림

상자그림은 일변량 양적 자료에 이상하게 크거나 이상하게 작은 이상치가 있는지를 파악하기 위해서 작성하는 그래프이다. 추가적으로 최소값, 제1 사분위수(first quartile, Q_1), 중위수, 제3 사분위수(third quartile, Q_3), 최대값, 사분위범위(IQR : Inter Quartile Range) 등의 정보를 얻을 수 있다.

상자그림에서 이상치를 파악하는 과정은 다음과 같다.

- 일변량 양적 자료를 오름차순으로 정렬한다.
- 자료의 개수를 처음으로 사등분하는 제1 사분위수(Q_1)와 세 번째로 자료의 개수를 사등분하는 제3 사분위수(Q_3)를 구한다.
- 사분위범위(Q_3-Q_1) 다.
- $1.5 \times IRQ$ 을 구한다.
- Q_3 + $1.5 \times IRQ$ - $1.5 \times IRQ$ 을 구한다.
- 자료에서 Q_3 + $1.5 \times IRQ$ 보다 큰 값이 있으면 큰 쪽의 이상치이고, 자료에서 Q_1 − $1.5 \times IRQ$보다 작은 값이 있으면 작은 쪽의 이상치로 판정한다.
- 이상치가 있으면 해당 값의 위치에 작은 원을 그린다. 없으면 작은 원을 그리지 않는다.

위의 과정에서 구한 정보를 이용하여 상자그림을 작성하면 된다. 이상치가 없는 경우와 이상치가 있다. 이전에 사용했던 자료 중에서 제일 마지막 자료를 하나 변경하여 이상치가 없는 경우를 작성하면 다음과 같다.

54 56 57 59 73 74 76 78 78 82 82 85 86 91 94 98 96

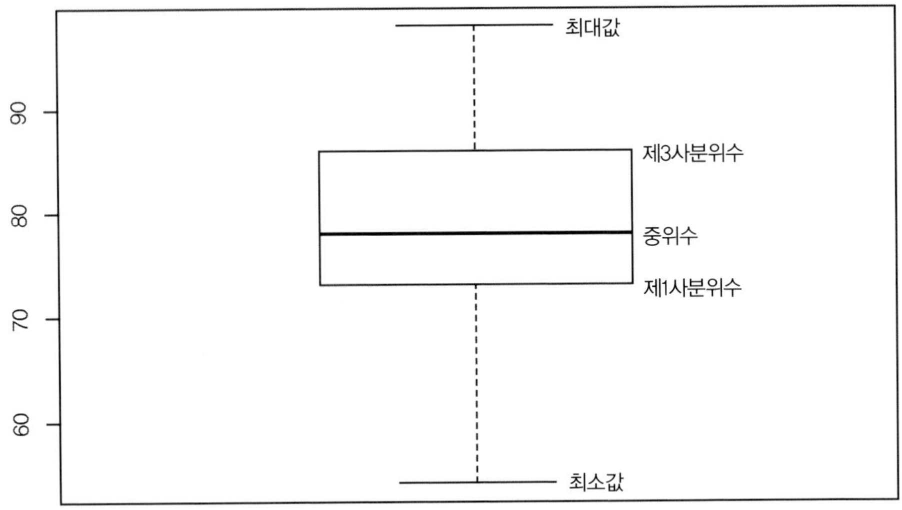

이상치가 있는 경우는 다음과 같다.

54 56 57 59 73 74 76 78 78 82 82 85 86 91 94 98 116

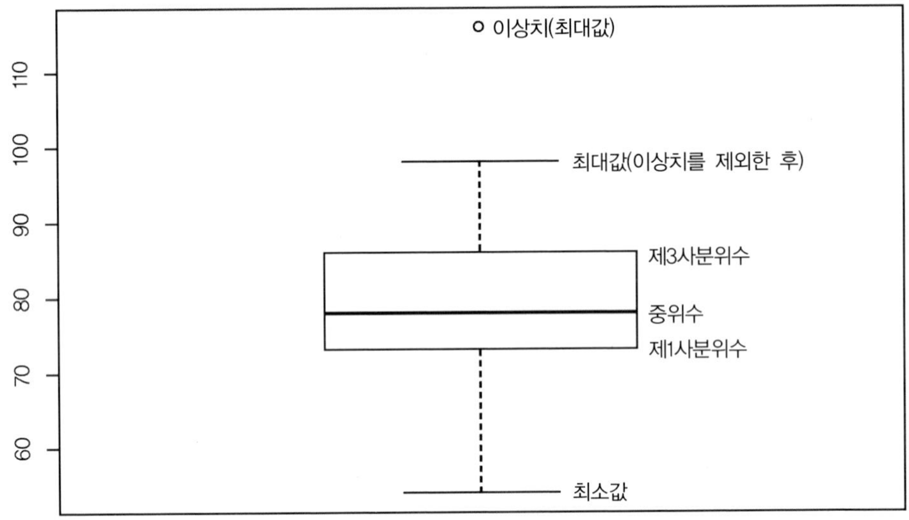

일변량 양적 자료에 대한 상자그림이 첫 번 자료에 이상치가 없음을 제일 먼저 파악할 수 있다. 두 번째 그림처럼 나오면 큰 쪽에 이상치가 최소 한 개 이상 있음을 파악할 수 있다. 여기서 한 개 이상이라고 한 이유는 동일한 값이 있을 수 있기 때문이다.

상자그림은 이상치 유무 이외에 대칭여부, 자료의 분포에 대한 정보를 얻을 수 있다.

9.3. 기술통계량

일반적으로 자료를 수치화 하여 요약하는 방법에는 자료의 중심(평균(Mean), 중앙값(Median) 그리고 최빈값(Mode))과 산포(자료의 퍼진 정도 : 범위(Range), 사분위범위(IQR: Interquantile Range), 분산(Variance), 표준편차(Standard Deviation))를 구해보는 방법이 있다. 자료의 중심은 자료값들이 어떤 값을 대표값으로 하고 있는가를 말하고, 산포는 자료 값들이 어느 정도 퍼져있는가(흩어져 있는가)를 말한다.

(1) 중심(대표값)

중심(대표값)에는 평균(mean), 중위수(median), 최빈수(mode)가 있다. 각각에 대해서 간략히 살펴본다.

① 평균 : mean()

- 평균은 일변량 양적 자료의 값을 다 더한 후에, 데이터의 개수로 나눈 값이다. 하지만 평균을 구하는 공식으로 데이터의 개수로 나눈다고 기억하지 않았으면 좋겠다.
- 통계에는 자유도(df : degree of freedom)이라는 개념이 있다. 자유도는 통계량을 추정할 때 사용되는 데이터의 정보량을 의미한다. 예를 들어, n개의 데이터가 갖는 정보량을 n이라 하면, 평균의 경우 이 n개의 데이터를 사용하여 추정하게 된다. 그런데, 데이터에 대한 표본분산의 경우, 이렇게 추정된 평균값을 다시 분산의 추정에 사용하게 된다. 그러면 이 표본분산의 경우는 전체 데이터를 이용하여 평균을 한 번 추정했기 때문에 평균이 가지고 있는 정보량에 비해 1만큼의 손실이 가게 되는 것이다. 즉, 표본분산이 계산되기 위해서는 반드시 표본평균의 값이 고정되어야 한다는 뜻이다.
- 특성치의 계산에 있어서 자료 중 자유로이 값을 취할 수 있는 관찰수를 자유도라고 하는데, 표본분산의 계산에서는 편차 제곱의 합을 자유도로 나눈다.
- 표본평균의 자유도는 n 인데 반해 표본분산의 자유도는 n-1인 이유는 무엇인가? 표본평균의 계산에서는 관찰치의 합계를 구하면 된다. 그러므로 각 자료값이 어떤 값을 취해도 상관이 없다. 즉 자유도가 n이 된다.

- 반면에 표본분산의 계산에서는 각 자료값과 표본평균과의 차이를 구하고 이를 제곱하여 그 합계를 구하는데, 이 때의 표본평균은 주어진 자료로부터 계산된 것이다. 그러므로 표본평균이 알려져 있다는 것은 하나의 자료의 값이 이미 정해져 있는 것과 같은 효과를 가져온다. 그러므로 표본분산의 자유도는 n-1이 된다.

10, 20, 30, 40, 50

- 위의 다섯 개의 양적 자료의 평균은 얼마인가? 암산으로도 빠르게 계산할 수 있다. 평균은 5이다. 참고로 평균을 구하는 과정은 다음과 같다.

$$\frac{10 + 20 + 30 + 40 + 50}{5} = \frac{150}{5} = 30$$

이 자료의 합계는 150이고, 평균은 30이다. 우리는 평균이 30임을 알고 있으므로 만약 위의 숫자 중 하나를 모르더라도 그 숫자를 찾아낼 수 있다. 마지막 숫자 50을 모르고 평균이 30임을 안다고 가정하자. 평균이 30이면 숫자들의 합계가 150인 것도 알 수 있다. 그리고 나머지 4개의 숫자가 각각 10, 20, 30, 40이므로 전체 합계에서 위 4개의 숫자를 빼면 마지막 숫자는 50이라는 것을 알 수 있다.

그러므로 표본평균 값을 알고 있으면 전체 자료 중 자유롭게 값을 취할 수 있는 관찰치의 개수는 4개인 것이다.

그러면 모집단분산의 계산에서는 자유도가 N인데, 왜 표본분산에서는 n-1인가? 분산을 계산하기 위해서는 자료의 중심인 모집단평균을 사용해야 하지만, 표본에서는 모집단평균을 알 수가 없으므로 표본평균을 모집단평균 대신에 사용한다. 그러나 표본평균이 모집단평균과 일치한다고 볼 수는 없다. 그리고 표본평균은 표본자료에서 계산되었으므로 전체 자료 중 분산의 계산에는 n-1개만 사용된다고 할 수 있다.

② **중위수 : median()**

중위수는 중앙값이라고 하며, 일변량 양적 자료를 정렬한 후에 순서적으로 가운데 있는 값이다. 다른 말로 하면, 일변량 양적 자료의 개수를 이등분하는 값이다. 중위수보다 수치가 작은 양적 자료가 50%, 중위수보다 수치가 큰 양적 자료가 50% 되도록 한다. 중위수는 일변량 양적 자료의 개수가 홀수일 때와 짝수일 때에 구하는 방법이 다르다. 홀수일 때에는 정렬했을 때의 순서로 (n+1)/2 번째의 값이 되며, 짝수일 때에는 정렬했을 때의 순서로 번째와 n/2값과 (n/2)+1번째 값의 평균이다. 여기서 n은 양적 자료의 개수이다.

1, 2, 8, 9

위 네 개의 양적 자료에 대한 중위수는 5이다(2번째 값과 3번째 값의 평균이다). 중위수 5를 통해서 알 수 있는 것은 무엇인가? 중위수 5보다 작은 양적 자료가 50%, 중위수 5보다 큰 양적 자료가 50% 있다는 알았다. 또 알 수 있는 것은 무엇인가?

양적자료의 중심(대표값)이다. 중위수 기준으로 보면, 우리가 보지 못한 네 개의 양적 자료는 중위수 5와 비슷하게 생겼다고 생각한다. 중위수도 양적 자료의 중심(대표값)으로 역할을 잘 할 수도 있고, 그렇지 않을 수도 있다.

1, 2, 8, 89

위 네 개의 양적 자료의 중위수는 얼마인가? 5이다.

1, 2, 8, 989

위 네 개의 양적 자료의 중위수는 얼마인가? 5이다. 중위수는 평균과 다르게 이상치에 영향을 덜 받는다. 그러므로 이상치가 있을 때에는 평균보다 중위수가 양적 자료의 중심(대표값)의 역할을 더 잘 할 수 있다.

③ 최빈수 : Mode()

최빈수는 최빈값이라고도 하며, 일변량 양적 자료에서 동일한 값이 가장 많은 수치이다. 즉 일변량 양적 자료가 가지는 각각의 값에 대한 빈도를 구했을 때에 빈도가 가장 큰 값이 된다.

1, 1, 2, 2, 2, 2, 3, 4

위 8개 양적 자료의 최빈수는 얼마인가? 2이다. 1의 빈도는 2, 2의 빈도는 4, 3의 빈도는 1, 4의 빈도는 1이므로 2가 빈도가 가장 많다. 최빈수 2를 통해서 알 수 있는 것은 무엇인가? 양적 자료 중에서 2가 가장 많다는 것을 알 수 있다. 또 알 수 있는 것은 무엇인가? 최빈수도 양적 자료의 중심을 알고 싶어서 구한 값이므로 최빈수 2와 우리가 보지 못한 8개의 양적 자료는 비슷하게 생겼을 것이라고 생각한다. 물론 최빈수 2가 양적 자료의 중심(대표값)의 역할을 잘 할 수도 있고, 그렇지 않을 수도 있다.

1, 2, 2, 2, 3, 3, 3, 4

위 8개 양적 자료의 최빈수는 얼마인가? 고민이 될 것이다. 2일까? 3일까? 2와 3의 평균일까? 2와 3일까? 정답은 2와 3이다. 최빈수는 평균, 중위수와 다르게 두 개 이상의 값을 가질 수 있다.

1, 2, 3, 4

위 8개 양적 자료의 최빈수는 얼마일까? 1, 2, 3, 4라고 빨리 답변할 수 있다. 하지만 최빈수는 없다. 최빈수는 동일한 값이 2번 이상이 있어야 자격을 가질 수 있다.

(2) 퍼짐(산포)

퍼짐(또는 산포)은 일변량 양적 자료들이 서로 얼마나 다른지, 얼마나 떨어져 있는지를 알려주는 정보이다. 퍼짐(산포)에는 범위, 사분위범위, 분산, 표준편차, 중위수 절대편차가 있다. 퍼짐(산포)의 값이 크면 양적 자료들이 서로 많이 다르다는 의미이며, 퍼짐(산포)의 값이 작으면 양적 자료들이 서로 비슷한 값들로 구성되어 있다는 정보를 준다.

① 범위

범위는 일변량 양적 자료의 최대값에서 최소값을 뺀 값이다.

1, 2, 8, 9

위 네 개의 양적 자료의 범위는 8(9-1)이다. 우리가 보지 못한 네 개의 양적 자료는 약 8 정도 차이가 나는 값들로 구성되어 있다고 해석한다.

1, 2, 8, 89

위 네 개의 양적 자료의 범위는 88(89-1)이다. 우리가 보지 못한 네 개의 양적 자료는 약 88 정도 차이가 나는 값들로 구성되어 있다고 해석했다. 하지만 자료를 보면 세개의 양적 자료(대부분)는 비슷하고, 89라는 하나의 양적 자료(일부)는 대부분의 양적자료와 차이가 많이 난다. 범위가 88 나왔기 때문에 우리가 보지 못한 양적 자료들이 많이 다를 것이라고 해석했는데, 이 해석에 문제가 있다. 범위는 평균과 마친가지로 이상치에 영향을 많이 받는다. 양적 자료에 이상치가 있으면 범위는 양적 자료의 산포(퍼짐)의 기능을 잘 할 수 없다.

그래서 생각한 것이 사분위범위(IQR : Inter Quartile Range)이다. 사분위범위는 양적 자료를 정렬한 후에 작은 쪽의 25%와 큰 쪽의 25% 자료를 제거한 후에, 범위를 구한 값이다.

1, 2, 8, 9

위 네 개의 양적 자료의 사분위범위는 6이다. 즉 작은 쪽의 1, 큰 쪽의 9라는 자료가 제거된 후, 2, 8의 자료에서 범위를 구했기 때문이다. 범위는 8, 사분위범위는 6으로 두 값이 비슷하다. 그렇다면 우리는 무엇을 알 수 있는가? 이상치가 없다는 뜻이된다. 이상치가 없으면 범위가 양적 자료의 퍼짐(산포)의 역할을 잘 할 수 있다. 그러므로 우리는 범위 8로 네 개의 양적 자료의 퍼짐(산포)의 정보를 해석해도 좋다.

1, 2, 8, 89

위 네 개의 양적 자료의 사분위범위는 6이다. 범위 88과 많은 차이를 보인다. 우리가 알 수 있는 것은 네 개의 양적 자료 중에 이상치가 있다는 것이다. 이상치가 있으면 범위 88은 양적 자료의 퍼짐(산포)의 역할을 잘 하지 못하므로, 사분위범위 6으로 네 개의 양적 자료의 퍼짐(산포)를 해석하는 것이 바람직하다.

② 분산 : var()

분산(variance)은 일변량 양적 자료들이 평균과 얼마나 떨어져 있는가 라는 아이디어를 이용하여 구한 값이다. 각 자료에서 평균을 뺀다. 이것을 편차(deviation)이라고 한다. 다시 편차를 제곱하고, 편차의 제곱합을 자유도(degree of freedom)로 나눈 값이 분산이 된다. 분석에서 사용되는 자료는 표본으로 온 것이 대부분이므로 우리가 여기서 다루는 값들은 표본으로 간주했다. 그러므로 여기서 말하는 분산은 정확히 말하면 표본의 분산이 된다. 표본의 분산에서의 자유도는 n-1이 된다.

분산이 크면 우리가 보지 못한 양적 자료들이 평균과 차이가 많이 나는 값들로 구성되어 있다는 뜻이다. 분산이 작으면 우리가 보지 못한 양적 자료들이 평균과 비슷한 값들로 구성되어 있다고 해석한다.

하지만 분산도 이상치에 영향을 잘 받기 때문에 일변량 양적 자료에 이상치가 있으면 분산은 양적 자료의 퍼짐(산포)의 역할을 잘 할 수 없다.

또한 분산은 양적 자료의 값이 cm, kg 등과 같은 단위를 가진다면 문제가 발생한다. 편차를 제곱했기 때문에 분산의 최종적인 단위는 cm^2, kg^2이 된다. 이것을 극복하기 위해서 만든 값이 표준편차이다.

③ 표준편차 : sd()

표준편차(standard deviation)는 분산의 제곱근(root)이며, 통계에서 양적 자료의 퍼짐(산포)로서 가장 많이 사용한다. 표준편차가 크게 나오면 우리가 보지 못한 양적 자료들이 평균과 많이 다른 값으로 구성되어 있고, 표준편차가 작게 나오면 우리가 보지 못한 양적 자료들이 평균이 비슷한 값으로 구성되어 있다고 해석한다. 하지만 표준편차도 이상치에 영향을 많이 받기 때문에 양적 자료 안에 이상치가 있으면 양적자료의 퍼짐(산포)의 역할을 잘 하지 못한다.

④ 중위수 절대 편차

중위수 절대 편차(mad : median absolute deviation)는 중위수의 개념을 이용하여 양적 자료의 퍼짐(산포)의 정보를 구한 것이다. 중위수 절대 편차를 구하는 과정은 다음과 같다.

1, 2, 8, 9

- 중위수를 구한다. 중위수는 5이다.
- 각 자료에서 중위수를 뺀다. (1-5), (2-5), (8-5), (9-5)로 −4, -3, 3, 4가 된다.
- 각 자료에서 중위수를 뺀 값에 절대값을 취한다. 4, 3, 3, 4
- 위 값을 오름차순으로 정렬한다. 3, 3, 4, 4
- 위 값에서 중위수를 구한다. 3.5가 된다. 이 값을 중위수 절대 편차라고 한다.

중위수 절대 편차 3.5는 중위수 5와 우리가 보지 못한 네 개의 양적 자료는 약 3.5정도 다른 값들로 구성되어 있다고 해석한다.

다음과 같이 이상치가 있는 경우를 보자.

1, 2, 8, 89

- 중위수를 구한다. 중위수는 5이다.
- 각 자료에서 중위수를 뺀다. (1-5), (2-5), (8-5), (89-5)로 −4, -3, 3, 84가 된다.
- 각 자료에서 중위수를 뺀 값에 절대값을 취한다. 4, 3, 3, 84

- 위 값을 오름차순으로 정렬한다. 3, 3, 4, 84
- 위 값에서 중위수를 구한다. 3.5가 된다. 이 값을 중위수 절대 편차라고 한다.

보는 것과 같이, 중위수 절대 편차는 이상치에 영향을 덜 받는다. 그러므로 이상치가 있을 때에는 중위수 절대 편차가 범위, 분산, 표준편차보다 양적 자료의 퍼짐(산포)의 역할을 더 잘 한다. 중위수 절대 편차도 중요한 값으로 많이 사용하길 바란다.

(3) 분포의 모양

분포의 모양을 알려주는 수치로는 왜도와 첨도가 있다.

① 왜도

왜도(skewness)는 일변량 양적 자료가 대칭인지 아닌지를 알려주는 정보이다. 왜도를 구하는 과정은 다른 전문적인 통계학 책을 참고하길 바란다. 왜도는 크게 세 가지로 구분할 수 있다. 왜도의 값이 0에 가깝게 나오면 우리가 보지 못한 양적 자료는 대칭이라고 판단하며, 왜도의 값이 0보다 크거나 작게 나오면 우리가 보지 못한 양적 자료는 비대칭이라고 판단한다.

② 첨도

첨도(kurtosis)는 일변량 양적 자료의 중심이 얼마나 뾰족한지를 알려주는 정보이다.

첨도도 구하는 과정에 관심이 있는 분들은 다른 전문적인 통계학 책을 참고하길 바란다. 첨도가 0에 가까운 값이 나오면 중심의 높이가 보통이고, 첨도가 0보다 클수록 중심이 뾰족해지고, 첨도가 0보다 작을수록 중심이 완만해진다.

9.4. R을 이용한 일변량 양적 자료의 분석

(1) 구간의 표

일변량 양적 자료의 빈도와 백분율을 구하기 위해서는 구간의 정보를 가지는 새로운 변수를 생성해야 한다. 이것을 위해서 cut() 함수를 사용하면 되고, 사용하는 방법은 다음과 같다.

argument	설명
data	분석할 일변량 양적 자료를 지정하며, 데이터의 형태는 벡터이다.
values	구간의 정보로 c(), :, seq(), quantile() 함수를 적절하게 사용하면 된다.

diamonds 데이터의 price라는 양적 자료를 이용하며, 구간을 0 ~ 5000, 5000 ~10000, 10000 ~ 15000, 15000 ~ 20000으로 한다.

구간의 정보를 갖는 새로운 변수명은 gprice로 한다.

❍ diamonds$gprice = cut(diamonds$price, breaks=c(0, 5000, 10000, 15000, 20000))

❍ diamonds$gprice = cut(diamonds$price, breaks=seq(start=0, to=20000, by=5000))

```
Console  Terminal ×  Jobs ×
D:/SAMPLE/R/
> diamonds$gprice = cut(diamonds$price, breaks=c(0, 5000, 10000, 15000, 20000))
> diamonds$gprice
   [1] (0,5e+03] (0,5e+03] (0,5e+03]
   [4] (0,5e+03] (0,5e+03] (0,5e+03]
   [7] (0,5e+03] (0,5e+03] (0,5e+03]
  [10] (0,5e+03] (0,5e+03] (0,5e+03]
  [13] (0,5e+03] (0,5e+03] (0,5e+03]
  [16] (0,5e+03] (0,5e+03] (0,5e+03]
  [19] (0,5e+03] (0,5e+03] (0,5e+03]
  [22] (0,5e+03] (0,5e+03] (0,5e+03]
```

① 빈도 구하기

▷ table(diamonds$gprice)

```
Console  Terminal ×  Jobs ×
D:/SAMPLE/R/
> table(diamonds$gprice)

      (0,5e+03]   (5e+03,1e+04] (1e+04,1.5e+04] (1.5e+04,2e+04]
          39226            9492            3567            1655
```

② 백분율 구하기

▷ prop.table(table(diamonds$gprice))*100

```
Console  Terminal ×  Jobs ×
D:/SAMPLE/R/
> prop.table(table(diamonds$gprice))*100

      (0,5e+03]   (5e+03,1e+04] (1e+04,1.5e+04] (1.5e+04,2e+04]
      72.721542       17.597330        6.612903        3.068224
> 
```

(2) 히스토그램

히스토그램은 hist() 함수를 사용하며, 그 방법은 다음과 같다.

argument	설명
x	분석할 일변량 양적 자료를 지정하며, 데이터의 형태는 벡터이다.
breaks	구간의 정보로 c(), :, seq(), quantile() 함수 또는 구간의 개수를 적절하게 사용하면 된다.

① 기본

▷ hist(diamonds$price)

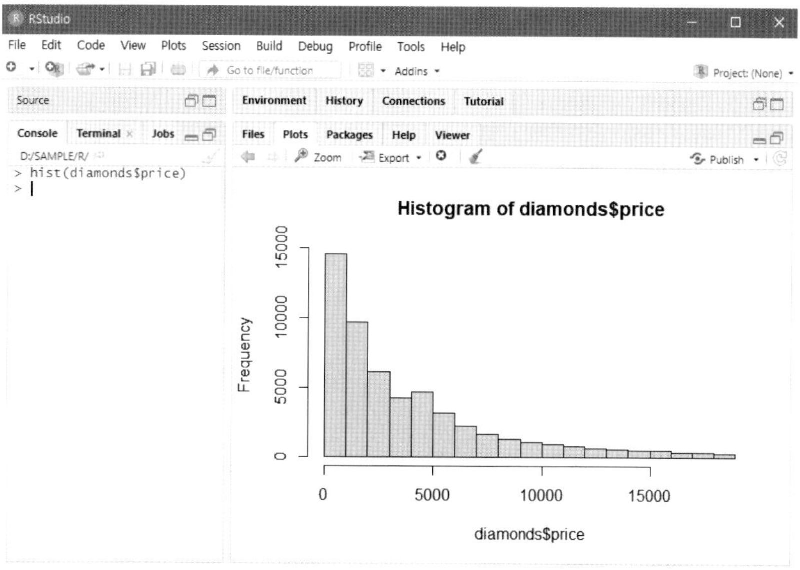

② 구간을 새롭게 지정

▷ hist(diamonds$price, breaks=c(0, 5000, 10000, 15000, 20000))

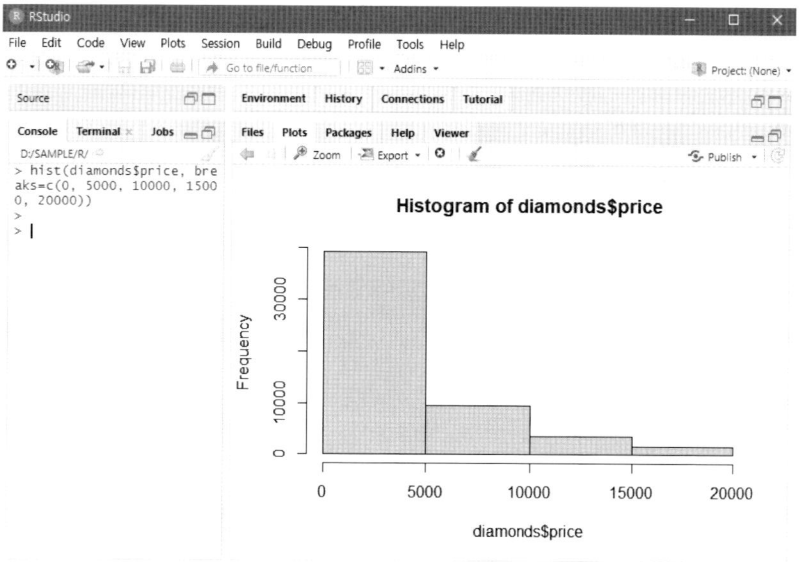

③ 구간의 개수를 지정

▷ hist(diamonds$price, breaks=10)

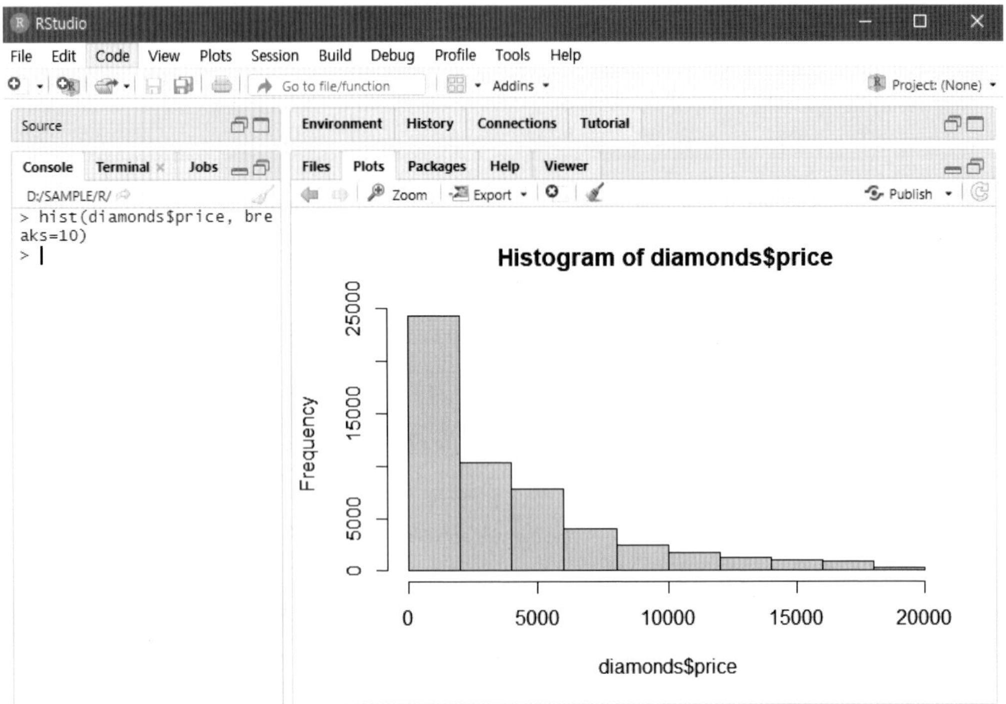

(3) 상자그림(Boxplot)

상자그림은 boxplot() 함수를 사용하면 되고, 히스토그램과 줄기와 잎그림과는 다르게 집단별로 작성할 수 있다. 사용방법은 다음과 같다.

argument	설명
formular	집단별로 상자그림을 그릴 때 사용할 수 있다. 양적 자료(y) ~ 질적 자료(group) 형태이다.
x	분석할 일변량 양적 자료를 지정하며, 데이터의 형태는 벡터이다.
range	이상치를 판단하는 기준으로 1.5가 기본이다. 즉 1.5배의 IQR를 사용한다는 뜻이다. 사용자가 원하는 값으로 변경할 수 있다.

diamonds의 price를 이용한다.

① 기본

▷ boxplot(diamonds$price)

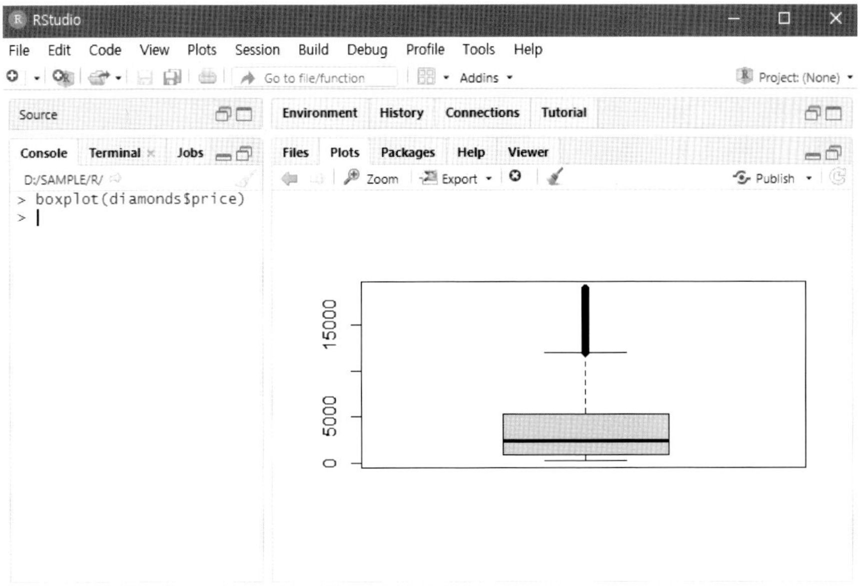

② range=3인 경우

▷ boxplot(diamonds$price, range=3)

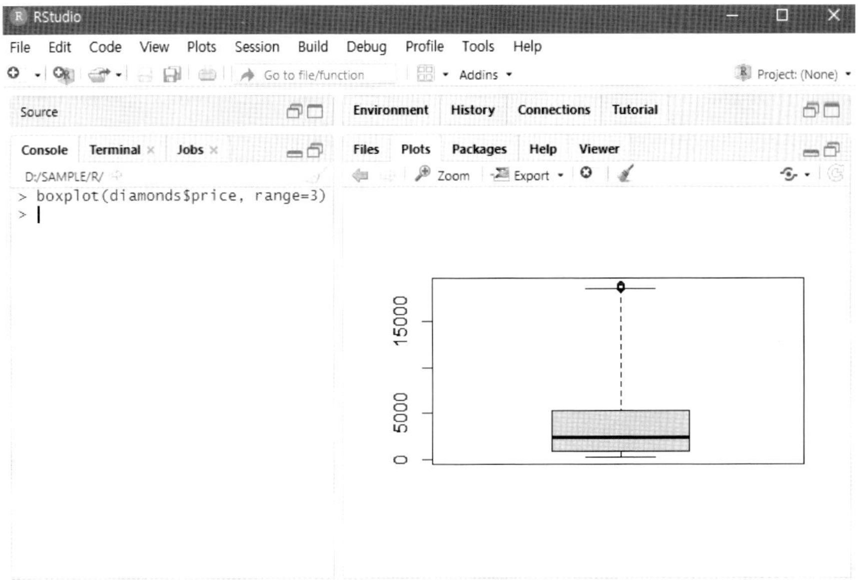

③ 집단별 상자그림

area별로 perm에 대한 상자그림을 작성하려면 다음과 같이 한다.

▷ boxplot(rock$area ~ rock$perm)

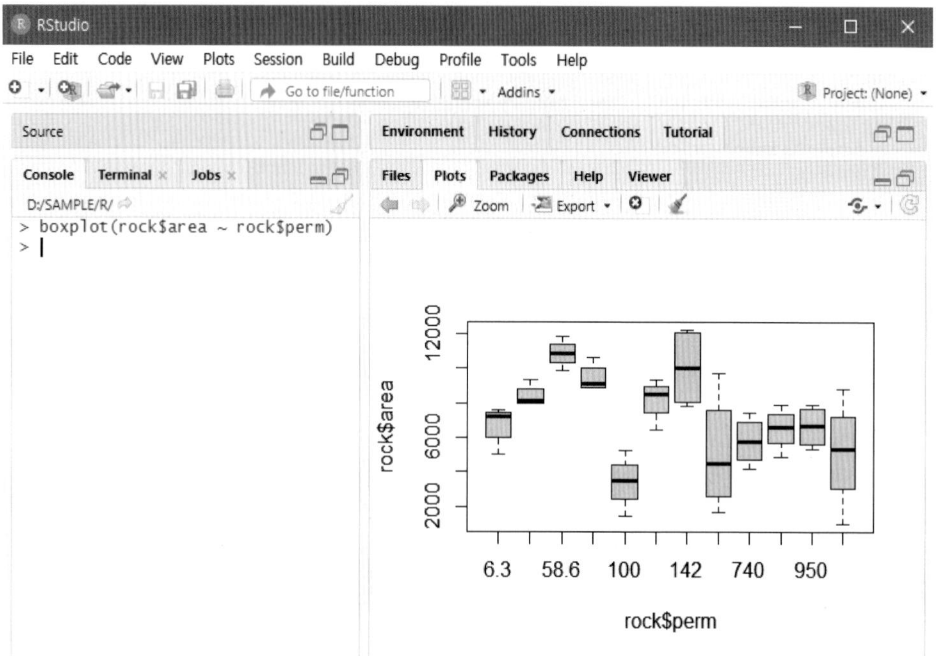

(4) 기술통계량(요약통계량)

기술통계량은 각각에 대한 함수를 사용하는 방법과 summary() 함수나 psych 패키지에 있는 describe() 함수나 describeBy() 함수를 이용하여 한번에 여러 개의 기술통계량을 구할 수 있다.

① **평균**

평균은 mean() 함수를 이용하며, 사용방법은 다음과 같다.

argument	설명
x	분석할 일변량 양적 자료를 지정하며, 데이터의 형태는 벡터이다.
trim	절사평균을 구할 때 사용하며, 몇 %의 절사평균인지를 지정하는 값으로 0~0.5 사이의 값을 가진다.
na.rm	자료 안에 결측치인 NA가 있을 때에 평균이 계산되지 않으므로 제거해야 계산이 된다. 기본은 FALSE이며 결측치가 있을 때에는 TRUE로 수정해야 한다.

ⅰ. 기본

▷ x <- c(12, 7, 3, 4.2, 18 ,2, 54, -21 ,8, -5)

▷ data <- mean(x)

▷ print(data)

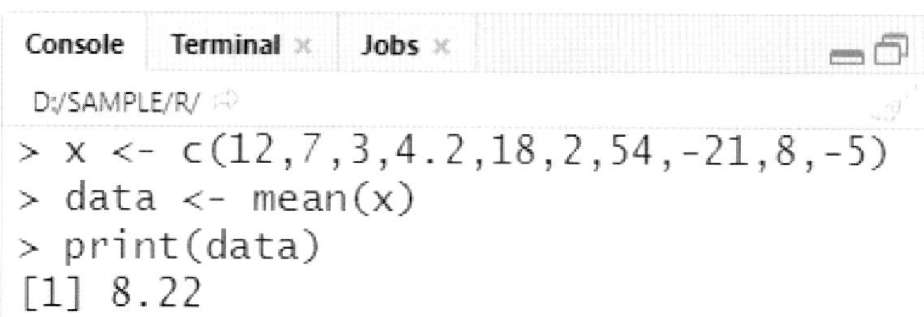

ii. 결측치 제거

▷ x 〈− c(12, 7, 3, 4.2, 18, 2, 54, −21, 8, −5)

▷ data 〈− mean(x, na.rm=TRUE)

▷ print(data)

```
Console   Terminal ×   Jobs ×
D:/SAMPLE/R/
> x <- c(12,7,3,4.2,18,2,54,-21,8,-5)
> data <- mean(x, na.rm=TRUE)
> print(data)
[1] 8.22
```

iii. 5% 절사평균

▷ x 〈− c(12,7,3,4.2,18,2,54,−21,8,−5)

▷ data 〈− mean(x, trim=0.05)

▷ print(data)

```
Console   Terminal ×   Jobs ×
D:/SAMPLE/R/
> x <- c(12,7,3,4.2,18,2,54,-21,8,-5)
> data <- mean(x, trim=0.1)
> print(data)
[1] 6.15
> x <- c(12,7,3,4.2,18,2,54,-21,8,-5)
> data <- mean(x, trim=0.2)
> print(data)
[1] 6.033333
> x <- c(12,7,3,4.2,18,2,54,-21,8,-5)
> data <- mean(x, trim=0.3)
> print(data)
[1] 5.55
> x <- c(12,7,3,4.2,18,2,54,-21,8,-5)
> data <- mean(x, trim=0.4)
> print(data)
[1] 5.6
```

Trim을 사용하면 양 극단에서 일정부분을 빼고 계산한다. 0.3일 경우 양 끝에서 전체 데이터의 0.3 만큼을 제외한다. 이 경우에 전체데이터가 10개이므로 양 끝에서 3개씩을 뺀다. 즉 정렬된 벡터 (−21, −5, 2, 3, 4.2, 7, 8, 12, 18, 54)에서 (−21,−5,2) (12,18,54) 을 뺀 평균을 계산한다.

② 중위수

중위수는 양적 자료를 정렬한 후에 데이터의 개수를 반으로 나누게 하는 값으로 양적 자료의 중심을 알려준다. 평균과 다르게 이상하게 크거나 이상하게 작은 값에 영향을 덜 받는 특징이 있다.

▷ x <- c(12, 7, 3, 4.2, 18, 2, 54, −21, 8, −5)

▷ data <- median(x)

▷ print(data)

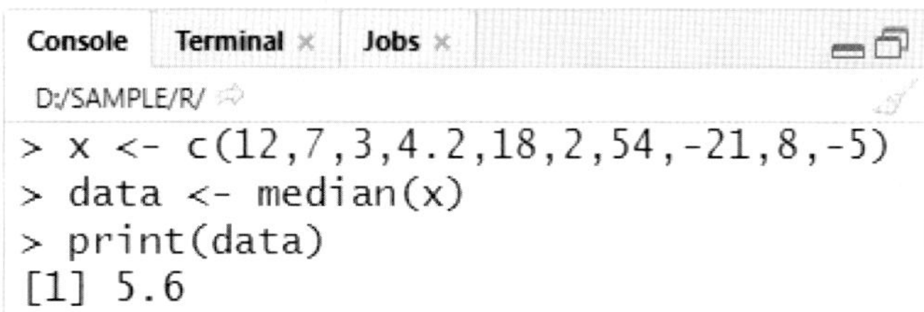

```
Console   Terminal ×   Jobs ×
D:/SAMPLE/R/
> x <- c(12,7,3,4.2,18,2,54,-21,8,-5)
> data <- median(x)
> print(data)
[1] 5.6
```

③ 최빈수(Mode)

최빈수는 양적 자료 중에서 동일한 값이 가장 많은 값으로 양적 자료의 중심을 알려준다. 최빈수는 다른 값과 다르게 두 개 이상이 나올 수 있다.

▷ v <- c(2, 1, 2, 3, 1, 2, 3, 4, 1, 5, 5, 3, 2, 3)

▷ index = which.max(table(v))

▷ table(v)[index]

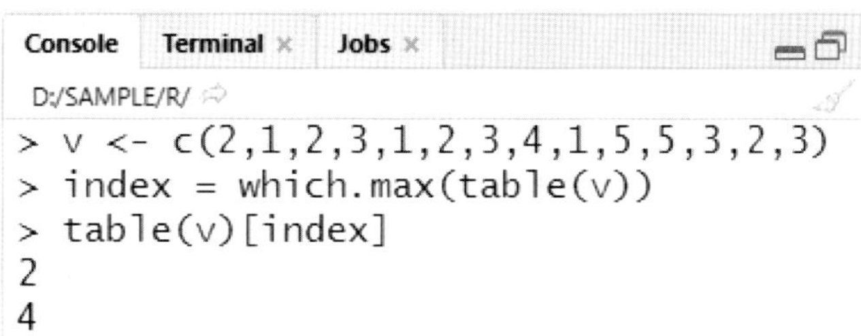

```
Console   Terminal ×   Jobs ×
D:/SAMPLE/R/
> v <- c(2,1,2,3,1,2,3,4,1,5,5,3,2,3)
> index = which.max(table(v))
> table(v)[index]
2
4
```

```
# 최빈수 함수
getmode 〈- function(v) {
    uniqv 〈- unique(v)
    uniqv[which.max(tabulate(match(v, uniqv)))]
}
▷ v 〈– c(2, 1, 2, 3, 1, 2, 3, 4, 1, 5, 5, 3, 2, 3)
▷ result 〈– getmode(v)
▷ print(result)

▷ charv 〈– c("o", "it" , "the", "it", "it")
▷ result 〈– getmode(charv)
▷ print(result)
```

R에는 Mode를 구하는 in-built function이 없다.
직접 정의한 getmode() 함수를 통해 chllstn를 구하였다.

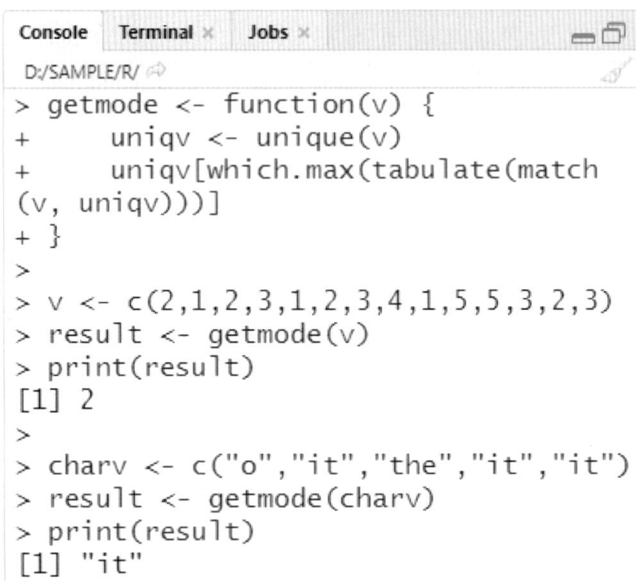

```
Console  Terminal ×  Jobs ×
D:/SAMPLE/R/
> getmode <- function(v) {
+     uniqv <- unique(v)
+     uniqv[which.max(tabulate(match
(v, uniqv)))]
+ }
>
> v <- c(2,1,2,3,1,2,3,4,1,5,5,3,2,3)
> result <- getmode(v)
> print(result)
[1] 2
>
> charv <- c("o","it","the","it","it")
> result <- getmode(charv)
> print(result)
[1] "it"
```

④ **범위(Range) : 최대값(Max) - 최소값(Min)**

범위는 양적 자료의 퍼짐(산포)을 알려주는 값으로 최대값에서 최소값을 뺀 값이다.

범위가 큰 값을 가지면 자료가 많이 퍼져 있다고(또는 많이 다르다고) 해석한다.

하지만 범위도 평균과 마찬가지로 아주 작은 값이나 아주 큰 값에 영향을 받기 때문에 해석에 주의가 필요하다. R에서는 범위를 바로 구해주는 함수가 없다.

range() 함수는 최소값과 최대값을 알려주며, diff() 함수는 함수 안에 지정된 숫자가의 차이를 알려준다.

여기서 차이는 두 개의 숫자씩으로 하여 뒤에 있는 숫자에서 앞에 있는 숫자를 뺀값이 된다. 그러므로 R에서 범위를 구하기 위해서는 diff() 함수 안에 ragne() 함수의 결과를 지정해 주어야 한다.

▷ x <- c(12, 7, 3, 4.2, 18, 2, 54, -21, 8, -5)

▷ data <- diff(range(x))

▷ print(data)

```
Console  Terminal ×  Jobs ×
D:/SAMPLE/R/
> x <- c(12,7,3,4.2,18,2,54,-21,8,-5)
> data <- diff(range(x))
> print(data)
[1] 75
```

⑤ 분산(Variance)

분산은 각 자료에서 평균을 뺀 값, 즉 편차(deviation)를 제곱한 값을 평균한 것이다.

분산은 양적 자료의 퍼짐(산포)을 알려주는 값으로 분산이 크면 자료가 많이 다르고, 분산이 작으면 자료가 비슷하다고 해석한다. 하지만 분산도 아주 작은 값이나 아주 큰 값이 영향을 받는 특징이 있다.

▷ x ⟨− c(12, 7, 3, 4.2, 18, 2, 54, −21, 8, −5)

▷ data ⟨−var(x)

▷ print(data)

```
Console  Terminal ×  Jobs ×
D:/SAMPLE/R/
> x <- c(12, 7, 3, 4.2, 18, 2, 54, -21, 8, -5)
> data <-var(x)
> print(data)
[1] 368.6618
```

⑥ 표준편차(Standard Deviation)

표준편차는 분산의 제곱근(square root)이며, 양적 자료의 퍼짐(산포)을 알려주는 대표적인 값이다. 표준편차는 자료들이 평균과 얼마나 다를까를 알려준자. 표준편차가 크게 나오면 평균과 차이가 많이 나는 자료들로 구성되어 있고, 표준편차가 작게 나오면 평균과 비슷한 자료들로 구성되어 있다고 해석한다. 표준편차도 평균, 범위, 분산과 동일하게 이상한 값에 영향을 많이 받는 특징이 있다.

▷ x ⟨− c(12, 7, 3, 4.2, 18, 2, 54, −21, 8, −5)

▷ data ⟨− sd(x)

▷ print(data)

```
Console  Terminal ×  Jobs ×
D:/SAMPLE/R/
> x <- c(12, 7, 3, 4.2, 18, 2, 54, -21, 8, -5)
> data <- sd(x)
> print(data)
[1] 19.20057
```

■ 하나의 함수로 6개의 기술통계량(최소값, 제1 사분위수, 중위수, 평균, 제3 사분위수, 최대값)을 구하기

○ summary(rock$area)

```
Console  Terminal ×  Jobs ×
D:/SAMPLE/R/
> summary(rock$area)
   Min. 1st Qu.  Median    Mean 3rd Qu.    Max. 
   1016    5305    7487    7188    8870   12212 
```

■ 집단별로 기술통계량 구하기

■ by(양적 자료, 질적 자료, 함수명)

○ by(rock$area, rock$perm, mean) # 집단별 평균

```
Console  Terminal ×  Jobs ×
D:/SAMPLE/R/
> by(rock$area, rock$perm, mean)
rock$perm: 6.3
[1] 6725.5
---------------------------------
rock$perm: 17.1
[1] 8366
---------------------------------
rock$perm: 58.6
[1] 10862.5
---------------------------------
rock$perm: 82.4
[1] 9452.5
```

○ by(rock$area, rock$perm, sd) # 집단별 표준편차

```
Console  Terminal ×  Jobs ×
D:/SAMPLE/R/
> by(rock$area, rock$perm, sd)
rock$perm: 6.3
[1] 1179.544
---------------------------------
rock$perm: 17.1
[1] 655.3462
---------------------------------
```

○ by(rock$area, rock$perm, summary) # 집단별 6개 기술통계량

```
Console  Terminal ×  Jobs ×
D:/SAMPLE/R/
> by(rock$area, rock$perm, summary)
rock$perm: 6.3
   Min. 1st Qu.  Median    Mean 3rd Qu.
   4990    6499    7177    6726    7404
   Max.
   7558
---------------------------------
rock$perm: 17.1
   Min. 1st Qu.  Median    Mean 3rd Qu.
   7943    7970    8094    8366    8490
   Max.
   9333
---------------------------------
rock$perm: 58.6
   Min. 1st Qu.  Median    Mean 3rd Qu.
   9867   10524   10852   10862   11191
   Max.
  11878
---------------------------------
rock$perm: 82.4
   Min. 1st Qu.  Median    Mean 3rd Qu.
   8868    8872    9146    9452    9726
   Max.
  10651
---------------------------------
```

- 기술통계량(또는 요약통계량)을 구하는 데에 유용한 기능으로 psych 패키지안에 describe(), describeBy() 함수가 있다.

- describe() 함수는 데이터의 개수(n), 평균, 표준편차, 중위수, 10% 절사평균, 중위수 절대 편차(MAD), 최소값, 최대값, 범위, 왜도, 첨도, 표준오차를 알려 준다.

- describeBy() 함수는 집단별로 describe() 함수에서 구한 기술통계량을 구해준다.

○ install.packages("psych")

○ require(psych)

○ describe(rock$area)

기술통계량	설 명
vars	변수의 개수
n	데이터의 개수
mean	평균
sd	표준편차
median	중위수
trimmed	10% 절사평균
mad	중위수 절대 편차(Median Absolute Deviation)
min	최소값
max	최대값
range	범위
skew	왜도(Skewness)
kurtosis	첨도
se	표준오차(Standard Error)

- 중위수 절대 편차(mad)는 양적 자료의 퍼짐(산포)을 알려주는 값이며, 범위, 분산, 표준편차가 이상한 값에 영향을 많이 받는다.
- 반면에, 중위수 절대 편차는 이상한 값에 영향을 잘 받지 않는다.
- 중위수 절대 편차는 중위수를 구한 다음, 각 값에서 중위수를 빼고, 뺀 값에 절대값을 취하고 마지막으로 중위수를 구한 값이다.

- 왜도는 양적 자료의 분포의 모양을 알려주는 값이며, 특히 대칭 여부를 알려준다.
- 왜도가 0에 가까운 값이 나오면 대칭으로, 왜도가 0에서 멀어지면 비대칭으로 판단한다.
- 일반적으로 편포도 값이 클수록 좌측으로 기울어 편포도가 (+)인 정적 편포를 가지고 편포도 값이 작을수록 우측으로 기울어 편포도가 (−)인 부적 편포를 가진다.

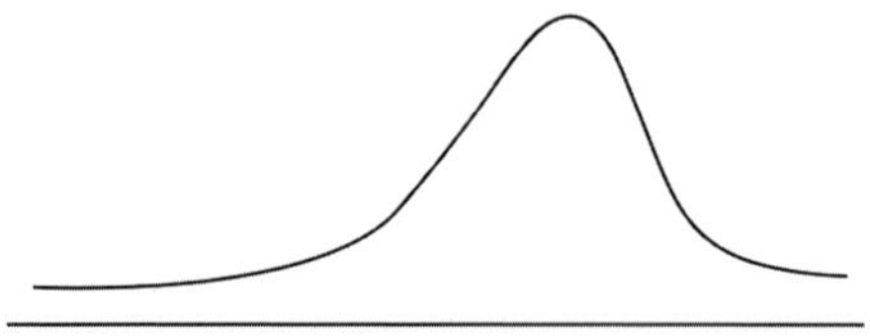

부적 편포

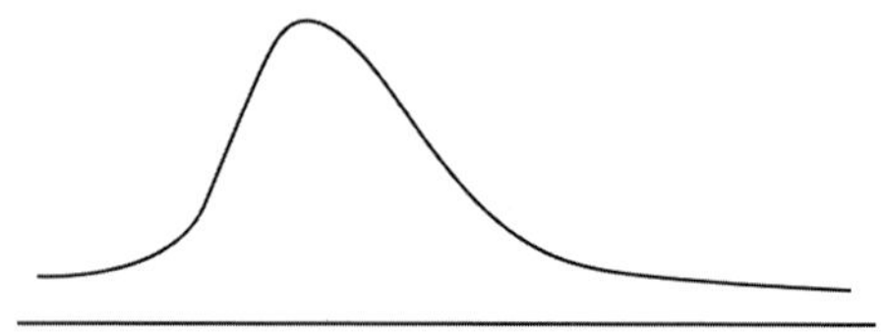

정적 편포

- 첨도도 양적 자료의 분포의 모양을 알려주는 값이며, 특히 중심의 뾰족한 정도를 알려준다.
- 첨도가 0에 가까운 값이 나오면 중심이 보통 정도의 높이다.
- 첨도가 0보다 많이 커지면 중심이 매우 뾰족한 상태로, 첨도가 0보다 많이 작아지면 중심이 낮은 상태임을 알 수 있다.
- 표준오차는 다른 표본을 뽑았을 때에 지금 표본에서 구한 평균과 얼마나 달라지는가를 알려주는 값이다.

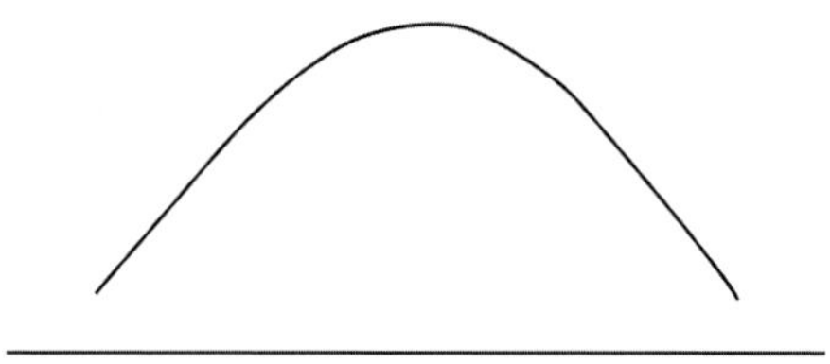

낮은 첨도

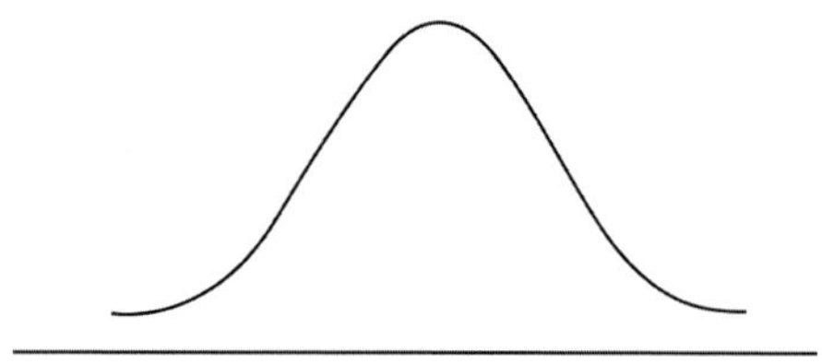

높은 첨도

❍ describe(rock$area, trim=0.05) # 5% 절사평균으로 되도록 설정

```
Console  Terminal ×  Jobs ×
D:/SAMPLE/R/
> describe(rock$area, trim=0.05)
   vars  n    mean      sd median trimmed     mad  min   max range  skew
X1    1 48 7187.73 2683.85   7487  7237.2 2786.55 1016 12212 11196 -0.29
   kurtosis     se
X1    -0.38 387.38
```

❍ describeBy(rock$area, rock$perm) # 집단별 기술통계량

```
Console  Terminal ×  Jobs ×
D:/SAMPLE/R/
> describeBy(rock$area, rock$perm)

 Descriptive statistics by group
group: 6.3
   vars n   mean      sd median trimmed    mad  min  max range  skew
X1    1 4 6725.5 1179.54   7177  6725.5 412.16 4990 7558  2568 -0.67
   kurtosis     se
X1    -1.75 589.77
---------------------------------------------------
group: 17.1
   vars n mean     sd median trimmed    mad  min  max range skew
X1    1 4 8366 655.35   8094    8366 197.19 7943 9333  1390 0.68
   kurtosis     se
X1    -1.74 327.67
---------------------------------------------------
group: 58.6
```

chapter 10

정규분포

학습개요

정규분포(normal distribution)는 추정과 검정을 하는 추정통계학, 회귀분석과 같은 모형 적합 시 근간이 되는 확률 분포이다. R에서 정규분포와 관련된 함수로 rnorm(), pnorm(), dnorm(), qnorm()이 있다.

이 장에서는 R을 이용하여 정규분포를 익히고, 이해할 수 있도록 제시한다. 그리고 R의 정규분포와 관련된 함수를 활용하여 이해할 수 있도록 제시한다.

학습목표

- 정규분포의 개념을 이해할 수 있다.
- R프로그램을 이용하여 정규분포에서의 확률을 구할 수 있다.

10.1. 정규분포

정규분포(normal distribution)는 추정과 검정을 하는 추정통계학, 회귀분석과 같은 모형 적합 시 근간이 되는 확률 분포이다.

우리의 일상 주변에서 흔히 접할 수 있는 확률분포이며, 중심 극한의 정리(Central Limit Theorem)에 따라 샘플의 갯수 n이 증가하면 이항분포, 초기하분포, 포아송분포 등의 이산형 확률분포의 평균과 t-분포, F-분포 등의 연속형 확률분포의 평균이 정규분포로 근사하게 된다.

따라서 정규분포는 통계에 있어서 정말 중요하고 많이 사용되는 확률분포라고 할 수 있다.

❑ 정규분포 그래프(normal distribution plot) : plot(x, dnorm(x))

▷ x ⟨– seq(–3, 3, length=200)

▷ plot(x, dnorm(x, mean=0, sd=1), type='l', main="정규분포 그래프, X~N(0,1)")

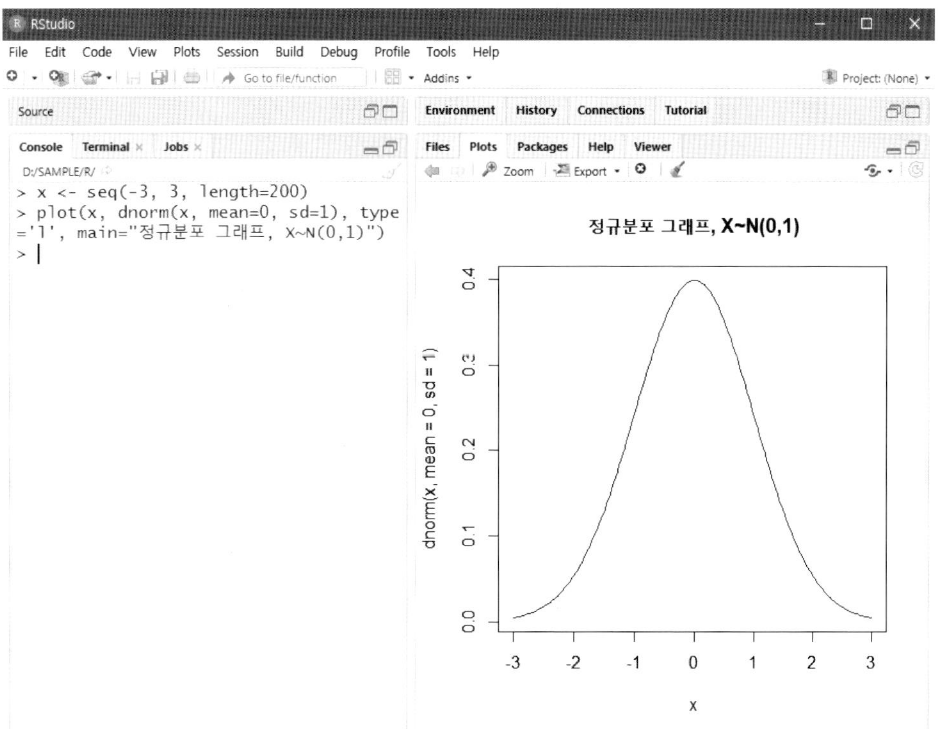

❑ 누적 정규분포 곡선(cumulative normal distribution plot)

▷ x 〈– seq(–3, 3, length=200)

▷ plot(x, pnorm(x, mean=0, sd=1), type='l', main="누적 정규분포 그래프, X~N(0,1)")

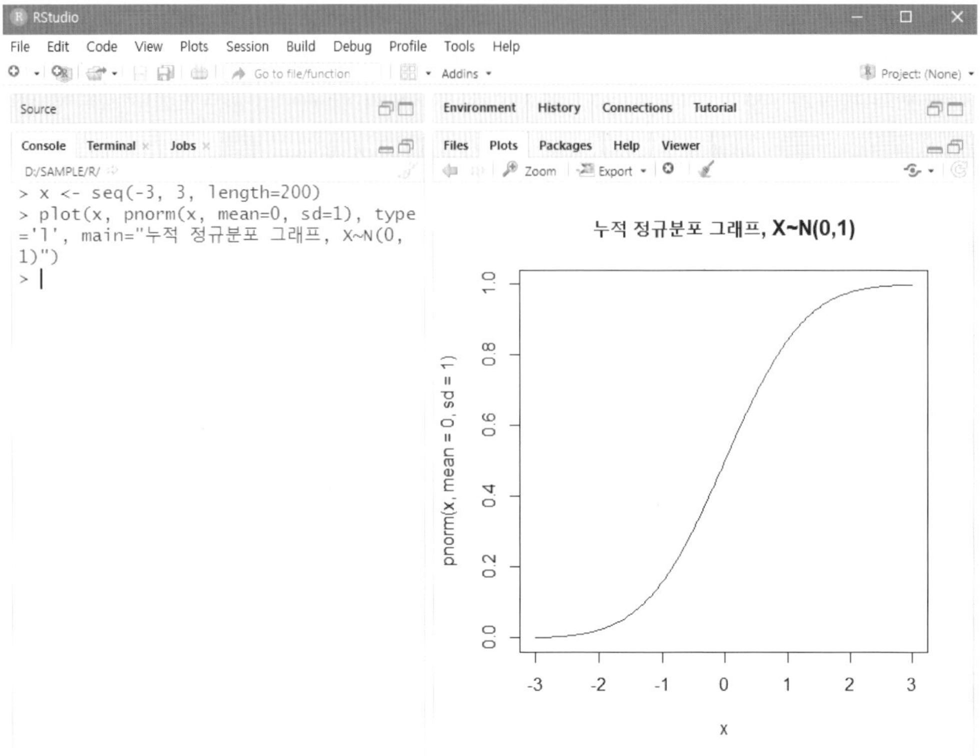

정규분포(Normal distribution)는 연속형 자료의 분포 중에서 가장 중요하게 다루는 분포이며, 본래 자연과학의 도구로 출발하였다.

정규분포는 모평균(μ)이고, 모표준편차(σ)에 의해서 모양이 결정되고, 중심은 모평균이며, 모평균을 기준으로 좌우대칭이며, 모평균의 값이 가장 많고, 모평균에서 멀어질수록 그런 값들은 거의 없게 된다. 즉 종모양의 형태를 갖는 분포이다.

정규분포의 전체 면적은 1이고, 모평균보다 작은(또는 큰) 쪽의 면적은 0.5이고, $\mu \pm 1\sigma$의 면적은 0.6826, $\mu \pm 2\sigma$의 면적은 0.9544, $\mu \pm 3\sigma$의 면적은 0.9978이다.

10.2. R로 정규분포의 확률 구하기

R에서 정규분포와 관련된 함수로 rnorm(), pnorm(), dnorm(), qnorm() 이 있다.

(1) rnorm()

rnorm() 함수는 정규분포에서의 난수 발생(random number generation)할 때 사용하며, 사용 방법은 아래와 같다.

만약 모집단의 평균이 80이고, 표준편차가 6인 정규분포에서 난수를 40개 생성하려면 다음과 같이 하면 된다.

▷ rnorm(n=40, mean=80, sd=6)

```
Console  Terminal ×  Jobs ×
D:/SAMPLE/R/
> rnorm(n=40, mean=80, sd=6)
 [1] 78.71811 69.99723 83.87277 80.79203 82.17400
 [6] 83.34935 68.01535 63.15293 74.21768 92.32694
[11] 78.25543 84.40517 85.86436 77.32924 89.51105
[16] 80.76504 72.79031 83.42629 81.76421 89.87038
[21] 76.09535 71.72491 86.12511 69.79170 88.42704
[26] 77.23004 80.29199 88.84882 74.95612 77.82106
[31] 82.13188 80.88707 85.85155 83.76146 76.94140
[36] 80.08906 80.68815 75.14607 84.11582 73.81995
```

(2) pnorm()

pnorm() 함수는 누적분포함수(cumulative distribution function)로서 정규분포에서의 확률을 구할 때 사용하며, 사용 방법은 아래와 같다.

argument	설명
q	확률변수
mean	정규분포의 평균
sd	정규분포의 표준편차
lower.tail	TRUE이면 P[X ≤ x]의 확률값, FALSE이면 P[X 〉 x]의 확률값을 알려준다.

① **평균이 70, 표준편차가 10인 정규분포에서 100이하의 확률을 구하시오.**

▷ pnorm(q=100, mean=70, sd=10, lower.tail=TRUE)

```
Console  Terminal ×  Jobs ×
D:/SAMPLE/R/
> pnorm(q=100, mean=70, sd=10, lower.tail=TRUE)
[1] 0.9986501
```

② **평균이 70, 표준편차가 10인 정규분포에서 100이상의 확률을 구하시오.**

▷ pnorm(q=100, mean=70, sd=10, lower.tail=FALSE)

```
Console  Terminal ×  Jobs ×
D:/SAMPLE/R/
> pnorm(q=100, mean=70, sd=10, lower.tail=FALSE)
[1] 0.001349898
```

③ **평균이 70, 표준편차가 10인 정규분포에서 160 ~ 180 사이의 확률을 구하시오.**

▷ pnorm(q=100, mean=70, sd=10, lower.tail=TRUE)–pnorm(q=160, mean=70, sd=10, lower.tail=TRUE)

```
Console  Terminal ×  Jobs ×
D:/SAMPLE/R/
> pnorm(q=100, mean=70, sd=10, lower.tail=TRUE)-pn
orm(q=160, mean=70, sd=10, lower.tail=TRUE)
[1] -0.001349898
```

(3) qnorm( )

qnorm( ) 함수는 분위수 함수(quantile function)로 지정된 누적확률밀도함수를 만족하는 확률변수를 구할 때에 사용하며, 사용 방법은 다음과 같다.

argument	설명
p	누적확률
mean	정규분포의 평균
sd	정규분포의 표준편차
lower.tail	TRUE이면 P[X ≤ x]의 확률값, FALSE이면 P[X 〉 x]의 확률값을 알려준다.

평균이 70, 표준편차가 10인 정규분포에서 누적확률이 0.95를 만족하는 확률변수를 구하시오.

▷ qnorm(p=0.95, mean=170, sd=10, lower.tail=TRUE)

```
Console  Terminal ×  Jobs ×
D:/SAMPLE/R/
> qnorm(p=0.95, mean=170, sd=10, lower.tail=TRUE)
[1] 186.4485
```

(4) dnorm( )

dnorm() 함수는 밀도 함수(density function)이며, 사용 방법은 다음과 같다.

argument	설명
x	확률변수
mean	정규분포의 평균
sd	정규분포의 표준편차

평균이 70, 표준편차가 10인 정규분포에서 확률변수가 140인 밀도 함수는 다음과 같다.

▷ dnorm(x=140, mean=70, sd=10)

```
Console  Terminal ×  Jobs ×
D:/SAMPLE/R/
> dnorm(x=140, mean=70, sd=10)
[1] 9.13472e-13
```

chapter 11

가설검정

학습개요

가설은 변인들 간의 관계에 대해 잠정적으로 내린 결론이나 추측으로서, 가설이 관찰이나 실험을 통해 사실과 일치되는 검증의 경우 과학적인 법칙으로 성립되고 객관적인 진리로 인정받는다. 특히, 연구가설은 어느 한 연구 분야와 관련된 이론으로부터 논리적으로 변인과 변인 간의 관계를 추리한 진술이다.

이 장에서는 가설검정의 개념을 익히고, 이해할 수 있도록 제시한다. 그리고 가설검정방법의 양측검정과 단측검정을 이해하고 가설검정 예제를 통해 익힌다.

학습목표

- 가설검정에 대한 기본 개념을 이해한다.
- 가설검정 방법 및 가설검정에 오류가 발생할 수 있음을 이해하고 그 오류의 종류들에 대해 이해한다.
- 유의수준, 신뢰수준, 검정력 등 가설검정과 관련한 주요사항들의 개념 및 차이점을 이해한다.
- 통계적 분석을 통한 모집단의 특성을 이해하기 위해서 가설검정을 어떠한 절차를 통해 시행하게 되는지에 대해 숙지한다.

11.1. 가설검정 개념

- 일상생활에서 주관적인 판단이나 경험적 사실(예를 들면, 데이터)을 토대로 어떠한 집단의 특성에 대하여 가설(가상하여 설정한 것)을 설정하고 자료를 통하여 그 가설이 맞는지에 대한 타당성을 검토해 보는 경우가 있다.
- 이렇게 관심이 되는 모집단의 특성에 대한 어떠한 주장을 확인하기 위하여 그 모집단으로 부터 표본을 추출하여 표본을 분석해 봄으로써 모집단에 대한 어떠한 주장의 타당성을 검토해 보는 것을 가설검정(Hypothesis Test)이라 한다.
- 가설검정은 모집단에 대한 입장(주장, 생각)에 대해서 표본을 추출하여 수집된 데이터에 근거하여 그 입장(주장, 생각)이 맞다고 할 수 있는지를 통계적으로 검정하는 것이다.
- 가설에는 귀무가설과 대립가설이 있다. 귀무가설은 모집단에 대한 기존의 입장이고, 대립가설은 모집단에 대한 새로운 입장이다. 귀무가설과 대립가설은 서로 상반되어 하나의 입장으로 결정해야 하는 경우가 있다. 표본의 데이터를 근거로 하여 귀무가설과 대립가설 중에서 하나를 선택하는 과정이 가설검정이다.
- 가설검정에는 여러 가지 통계적 분석방법이 있지만, 본 과정에서는 일표본 T검정, 독립표본 T검정, 대응표본 T검정(쌍체비교), 분산분석, 상관분석, 회귀분석, 교차분석을 다룬다.

❑ 가설 검정 절차

단계 1 실질적인 문제를 정의한다.

단계 2 데이터가 정규분포를 따르는지 확인한다.

단계 3 귀무가설을 기술한다.
대립가설을 기술한다.

단계 4 적절한 검정 방법 및 검정 통계량을 선택한다.

단계 5 분석한 정보로부터 p-value를 확인한다.

단계 6 만약 $p\text{-value} < 0.05$이면, 귀무가설을 기각하고 채택한다.

단계 7 통계적 결론을 현실적인 용어로 바꾼다.

11.2 가설검정 방법

분석하고자 하는 대상 모집단의 추출된 표본으로부터 분석목적에 적합한 과학적 추론을 위해서 가설검정을 시행하게 된다. 가설검정이란 모집단에 대한 통계적 가설을 세우고 표본을 추출한 다음, 그 표본을 통해 얻은 정보를 이용하여 통계적 가설의 진위를 판단하는 과정이다. 즉, 표본을 활용하여 모집단에 대입해보았을 때 새롭게 제시된 대립 가설이 옳다고 판단할 수 있는지를 평가하는 과정이다. 대부분 귀무가설이 참이라는 전제하에서 표본을 통하여 귀무가설이 옳지 않다는 것을 보임으로써 귀무가설을 기각시키고 대신 대립가설을 채택하게 되는 것이다.

따라서 귀무가설이 참이 아니라는 것을 표본을 통하여 통계적으로 증명하지 못한다면 귀무가설을 기각할 수 없게 되는 것이다. 이를 위해 귀무가설이 참이라는 전제로 아주 예외적인 표본의 통계값이 나타날 확률이 일정수준(대개, 1%, 5% 혹은 10%) 이하일 경우에만 (즉, 표본 조사를 통해 얻은 통계값이 매우 극단적일 경우) 귀무가설을 기각하고 대립가설을 채택하게 되는 것이다. 이는 귀무가설이 옳다는 전제하에서 표본조사를 하였으므로 극단적인 통계값을 얻게 된다는 의미는 귀무가설이 참이라는 전제가 잘못되었음을 의미하고 귀무가설을 기각하게 되는 것이다. 다음은 가설검정과 관련하여 고려해야 하는 사항들에 대해 알아본다.

1) 가설 검정 방법

일반적으로 가설검정 방법은 대립가설의 형태에 따라서 양측검정과 단측검정이 있다.

① 양측검정

모수 θ(혹은 모수들의 함수)에 대해 표본자료를 바탕으로 모수가 특정 값 θ_0과 통계적으로 같은지 여부를 판단하기 위해 귀무가설을 $H_0: \theta = \theta_0$, 대립가설을 $H_1: \theta \neq \theta_0$와 같이 설정하는 경우를 양측검정이라 한다.

② 단측검정

모수 θ에 대한 귀무가설이 $H_0: \theta = \theta_0$ 일 때, θ가 특정 값 θ_0보다 클 경우(혹은 작은 경우)에만 귀무가설을 기각하게 되는 경우를 단측검정이라 한다. 이 경우의 대립가설은 $H_0: \theta > \theta_0$ 혹은 $H_0: \theta < \theta_0$ 와 같다.

2) 가설 검정의 오류

통계적인 방법에 근거하여 주어진 가설을 검증하는 데 있어 모집단 전체를 통해 검증하는 것이 아닌 모집단으로부터 추출된 표본을 기반으로 모집단에 대한 결론을 내리는 것이기 때문에 다음과 같은 통계적인 오류가 발생할 가능성이 항상 존재한다.

① 제1종 오류

귀무가설이 참인데 잘못하여 이를 기각하게 되는 오류를 제1종 오류라 한다.

(가) 유의수준(level of significance)

제1종 오류를 범할 최대 허용확률을 의미하며, α로 표기한다.

(나) 신뢰수준(level of confidence)

귀무가설이 참일 때 이를 참이라고 판단하는 확률 (즉, 1 - α)을 신뢰수준이라 한다.

② 제2종 오류

귀무가설이 참이 아닌데 잘못하여 이를 채택하게 되는 오류를 제2종 오류라 한다.

(가) 검정력

제2종 오류를 범할 최대 허용확률을 라 할 때, 귀무가설이 참이 아닌 경우 이를 기각할 수 있는 확률(즉, 1 − β)을 검정력이라 한다.

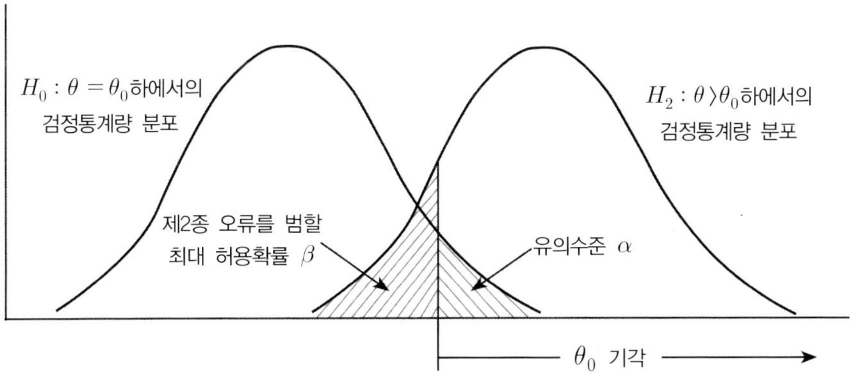

가설 검정의 오류 (단측검증 예시)

3) 검정 통계량과 p-값

① 검정 통계량

검정 통계량은 가설검정의 대상이 되는 모수를 추론하기 위해 사용되는 표본 통계량으로, 귀무가설이 참이라는 전제하에서 모집단으로부터 추출된 확률표본의 정보를 이용하여 계산된다.

② p-값

귀무가설이 참이라는 가정에 따라 주어진 표본 데이터를 희소 또는 극한값으로 얻을 확률값을 p-값이라고 한다. 이는 검정 통계량 및 이의 확률분포에 근거하여 귀무가설이 참일 때 귀무가설을 기각하게 되는 제1종 오류를 범할 확률로도 볼 수 있다.

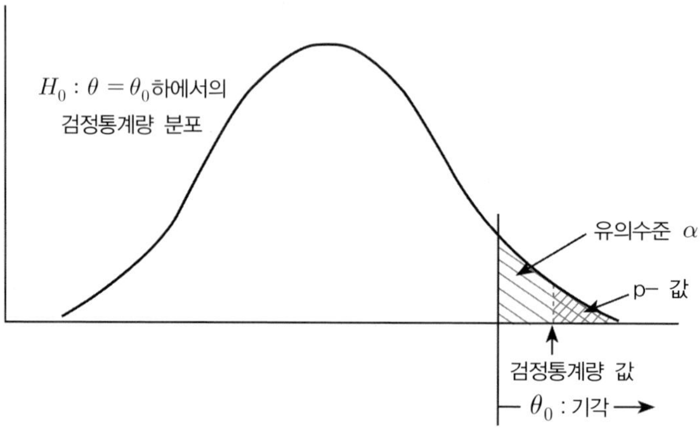

검정 통계량과 p-값과의 관계

11.3 가설검정 예제

❑ 가설(Hypothesis)이란 모집단의 특성인 모수에 관한 주장이나 서술을 말한다. 예를 들어 제약회사에서 만든 새로운 백신이 효과가 있다고 주장한다면 이것은 하나의 가설이 된다.

이러한 가설은 모집단의 특성에 관한 것이지 특정한 표본이나 실험결과에 관한 것은 아니다. 따라서 통계적 가설은 절대적인 결론이 아니며 불확실성이 내포된다.

❑ 귀무가설과 대립가설

대립가설(alternative hypothesis)은 표본을 통해 확실한 근거를 가지고 입증하고자 하는 가설로서 연구가설(research hypothesis)이라고도 한다. 대립가설과 반대되는 가설을 귀무가설(null hypothesis)이라 부르며 현재까지 주장되어 온 것이거나 기존과 비교하여 변화 혹은 차이가 없음을 나타내는 가설이다.

❑ 예를 들어 어떤 제약회사에서 만든 새로운 백신이 효과가 있다는 가설을 검정하고자 한다.

다음과 같은 두 가지 가설을 세울 수 있다.
첫째로 『새로운 백신이 효과가 없다』는 가설과
둘째로 『새로운 백신이 효과가 있다』는 가설이다.

『새로운 백신이 효과가 있다』와 같이 자료로부터 새로운 사실을 입증하고자 하는 가설을 대립가설(Alternative Hypothesis) 또는 연구가설(Research Hypothesis)이라고 하며 이에 반하는 가설 『새로운 백신이 효과가 없다』를 귀무가설(Null Hypothesis)이라고 한다. 일반적으로 귀무가설을 H_0로 대립가설을 H_1으로 표기한다.

다음의 예제를 통하여 통계적 가설을 세워 보도록 하자.

> 소비자 고발센타에 접수된 불만은 치약의 함량이 기준치인 150g을 대부분 미달한다는 것이었다. 이러한 접수 결과를 검정하기 위하여 귀무가설과 대립가설을 설정하면 다음과 같다.

- 귀무가설(H_0) : 치약의 함량기준치가 150g이다.
- 대립가설(H_1) : 치약의 함량기준치가 150g에 미달한다.

> 휴대폰을 만드는 회사에서 휴대폰의 색상에 따라 남성과 여성의 선호도가 같은지를 알기 위하여 설문조사를 하였다. 이 때 선호도를 검정하기 위하여 귀무가설과 대립가설을 설정하면 다음과 같다.

- 귀무가설(H_0) : 휴대폰의 색상에 따라 남성과 여성의 선호도가 같다.
- 대립가설(H_1) : 휴대폰의 색상에 따라 남성과 여성의 선호도가 다르다.

> 어느 질병에 대한 새로운 치료법의 치료기간은 평균 10일인 기존 치료법보다 단축시킨다고 주장한다. 이러한 주장을 검정하기 위하여 귀무가설과 대립가설을 설정하면 다음과 같다.

- 귀무가설(H_0) : 새로운 치료법에 의한 평균치료기간은 10일이다.
- 대립가설(H_1) : 새로운 치료법에 의한 평균치료기간은 10일보다 작다.

chapter 12

일표본 T-검정

학습개요

T-검정이란 두 모집단의 평균의 차이 유무를 판단하는 통계적 검정 방법으로, 두 모집단의 평균간의 차이는 없다라는 귀무가설과 두 모집단의 평균간에 차이가 있다라는 대립가설 중에 하나를 선택하는 통계적인 검정 방법이다. 일표본 T-검정이란 모수치를 추정하거나 가설을 검증할 목적으로 표본의 결과를 모집단에 일반화시키기 위해서는 표본을 조사하여 나타난 표본평균과 표준오차를 가지고 하나의 모집단 평균을 추정하여 검정하는 방법을 말한다. 일표본 T검정(One sample t-test)는 모수적 방법(parametric method)으로 모집단의 평균이 작아졌는지, 커졌는지, 달라졌는지를 통계적으로 검정할 때 사용하는 방법이다.

이 장에서는 R을 이용하여 T-검정의 개념을 익히고, 활용할 수 있도록 제시한다. 그리고 R을 이용하여 일표본 T검정을 활용할 수 있도록 제시한다.

학습목표

- T-검정의 개념을 이해할 수 있다.
- R을 이용하여 일표본 T-검정을 이해한다.
- R을 이용하여 일표본 T-검정을 활용할 수 있다.

12.1. T-검정 이해

- T-검정이란 두 모집단의 평균의 차이 유무를 판단하는 통계적 검정 방법으로, 두 모집단의 평균간의 차이는 없다라는 귀무가설과 두 모집단의 평균간에 차이가 있다라는 대립가설 중에 하나를 선택하는 통계적인 검정 방법이다. 그리하여 "두 집단의 평균치 차이가 표본오차에 의한 것인지, 두 집단의 속성에 의한 것인지를 밝히는 통계적 가설검정 기법"이다.
- 모든 통계적 검정 방법과 마찬가지로, T-검정은 귀무가설이 옳다는 가정하에 두 모집단으로부터 추출된 표본들로부터 계산된 검정 통계량에 근거하여 귀무가설을 부정할 수 있는 상당한 근거를 보이면 귀무가설을 기각하고, 그렇지 않은 경우에는 귀무가설을 받아들이게 된다.
- 일반적으로 두 집단의 평균을 비교하는 분석 방법에는 크게 Z-검정과 T-검정으로 구분되는 데 Z-검정은 모집단의 분산을 알고 있는 경우 사용되고, 두 모집단의 분산을 알고 있는 경우는 통상 드물기 때문에 T-검정을 주로 사용하게 된다.
- 예를 들면 "학생의 성별(남녀별)에 따른 교사 효율성 인식에 차이가 있는가?"를 분석하고자 할 때 사용되는 기법이다. χ2-검정은 해당 유목에 해당하는 사람이 몇 명인가를 조사하여 이들 사람수의 분포를 보는 기법인데 반하여 t-검정은 실제 데이터 자체값의 크기를 분석하는 기법이라 할 수 있다. T-검정은 두 집단간의 평균의 차이가 통계적으로 유의한지를 파악할 때 이용하는 통계기법이다.
- 귀무가설의 가정 하에서 두 모집단의 표본평균(Sample mean) 간의 차이는 표본오차(Sampling error)에서 기인한 것이라고 간주한다. 즉, 두 표본평균간의 차이가 표본을 잘못 추출한 데서 비롯된 것이라고 가정한다. 그런 후 T-검정 통계량을 계산하여 두 표본평균간의 차이가 귀무가설하에 있을 확률, 즉 표본오차로 인해 차이가 발생할 확률(유의확률; p-value)을 계산한다.
- 만약 계산된 확률이 귀무가설을 기각하기로 설정한 유의수준(통상 5%)과 같거나 적다면 귀무가설을 기각하고 대립가설을 채택하게 된다. T-검정은 두 모집단의 독립여부에 따라 "독립 2표본 T-검정"과 "대응 2표본 T-검정"으로 나누어진다. 연속적인 변수인 경우에는 정규성(Normality) 검정을 해야 하며 정규성을 따르는 경우에 한하여 t검정을 행한다.

12.2. 일표본 T-검정 이해

모수치를 추정하거나 가설을 검증할 목적으로 표본의 결과를 모집단에 일반화시키기 위해서는 표본을 조사하여 나타난 표본평균과 표준오차를 가지고 하나의 모집단 평균을 추정하여 검정하는 방법을 말한다.

일반적으로 두 가지 방법이 있다. 모표준편차를 알고 있을 때와 모표준편차를 모르고 있을 경우이다. 여기서는 모표준편차를 알고 있지 못하다는 가정 하에서 검정통계량 t값을 구하는 검정을 살펴보기로 한다.

❑ 가설의 설정(모표준편차 σ가 미지수 일 때)

- 귀무가설 : H0 :μ=μ0
- 대립가설 : H1:μ ≠ μ0(양측검정)

  H1:μ 〉 μ0, H1:μ 〈 μ0(단측검정)

❑ 유의수준의 설정 : 유의수준은 다음과 같이 세 가지로 나누어 사용한다.

α= 0.01, α= 0.05, α= 0.1

- 데이터의 수 : n
- 자유도(df) 산출 : 자유도(df) = n - 1
- 검정통계량 t값의 산출

❑ p값의 산출 : 유의수준과 비교할 확률 p값을 계산한다.

- p값은 자유도(df)의 t분포에 있어서 |t| 이상의 값이 발생할 확률이다.
- 검정

  p값 ≤ 유의수준 α → 귀무가설 H0를 기각한다.

  p값 〉 유의수준 α → 귀무가설 H0를 기각하지 않는다.

정규성 검정에 대한 귀무가설과 대립가설은 다음과 같다.

- 귀무가설 : 미국 성인 여성의 몸무게는 정규분포를 따른다.
- 대립가설 : 미국 성인 여성의 몸무게는 정규분포를 따르지 않는다.

R에서 정규성 검정을 하는 함수는 많지만 여기서는 shapiro.test() 함수를 이용하며, 사용 방법은 다음과 같다.

argument	설명
x	정규성 검정을 할 양적 자료를 가지고 있는 벡터

▶ shapiro.test(데이터명$변수명)

예제 데이터는 R에서 기본적으로 제공하는 women 데이터를 사용한다. women 데이터는 미국 성인 여성 중에서 표본으로 뽑은 15명의 키(height)와 몸무게(weight) 이다.

▷ shapiro.test(women$weight)

```
Console D:/SAMPLE/R/
> shapiro.test(women$weight)

        Shapiro-Wilk normality test

data:  women$weight
W - 0.96036, p-value = 0.6986

> |
```

위 그림의 정규성 검정 결과를 보면, 유의확률이 0.6986이므로 유의수준 0.05에서 귀무가설을 기각하고 대립가설을 채택한다. 즉 미국 성인 여성의 몸무게는 정규분포를 따른다고 가정할 수 있다.

12.3. 일표본 T-검정 활용

일표본 T-검정(One sample t-test)는 모수적 방법(parametric method)으로 모집단의 평균이 작아졌는지, 커졌는지, 달라졌는지를 통계적으로 검정할 때 사용하는 방법이다.

일표본 T-검정은 사용하려면 모집단의 양적 자료의 분포가 정규분포를 따른다는 가정이 만족되어야 사용할 수 있다.

argument	설명
x	일표본 T검정을 할 양적 자료를 가지고 있는 벡터
mu	귀무가설의 모평균
alternative	대립가설로 "greater", "less", "two.sided"를 가진다.
conf.int	모평균에 대한 신뢰구간

예제

height	58 59 60 61 62 63 64 65 66 67 68 69 70 71 72
weight	115 117 120 123 126 129 132 135 139 142 146 150 154 159 164

```
Console  Terminal ×
D:/SAMPLE/R/
> women
   height weight
1      58    115
2      59    117
3      60    120
4      61    123
5      62    126
6      63    129
7      64    132
8      65    135
9      66    139
10     67    142
11     68    146
12     69    150
13     70    154
14     71    159
15     72    164
```

▶ t.test(데이터명$변수명, mu=귀무가설의 모평균, alternative=대립가설)

① 가설 1

- 귀무가설 : 성인 여성의 평균 몸무게는 130 파운드이다.
- 대립가설 : 성인 여성의 평균 몸무게는 130 파운드보다 많다.

▷ t.test(women$weight, mu=130, alternative="greater")

```
Console  Terminal ×  Jobs ×
D:/SAMPLE/R/
> t.test(women$weight, mu=130, alternative="greater")

        One Sample t-test

data:  women$weight
t = 1.6826, df = 14, p-value = 0.05731
alternative hypothesis: true mean is greater than 130
95 percent confidence interval:
 129.685     Inf
sample estimates:
mean of x
 136.7333
```

성인 여성의 몸무게에 대한 일표본 T검정 결과를 보면, 유의확률이 0.05731로 나타나 "성인 여성의 평균 몸무게는 130 파운드이다" 라는 귀무가설을 기각할 수 없다.

② 가설 2

• 귀무가설 : 미국 성인 여성의 평균 키는 70 인치이다.
• 대립가설 : 미국 성인 여성의 평균 키는 70 인치보다 작다.

▷ t.test(women$height, mu=70, alternative="less")

```
Console   Terminal ×   Jobs ×
D:/SAMPLE/R/
> t.test(women$height, mu=70, alternative="less")

        One Sample t-test

data:  women$height
t = -4.3301, df = 14, p-value = 0.000346
alternative hypothesis: true mean is less than 70
95 percent confidence interval:
     -Inf 67.03379
sample estimates:
mean of x
       65
```

성인 여성의 키에 대한 일표본 T검정 결과를 보면, 유의확률이 0.000346로 나타나 "성인 여성의 평균 키는 70 인치이다" 라는 귀무가설을 기각한다. 즉 "성인 여성의 평균 키는 70 인치보다 작다"라는 대립가설을 채택한다.

③ 가설 3

• 귀무가설 : 성인 여성의 평균 BMI는 25이다.
• 대립가설 : 성인 여성의 평균 BMI는 25가 아니다.

▷ women$bmi = (0.45*women$weight) / (2.54*women$height/100)^2

▷ t.test(women$bmi, mu=25, alternative="two.sided")

```
Console  Terminal ×  Jobs ×
D:/SAMPLE/R/
> women$bmi = (0.45*women$weight) / (2.54*women$height/100)^2
> t.test(women$bmi, mu=25, alternative="two.sided")

        One Sample t-test

data:  women$bmi
t = -15.489, df = 14, p-value = 3.327e-10
alternative hypothesis: true mean is not equal to 25
95 percent confidence interval:
 22.20697 22.88640
sample estimates:
mean of x
 22.54668
```

성인 여성의 BMI(체질량지수)에 대한 일표본 T검정 결과를 보면, 유의확률이 3.327e-10= 3.327 ÷ 10^{10} = 0.000로 나타나 “성인 여성의 평균 BMI는 25이다” 라는 귀무가설을 기각하고, “성인 여성의 평균 BMI는 25가 아니다”라는 대립가설을 채택한다.

chapter 13

독립표본 T-검정

학습개요

두 개의 독립적인 모집단의 평균에 대해 통계적으로 유의한 차이가 있는지를 검정하는 방법이다. 참고적으로 정규성 가정이 만족되면 독립표본 T검정을 사용하고, 정규성 가정이 깨지면 비모수적 방법인 윌콕슨의 순위합 검정(Wilcoxon's rank sum test)을 사용한다.

이 장에서는 두 개의 독립적인 표본의 가설검정에 대한 개념을 이해할 수 있도록 제시한다. 그리고 R을 이용하여 독립표본 T-검정을 이해할 수 있도록 제시한다. 더불어 비모수적 통계적 방법으로 윌콕슨 부호 순위 검정을 활용할 수 있도록 제시한다.

학습목표

- 두 개의 독립적인 표본의 가설검정에 대한 개념을 이해할 수 있다.
- R을 이용하여 독립표본 T-검정(Two sample t-test)을 활용할 수 있다.
- R을 이용하여 윌콕슨의 순위합 검정(Wilcoxon's rank sum test)을 활용할 수 있다.

13.1. 독립표본 T-검정

두 개의 독립된 집단을 대상으로 그 평균의 차이점을 알아내려는 경우에 사용된다. 일반적으로 비교 집단이 서로 독립적인 정규 모집단으로부터 추출된 것이라는 가정이 필요하다.

T-검정을 위해선 우선 두 집단의 분산의 동질성 여부를 파악해야 한다. 분산의 동질성 여부는 Levene의 등분산 검정을 통한 F 값을 이용한다. 분석에서 두 집단의 모분산이 동질적일 때는 등분산이 가정됨을 이용하여 해석하고, 동질적이지 않을 경우엔 등분산이 가정되지 않음을 이용한다.

독립표본 T-검정에는 등분산이 가정된 것과 등분산이 가정되지 않을 때에 하는 방법이 있다. 그러므로 독립표본 T검정을 실시하기 전에 등분산 검정(Test for equality of variance)을 해야 한다. 참고로 등분산은 두 집단의 다름의 정도를 측정하는 분산이 같은 경우이고, 이분산은 두 집단의 분산이 다른 경우이다.

사례 1

남, 여 초등학생들이 지각하는 교사의 수업지도 내용의 설명능력(18번 문항: 알아들을 수 있게 쉬운 말을 사용하신다)에 대한 인식에 차이가 있는지를 독립표본 T- 검정을 통해 알아본다.

```
▷ dat_M = c(4,2,2,2,2,1,3,3,2,2,2,2,3,5,3,2,4,2,3,4,2,1,2,1,3,4,4,1,3,2,2,3,3,4,2,2,3,3,3,2)
▷ dat_F = c(5,4,3,5,2,5,3,4,5,3,5,3,3,5,5,3,3,3,1,4,3,4,2,4,5,5,3,2,4,2,4,3,3,5,5,2,4,5,3,4)
▷ mean(dat_M)
▷ mean(dat_F)
▷ sd(dat_M)
▷ sd(dat_F)
▷ m = t.test(dat_M, dat_F)
```

❑ 분석결과

성별에 따른 교사의 수업지도 내용의 설명능력 18번 문항 "알아들을 수 있게 쉬운 말을 사용하신다" 의 인식 차이를 검정한 결과이다. 남, 여에 대한 집단 통계량이 나타나 있다.

성별에 따른 교사의 수업지도 내용의 설명능력 18번 문항 "알아들을 수 있게 쉬운 말을 사용하신다" 의 인식에 차이가 있는지를 유의도 5%에서 검정한 결과가 〈표〉와 같이 제시되어 있다.

종속변수	독립변수	평균	표준편차	T-값	유의수준
쉬운말	남	2.58	0.96	-4.61	0.00
	여	3.65	1.12		

* p<.05, ** p<.01.

T 값이 -4.61 이고, 유의 확률이 .00으로 유의도 5%에서 유의미하므로 두 집단의 평균이 동일하다고 볼 수 없다. 따라서, 성별에 따른 교사의 수업지도 내용의 설명능력 18번 문항 "알아들을 수 있게 쉬운 말을 사용하신다" 의 인식에는 남, 여 학생간에 서로 차이가 있는 것으로 나타났다.

```
Console D:/SAMPLE/R/
> dat_M = c(4,2,2,2,2,1,3,3,2,2,2,2,3,5,3,2,4,2,3,4,2,1,2,1,3,4,4,1,3,2,2,3,3,4,2,2,3,3,3,2)
> dat_F = c(5,4,3,5,2,5,3,4,5,3,5,3,3,5,5,3,3,3,1,4,3,4,2,4,5,5,3,2,4,2,4,3,3,5,5,2,4,5,3,4)
> mean(dat_M)
[1] 2.575
> mean(dat_F)
[1] 3.65
> sd(dat_M)
[1] 0.9577618
> sd(dat_F)
[1] 1.12204
> m = t.test(dat_M, dat_F)
> m

        Welch Two Sample t-test

data:  dat_M and dat_F
t = -4.6087, df = 76.124, p-value = 1.601e-05
alternative hypothesis: true difference in means is not equal to 0
95 percent confidence interval:
 -1.5395518 -0.6104482
sample estimates:
mean of x mean of y
    2.575     3.650

> |
```

사례 2

① 등분산 검정

- 귀무가설 : 두 집단의 분산은 같다(등분산)
- 대립가설 : 두 집단의 분산은 같지 않다(이분산)

▶ var.test(양적 자료 ~ 질적 자료)

▷ var.test(sleep$extra ~ sleep$group)

```
Console  Terminal ×  Jobs ×
D:/SAMPLE/R/
> var.test(sleep$extra ~ sleep$group)

        F test to compare two variances

data:  sleep$extra by sleep$group
F = 0.79834, num df = 9, denom df = 9, p-value = 0.7427
alternative hypothesis: true ratio of variances is not equal to 1
95 percent confidence interval:
 0.198297 3.214123
sample estimates:
ratio of variances
         0.7983426
```

위 그림의 등분산 검정 결과를 보면, 유의확률이 0.7427이므로 유의수준 0.05에서 등분산이다 라는 귀무가설을 채택한다.

즉 두 집단의 분산은 통계적으로 볼 때 같다고 할 수 있다. 그러므로 등분산이 가정된 독립 표본 T-검정을 실시하면 된다.

② 가설 1

- 귀무가설 : 두 집단 간의 수면시간에는 차이가 없다.
- 대립가설 : A집단이 B집단보다 수면시간이 많다.

▶ t.test(양적 자료 ~ 질적 자료, alternative="greater", var.equal=TRUE)

▷ t.test(sleep$extra ~ sleep$group, alternative="greater", var.equal=TRUE)

```
Console  Terminal ×  Jobs ×
D:/SAMPLE/R/
> t.test(sleep$extra ~ sleep$group, alternative="greater", var.equal=TRUE)

        Two Sample t-test

data:  sleep$extra by sleep$group
t = -1.8608, df = 18, p-value = 0.9604
alternative hypothesis: true difference in means is greater than 0
95 percent confidence interval:
 -3.052378       Inf
sample estimates:
mean in group 1 mean in group 2 
           0.75            2.33 
```

위 그림의 가설1에 대한 독립표본 T-검정의 결과를 보면, 유의확률이 0.9603으로 나타나 귀무가설을 기각할 수 없다. 즉 두 집단 간의 수면시간에는 통계적으로 유의한 차이는 없다고 할 수 있다.

③ 가설 2

- 귀무가설 : 두 집단 간의 수면시간에는 차이가 없다.
- 대립가설 : A집단이 B집단보다 수면시간이 적다.

▶ t.test(양적 자료 ~ 질적 자료, alternative="less", var.equal=TRUE)

▷ t.test(sleep$extra ~ sleep$group, alternative="less", var.equal=TRUE)

```
Console   Terminal ×   Jobs ×
D:/SAMPLE/R/
> t.test(sleep$extra ~ sleep$group, alternative="less", var.equal=TRUE)

        Two Sample t-test

data:  sleep$extra by sleep$group
t = -1.8608, df = 18, p-value = 0.03959
alternative hypothesis: true difference in means is less than 0
95 percent confidence interval:
       -Inf -0.1076222
sample estimates:
mean in group 1 mean in group 2 
           0.75            2.33 
```

위 그림의 독립표본 T-검정 결과를 보면, 유의확률이 0.03397로 나타나 유의수준 0.05에서 대립가설을 채택한다. 즉 A집단은 B집단보다 수면시간이 통계적으로 유의하게 작다고 할 수 있다.

④ 가설 3

- 귀무가설 : 두 집단 간의 수면시간에는 차이가 없다.
- 대립가설 : 두 집단 간의 수면시간은 다르다.

▶ t.test(양적 자료 ~ 질적 자료, alternative="two.sided", var.equal=TRUE)

▷ t.test(sleep$extra ~ sleep$group, alternative="two.sided", var.equal=TRUE)

```
Console   Terminal ×   Jobs ×
D:/SAMPLE/R/
> t.test(sleep$extra ~ sleep$group, alternative="two.sided", var.equal=TRUE)

        Two Sample t-test

data:  sleep$extra by sleep$group
t = -1.8608, df = 18, p-value = 0.07919
alternative hypothesis: true difference in means is not equal to 0
95 percent confidence interval:
 -3.363874  0.203874
sample estimates:
mean in group 1 mean in group 2 
           0.75            2.33 
```

위 그림의 독립표본 T-검정에 대한 결과를 보면, 유의확률이 0.07939로 유의수준 0.05에서 귀무가설을 기각할 수 없다. 즉 두 집단 간의 수면시간에는 통계적으로 유의한 차이는 없다고 할 수 있다.

13.2. 정규성 검정

실습에 사용하는 데이터는 R의 기본 기능에서 제공하는 sleep이다. sleep 데이터는 두 수면제의 효과를 측정하기 위해서 수집한 것이다.

extra는 수면이 증가한 양, group는 두 수면제를 다르게 먹은 집단, ID는 환자의 번호이다.

```
> sleep
   extra group ID
1    0.7     1  1
2   -1.6     1  2
3   -0.2     1  3
4   -1.2     1  4
5   -0.1     1  5
6    3.4     1  6
7    3.7     1  7
8    0.8     1  8
9    0.0     1  9
10   2.0     1 10
11   1.9     2  1
12   0.8     2  2
13   1.1     2  3
14   0.1     2  4
15  -0.1     2  5
16   4.4     2  6
17   5.5     2  7
18   1.6     2  8
19   4.6     2  9
20   3.4     2 10
```

- 귀무가설 : 각 집단의 수면 증가량은 정규분포를 따른다.
- 대립가설 : 각 집단의 수면 증가량은 정규분포를 따르지 않는다.

두 집단에 대한 가설검정을 하기 위해서는 by() 함수를 사용하며, 사용 방법은 다음과 같다. by() 함수에 들어가는 첫 번째 데이터는 양적 자료이어야 하고, 두 번째 데이터는 집단을 의미하는 질적 자료가 들어가야 한다.

▶ by(데이터명$변수명, 데이터명$변수명, shapiro.test)

▷ by(sleep$extr, sleep$group, shapiro.test)

```
Console  Terminal ×  Jobs ×
D:/SAMPLE/R/
> by(sleep$extr, sleep$group, shapiro.test)
sleep$group: 1

        Shapiro-Wilk normality test

data:  dd[x, ]
W = 0.92581, p-value = 0.4079

-----------------------------------
sleep$group: 2

        Shapiro-Wilk normality test

data:  dd[x, ]
W = 0.9193, p-value = 0.3511
```

위 그림의 정규성 검정의 결과를 보면, 각각 유의확률이 0.4079, 0.3511 이므로 유의수준 0.05에서 각 집단의 수면 증가량(extra)은 정규분포를 따른다고 가정할 수 있다.

13.3. 윌콕슨의 순위합 검정

하나의 모집단의 양적 자료에 대한 정규성 가정이 깨지고 표본의 크기가 작으면 일표본 T-검정은 사용할 수 없다. 이런 상황에서 사용할 수 있는 통계적 방법은 비모수적 방법으로 Wilcoxon's signed rank test가 있다. 함수는 wilcox.test()이다. 사용 방법은 다음과 같다.

argument	설명
x	일표본 T검정을 할 양적 자료를 가지고 있는 벡터
mu	귀무가설의 모평균
alternative	대립가설로 "greater", "less", "two.sided"를 가진다.
conf.int	모평균에 대한 신뢰구간

▶ wilcox.test(데이터명$변수명, mu=귀무가설의 모평균, alternative=대립가설)

사례 1

① 가설 1

- 귀무가설 : 성인 여성의 평균 몸무게는 130 파운드이다.
- 대립가설 : 성인 여성의 평균 몸무게는 130 파운드보다 많다.

▷ wilcox.test(women$weight, mu=130, alternative="greater")

```
Console  Terminal ×  Jobs ×
D:/SAMPLE/R/
> wilcox.test(women$weight, mu=130, alternative="greater")

        Wilcoxon signed rank exact test

data:  women$weight
V = 85, p-value = 0.08441
alternative hypothesis: true location is greater than 130
```

성인 여성의 몸무게에 대한 Wilcoxon's signed rank test 결과를 보면, 유의확률이 0.08441로 나타나 "성인 여성의 평균 몸무게는 130 파운드이다" 라는 귀무가설을 기각할 수 없다.

② 가설2

- 귀무가설 : 성인 여성의 평균 키는 70 인치이다.
- 대립가설 : 성인 여성의 평균 키는 70 인치보다 작다.

▷ wilcox.test(women$height, mu=70, alternative="less")

```
Console   Terminal ×   Jobs ×
D:/SAMPLE/R/
> wilcox.test(women$height, mu=70, alternative="less")

        Wilcoxon signed rank test with continuity
        correction

data:  women$height
V = 5, p-value = 0.001579
alternative hypothesis: true location is less than 70
```

성인 여성의 키에 대한 Wilcoxon's signed rank test 결과를 보면, 유의확률이 0.001579로 나타나 "성인 여성의 평균 키는 70 인치보다 작다"라는 대립가설을 채택한다.

③ 가설 3

- 귀무가설 : 미국 성인 여성의 평균 BMI는 25이다.
- 대립가설 : 미국 성인 여성의 평균 BMI는 25가 아니다.

▷ wilcox.test(women$bmi, mu=25, alternative="two.sided")

```
Console   Terminal ×   Jobs ×
D:/SAMPLE/R/
> wilcox.test(women$bmi, mu=25, alternative="two.sided")

        Wilcoxon signed rank exact test

data:  women$bmi
V = 0, p-value = 6.104e-05
alternative hypothesis: true location is not equal to 25
```

성인 여성의 BMI(체질량지수)에 대한 Wilcoxon's signed rank test 결과를 보면, 유의확률이 6.104e-05 = 6.104 ÷ 10^5 = 0.000으로 나타나 "성인 여성의 평균 BMI는 25가 아니다"라는 대립가설을 채택한다.

사례 2

① **가설 1**

- 귀무가설 : 두 집단 간의 수면시간에는 차이가 없다.
- 대립가설 : A집단이 B집단보다 수면시간이 많다.

▶ wilcox.test(양적 자료 ~ 질적 자료, alternative="greater")

▷ wilcox.test(sleep$extra ~ sleep$group, alternative="greater")

```
Console  Terminal ×  Jobs ×
D:/SAMPLE/R/
> wilcox.test(sleep$extra ~ sleep$group, alternative="greater")

        Wilcoxon rank sum test with continuity correction

data:  sleep$extra by sleep$group
W = 25.5, p-value = 0.9708
alternative hypothesis: true location shift is greater than 0
```

위 그림의 윌콕슨의 순위합 검정에 대한 결과를 보면, 유의확률이 0.9708로 유의수준 0.05에서 귀무가설을 기각할 수 없다. 즉 두 집단 간의 수면시간에는 통계적으로 유의한 차이는 없다고 할 수 있다.

② **가설 2**

- 귀무가설 : 두 집단 간의 수면시간에는 차이가 없다.
- 대립가설 : A집단이 B집단보다 수면시간이 적다.

▶ wilcox.test(양적 자료 ~ 질적 자료, alternative="less")

▷ wilcox.test(sleep$extra ~ sleep$group, alternative="less")

아래 그림의 가설2에 대한 윌콕슨의 순위합 검정 결과를 보면, 유의확률이 0.03466으로 나타나 유의수준 0.05에서 대립가설을 채택한다. 즉 A집단이 B집단보다 수면시간이 통계적으로 유의하게 적다고 할 수 있다.

```
Console  Terminal ×  Jobs ×
D:/SAMPLE/R/
> wilcox.test(sleep$extra ~ sleep$group, alternative="less")

        Wilcoxon rank sum test with continuity correction

data:  sleep$extra by sleep$group
W = 25.5, p-value = 0.03466
alternative hypothesis: true location shift is less than 0
```

③ 가설3

- 귀무가설 : 두 집단 간의 수면시간에는 차이가 없다.
- 대립가설 : 두 집단 간의 수면시간은 다르다.

▶ wilcox.test(양적 자료 ~ 질적 자료, alternative="two.sided")

▷ wilcox.test(sleep$extra ~ sleep$group, alternative="two.sided")

```
Console  Terminal ×  Jobs ×
D:/SAMPLE/R/
> wilcox.test(sleep$extra ~ sleep$group, alternative="two.sided")

        Wilcoxon rank sum test with continuity correction

data:  sleep$extra by sleep$group
W = 25.5, p-value = 0.06933
alternative hypothesis: true location shift is not equal to 0
```

위 그림의 윌콕슨의 순위합 검정의 결과를 보면, 유의확률이 0.06933으로 나타나 유의수준 0.05에서 귀무가설을 기각할 수 없다. 즉 두 집단 간의 수면시간에는 통계적으로 유의한 차이는 없다고 할 수 있다.

chapter 14

대응표본 T-검정

14.1. 대응표본의 가설검정

14.2. 정규성 검정

14.3. 대응표본 T-검정

14.4. 윌콕슨의 부호 순위 검정

학습개요

대응표본의 가설검정은 동일한 대상에게 어떤 조치를 하기 전의 사전 데이터와 조치를 한 후의 사후의 데이터 간에 통계적으로 유의한 차이가 있는지를 검정하는 방법이다. 사전과 사후 간의 차이 데이터에 대한 정규성 가정이 만족하면 모수적 방법인 대응표본 T–검정(또는 쌍체비교, paired t–test)를 실시한다. 정규성 가정이 만족하지 않으면 비모수적 방법인 윌콕슨의 부호 순위 검정(Wilcoxon's signed rank test)를 실시한다.

이 장에서는 대응표본 T–검정의 개념을 익히고, 활용할 수 있도록 제시한다. 그리고 비모수적 방법인 윌콕슨의 부호 순위 검정을 활용할 수 있도록 제시한다.

학습목표

- 두 개의 대응되는 표본의 가설검정에 대한 개념을 이해할 수 있다.
- R을 이용하여 대응표본 T–검정(Paired t–test)을 활용할 수 있다.
- R을 이용하여 윌콕슨의 부호 순위 검정(Wilcoxon's signed rank test)을 활용할 수 있다.

14.1. 대응표본의 가설검정

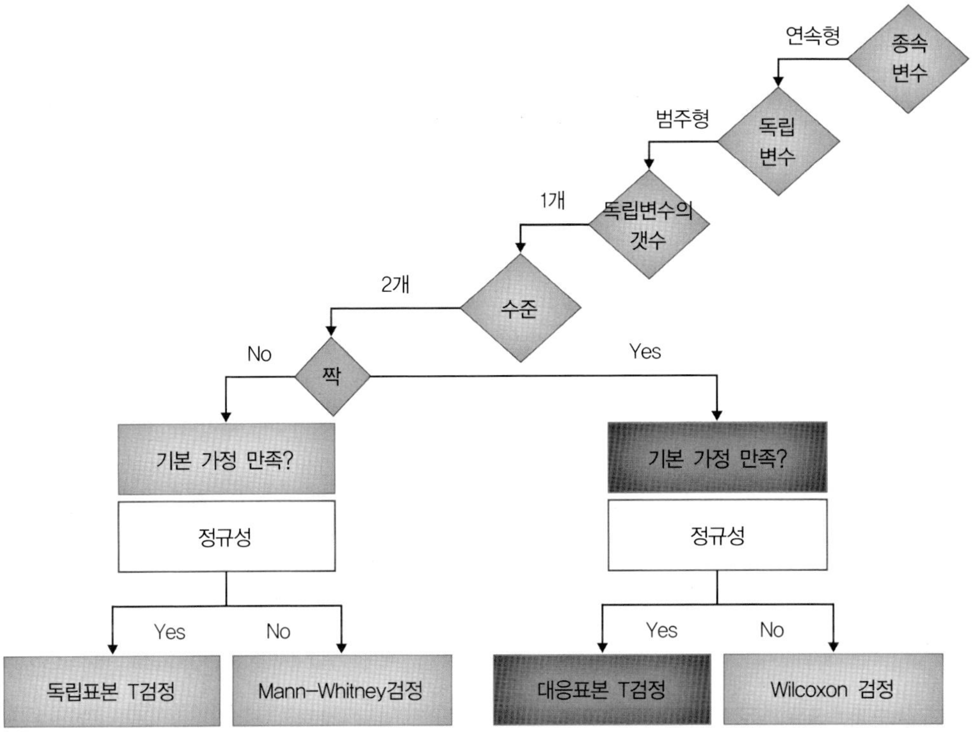

대응표본의 가설검정은 동일한 대상에게 어떤 조치를 하기 전의 사전 데이터와 조치를 한 후의 사후의 데이터 간에 통계적으로 유의한 차이가 있는지를 검정하는 방법이다.

종속변수는 연속형이고, 독립변수는 범주형이다. 독립변수의 갯수는 1개이다. 물론, 종속변수 역시 1개이다. 독립변수는 1개 이지만 수준이 2개로서, 서로 짝을 이루고 있다. 여기에서 T-test와 차이점이 발견된다. T-test는 수준이 2개인건 같지만 서로 짝을 이루지 않고 독립적인 성격을 가진다. 대응표본 T-검정은 기본 가정사항이 "정규성"만 만족하면 된다.

예를 들어, 다이어트를 하기 전과 다이어트를 한 후의 몸무게, 교육을 받기 전과 교육을 받은 후의 성적, 광고를 보기 전과 광고를 본 후의 판매량에 변화가 발생하였는지를 검정한다.

사전과 사후 간의 차이 데이터에 대한 정규성 가정이 만족하면 모수적 방법인 대응표본 T-검정(또는 쌍체비교, paired t-test)를 실시한다. 정규성 가정이 만족하지 않으면 비모수적 방법인 윌콕슨의 부호 순위 검정(Wilcoxon's signed rank test)를 실시한다.

14.2. 정규성 검정

(1) 예제

자동차에 첨가제를 넣은 경승용차와 넣지 않은 경승용차의 리터당 평균 주행거리를 비교하고자 한다. 첨가제를 넣은 경승용차의 리터당 평균 주행거리 간에 차이가 있는지 주행거리 실험 결과이다. 유의수준 5%에서 검정하여 보자.

▷ id = 1:6

▷ before = c(16.5, 18.0, 14.1, 17.8, 15.3, 14.8)

▷ after = c(16.1, 19.0, 18.4, 15.3, 17.3, 16.8)

▷ running = data.frame(id, before, after)

▷ running

```
Console  Terminal ×  Jobs ×
D:/SAMPLE/R/
> id = 1:6
> before = c(16.5, 18.0, 14.1, 17.8, 15.3, 14.8)
> after = c(16.1, 19.0, 18.4, 15.3, 17.3, 16.8)
> running = data.frame(id, before, after)
> running
  id before after
1  1   16.5  16.1
2  2   18.0  19.0
3  3   14.1  18.4
4  4   17.8  15.3
5  5   15.3  17.3
6  6   14.8  16.8
```

(2) 정규성 검정

▷ running_df 〈- (running$before - running$after)

▷ shapiro.test(running_df)

```
Console   Terminal ×   Jobs ×
D:/SAMPLE/R/
> running_df <- (running$before - running$after)
> shapiro.test(running_df)

        Shapiro-Wilk normality test

data:  running_df
W = 0.97364, p-value = 0.9159
```

위 그림의 running의 before와 after의 차이인 diff에 대한 정규성 검정 결과를 보면, 유의확률이 0.916으로 나타나 유의수준 0.05에서 귀무가설을 기각할 수 없다. 즉 diff 데이터는 정규성 가정을 만족한다.

정규성 가정이 만족함으로 대응표본 T검정(또는 쌍체비교)을 실시하면 된다. 하지만 정규성 가정이 만족하지 않으면 윌콕슨의 부호 순위 검정을 실시한다.

14.3. 대응표본 T-검정

두 집단의 양적 자료에 대해 각각 정규성 가정이 깨지면 비모수적 방법인 윌콕슨의 순위합 검정(Wilcoxon's rank sum test)을 사용한다.

- 귀무가설 : 첨가제를 넣기 전과 넣은 후의 리터당 평균 주행거리 같다.
- 대립가설 : 첨가제를 넣기 전과 넣은 후의 리터당 평균 주행거리 같지 않다.

▶ t.test(사전, 사후, alternative="less", paired=TRUE)

▷ t.test(running$before, running$after, alternative="less", paired=TRUE)

```
Console  Terminal ×  Jobs ×
D:/SAMPLE/R/
> t.test(running$before, running$after, alternative="less", paired=TRUE)

        Paired t-test

data:  running$before and running$after
t = -1.1228, df = 5, p-value = 0.1563
alternative hypothesis: true difference in means is less than 0
95 percent confidence interval:
      -Inf 0.8475704
sample estimates:
mean of the differences
              -1.066667
```

첨가제에 따른 주행거리에 대한 대응표본 T검정(또는 쌍체비교) 결과를 보면, 유의확률이 0.1563으로 나타나 유의수준 0.05에서 첨가제를 넣기 전과 후는 평균 주행거리에 통계적으로 유의한 차이는 없다고 할 수 있다. 즉 주행거리를 위한 첨가제는 통계적으로 효과가 없었다고 할 수 있다.

14.4 윌콕슨의 부호 순위 검정

- 귀무가설 : 첨가제를 넣기 전과 넣은 후의 리터당 평균 주행거리 같다.
- 대립가설 : 첨가제를 넣기 전과 넣은 후의 리터당 평균 주행거리 같지 않다.

▶ wilcox.test(사전, 사후, alternative="less", paired=TRUE)

▷ wilcox.test(running$before, running$after, alternative="less", paired=TRUE)

```
Console  Terminal ×  Jobs ×
D:/SAMPLE/R/
> wilcox.test(running$before, running$after, alternative="less", paired=TRUE)

	Wilcoxon signed rank test with continuity correction

data:  running$before and running$after
V = 6, p-value = 0.2002
alternative hypothesis: true location shift is less than 0
```

첨가제에 따른 주행거리에 대한 윌콕슨의 부호 순위 검정 결과를 보면, 유의확률이 0.2002로 나타나 유의수준 0.05에서 첨가제를 넣기 전과 후는 평균 주행거리에 통계적으로 유의한 차이는 없다고 할 수 있다. 즉 주행거리를 위한 첨가제는 통계적으로 효과가 없었다고 할 수 있다.

chapter 15

분산분석

학습개요

분산분석이란 명목척도로 측정된 독립변수와 등간 또는 비율척도로 측정된 종속변수 사이와 관계를 연구하는 통계기법이다. 분산분석은 둘 이상의 집단들간에 어떤 변수의 평균점수에 차이가 있는지를 검정하는 것으로 하나의 범주형 독립변수와 종속변수간의 관계를 분석하는 일원분산분석과 둘 이상의 독립변수들을 함께 고려했을 때 이들이 종속변수에 미치는 효과를 분석하는 이원분산분석으로 분류할 수 있다.

이 장에서는 분산분석의 개념을 이해할 수 있도록 제시한다. 그리고 R을 이용하여 분산분석과 Kruskal-Wallis 검정을 활용할 수 있도록 제시한다.

학습목표

- 분산분석의 개념을 이해할 수 있다.
- R을 이용하여 분산분석(ANOVA)을 활용할 수 있다.
- R을 이용하여 Kruskal-Wallis를 활용할 수 있다.

15.1. 분산분석의 개념 및 원리

① 개념

분산분석이란 명목척도로 측정된 독립변수와 등간 또는 비율척도로 측정된 종속변수 사이와 관계를 연구하는 통계기법이다. 분산분석은 둘 이상의 집단들간에 어떤 변수의 평균점수에 차이가 있는지를 검정하는 것으로 하나의 범주형 독립변수와 종속변수간의 관계를 분석하는 일원분산분석과 둘 이상의 독립변수들을 함께 고려했을 때 이들이 종속변수에 미치는 효과를 분석하는 이원분산분석으로 분류할 수 있다.

각 집단에 대한 정규성 가정이 만족이 되면 모수적 방법인 분산분석(ANOVA : Analysis of variance)을 실시하고, 정규성 가정이 만족하지 않으면 비모수적 방법인 Kruskal-Wallis를 실시한다.

여기서 사용하는 데이터는 R의 기본 기능에서 제공하는 InsectSprays를 사용한다.

InsectSprays에는 살충제의 종류를 나타내는 spray와 살충제를 살포했을 때에 죽은 곤충의 개체수를 나타내는 count로 구성되어 있다.

② 원리

분산분석을 하기 위해서는 각 표본들이 정규집단으로부터 나온 것이며, 이들 각 모집단은 똑같은 분산(σ2)을 갖는다는 것을 가정하고 있다. 여기서 충분한 정도의 표본 크기라면 정규성의 가정은 불필요하다. 분산분석은 다음과 같은 세 가지 단계로 분석이 진행 된다.

첫째, 표본 평균간의 분산으로부터 모집단 분산의 첫 번째 추정치를 결정한다.

둘째, 표본내 분산으로부터 모집단 분산의 두 번째 추정치를 결정한다.

셋째, 두 추정치를 비교한다(유사한 값을 가지면 귀무가설이 채택된다).

일원분산분석은 통상 명목척도로 구성된 독립변수와 등간척도 이상으로 구성된 종속변수의 수가 각각 하나씩 있는 경우에 사용하는 분석 방법이다. 분산분석을 적용하기 전에 각 집단의 특성과 관련하여 다음과 같은 전제조건들이 충족되는지를 검토해야 한다.

첫째, 독립성 : 각 집단은 서로 독립적이어야 한다.

둘째, 정규성 : 각 집단은 정규분포를 이루어야 한다.

셋째, 불편성 : 각 집단별 분산의 정도가 비슷해야 한다.

15.2. 일원분산분석

① 예제

어떤 제품의 내마모성을 향상시키기 위해 제품의 원료에서 첨가제를 넣은 것과 넣지 않은 3종류의 제품을 만들어 마모상태를 조사하고자 한다.

이 때 A는 첨가제를 넣지 않은 것이고, B는 첨가제를 1% 넣은 것이고, C는 첨가제를 2% 넣은 것이다.

다음은 이러한 조건하에서 제품을 4개씩 만들어 같은 조건하에서 마모시험을 통하여 마모량(mg)을 조사한 결과이다. 분석분석표를 작성하고, 세 가지 방법에 의한 제품의 내마모성에 차이가 있는지를 유의수준 5%에서 검정하여 보자.

처리	제품
A	16, 18, 20, 17
B	10, 12, 16, 13
C	8, 10, 9, 11

- 귀무가설 : 첨가제 1/2/3에 따라서 내마모성에 차이가 없다(등분산).
- 대립가설 : 첨가제 1/2/3에 따라서 내마모성에 차이가 있다(이분산).

```
▷ y1 <- c(16, 18, 20, 17)
▷ y2 <- c(10, 12, 16, 13)
▷ y3 <- c(8, 10, 9, 11)
▷ y <- c(y1, y2, y3)
▷ y
▷ n <- rep(4, 3)
▷ n
▷ group <- rep(1:3, n)
▷ group
▷ group_df <- data.frame(y, group)
▷ group_df
```

```
Console  Terminal ×  Jobs ×
D:/SAMPLE/R/
> y1 <- c(16, 18, 20, 17)
> y2 <- c(10, 12, 16, 13)
> y3 <- c(8, 10, 9, 11)
>
> y <- c(y1, y2, y3)
> y
 [1] 16 18 20 17 10 12 16 13  8 10  9 11
> n <- rep(4, 3)
> n
[1] 4 4 4
> group <- rep(1:3, n)
> group
 [1] 1 1 1 1 2 2 2 2 3 3 3 3
> group_df <- data.frame(y, group)
> group_df
    y group
1  16     1
2  18     1
3  20     1
4  17     1
5  10     2
6  12     2
7  16     2
8  13     2
9   8     3
10 10     3
11  9     3
12 11     3
```

▷ sapply(group_df, class)

▷ group_df <- transform(group_df, group = factor(group))

▷ sapply(group_df, class)

▷ attach(group_df)

```
Console  Terminal ×  Jobs ×
D:/SAMPLE/R/
> sapply(group_df, class)
        y     group
"numeric" "integer"
>
> group_df <- transform(group_df, group = factor(group))
> sapply(group_df, class)
        y     group
"numeric"  "factor"
> attach(group_df)
The following objects are masked _by_ .GlobalEnv:

    group, y
```

```
▷ boxplot(y ~ group,
+         main = "3종류 제품 마모상태 조사 1/2/3",
+         xlab = "처리 상태 1/2/3",
+         ylab = "첨가제")
```

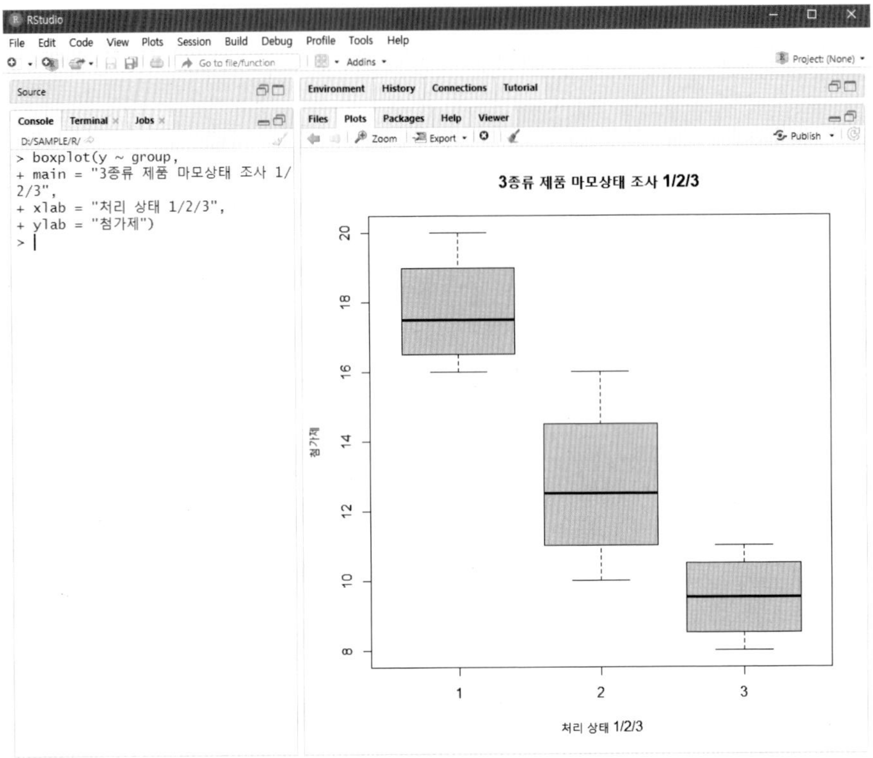


```
▷ tapply(y, group, summary)
```

```
> tapply(y, group, summary)
$`1`
   Min. 1st Qu.  Median    Mean 3rd Qu.    Max. 
  16.00   16.75   17.50   17.75   18.50   20.00 

$`2`
   Min. 1st Qu.  Median    Mean 3rd Qu.    Max. 
  10.00   11.50   12.50   12.75   13.75   16.00 

$`3`
   Min. 1st Qu.  Median    Mean 3rd Qu.    Max. 
   8.00    8.75    9.50    9.50   10.25   11.00 
```

▷ aov(y ~ group, data = group_df)

```
Console  Terminal ×  Jobs ×
D:/SAMPLE/R/
> aov(y ~ group, data = group_df)
Call:
   aov(formula = y ~ group, data = group_df)

Terms:
                   group Residuals
Sum of Squares  138.1667   32.5000
Deg. of Freedom        2         9

Residual standard error: 1.900292
Estimated effects may be unbalanced
```

▷ summary(aov(y ~ group, data = group_df))

```
Console  Terminal ×  Jobs ×
D:/SAMPLE/R/
> summary(aov(y ~ group, data = group_df))
            Df Sum Sq Mean Sq F value   Pr(>F)
group        2  138.2   69.08   19.13 0.000574 ***
Residuals    9   32.5    3.61
---
Signif. codes:  0 '***' 0.001 '**' 0.01 '*' 0.05 '.' 0.1 ' ' 1
```

▷ bartlett.test(y ~ group, data = group_df)

```
Console  Terminal ×  Jobs ×
D:/SAMPLE/R/
> bartlett.test(y ~ group, data = group_df)

        Bartlett test of homogeneity of variances

data:  y by group
Bartlett's K-squared = 1.145, df = 2, p-value = 0.5641
```

일원분산분석(one-way ANOVA) 결과 검정통계량 F-value가 19.13으로 나왔으며, P-value 값은 '0.000574'로 0.05보다 작으므로 유의수준 10%에서 귀무가설을 기각된다. 대립가설을 채택하게 되어 "첨가제 1/2/3에 따라서 내마모성에 차이가 있다"라고 판단할 수 있다.

세 집단에 대한 가설검정을 하기 위해서는 by() 함수를 사용하며, 사용 방법은 다음과 같다. by() 함수에 들어가는 첫 번째 데이터는 양적 자료이어야 하고, 두 번째 데이터는 집단을 의미하는 질적 자료가 들어가야 한다.

▶ by(데이터명$변수명, 데이터명$변수명, shapiro.test)

▷ by(group_df$y, group_df$group, shapiro.test)

```
Console  Terminal ×  Jobs ×
D:/SAMPLE/R/
> by(group_df$y, group_df$group, shapiro.test)
group_df$group: 1

	Shapiro-Wilk normality test

data:  dd[x, ]
W = 0.97137, p-value = 0.85

---------------------------------------
group_df$group: 2

	Shapiro-Wilk normality test

data:  dd[x, ]
W = 0.98152, p-value = 0.9109

---------------------------------------
group_df$group: 3

	Shapiro-Wilk normality test

data:  dd[x, ]
W = 0.99291, p-value = 0.9719
```

- 귀무가설 : 각 집단의 내마모성은 정규분포를 따른다.
- 대립가설 : 각 집단의 내마모성은 정규분포를 따르지 않는다.

위 그림의 정규성 검정의 결과를 보면, 각각 유의확률이 0.85, 0.9109, 0.9719 이므로 유의수준 0.05에서 각 집단의 내마모성은 정규분포를 따른다고 가정할 수 있다.

15.3 분산분석

예제

3곳의 자동차회사에서 생산한 경승용차의 리터당 평균 주행거리를 비교하고자 한다. 〈표〉는 같은 조건하에서 실시한 주행거리 실험 결과이다. 3곳의 자동차회사에서 생산한 경승용차의 리터당 평균 주행거리 간에 차이가 있는지 유의수준 5%에서 검정하여 보자.

A자동차	16.5 18.0 14.1 17.8
B자동차	15.3 14.8 16.1 16.8
C자동차	19.0 18.4 15.3 17.3

▷ y1 〈− c(16.5, 18.0, 14.1, 17.8)

▷ y2 〈− c(15.3, 14.8, 16.1, 16.8)

▷ y3 〈− c(19.0, 18.4, 15.3, 17.3)

▷ y 〈− c(y1, y2, y3)

▷ y

▷ n 〈− rep(4, 3)

▷ n

```
Console  Terminal ×  Jobs ×
D:/SAMPLE/R/
> y1 <- c(16.5, 18.0, 14.1, 17.8)
> y2 <- c(15.3, 14.8, 16.1, 16.8)
> y3 <- c(19.0, 18.4, 15.3, 17.3)
> y <- c(y1, y2, y3)
> y
 [1] 16.5 18.0 14.1 17.8 15.3 14.8 16.1 16.8 19.0 18.4 15.3 17.3
> n <- rep(4, 3)
> n
[1] 4 4 4
```

▷ group 〈− rep(1:3, n)

▷ group

▷ group_df 〈− data.frame(y, group)

▷ group_df

```
Console  Terminal ×  Jobs ×
D:/SAMPLE/R/
> group <- rep(1:3, n)
> group
 [1] 1 1 1 1 2 2 2 2 3 3 3 3
> group_df <- data.frame(y, group)
> group_df
      y group
1  16.5     1
2  18.0     1
3  14.1     1
4  17.8     1
5  15.3     2
6  14.8     2
7  16.1     2
8  16.8     2
9  19.0     3
10 18.4     3
11 15.3     3
12 17.3     3
```

- 귀무가설 : 경승용차의 종류(A~C)에 따라 평균 주행거리 차이가 없다.
- 대립가설 : 경승용차의 종류에 따라 평균 주행거리 차이가 있다.

▶ 분산분석결과물 = aov(양적 자료 ~ 질적 자료, data=데이터명)

▶ summary(분산분석결과물)

▷ result = aov(y ~ group, data=group_df)

▷ summary(result)

```
D:/SAMPLE/R/
> result = aov(y ~ group, data=group_df)
> summary(result)
            Df Sum Sq Mean Sq F value Pr(>F)
group        1   1.62   1.620   0.663  0.434
Residuals   10  24.44   2.444
```

위 그림의 분산분석의 결과를 보면, 유의확률이 0.434이므로 유의수준 0.05에서 귀무가설인 "경승용차의 종류(A~C)에 따라 평균 주행거리 차이가 없다." 라는 귀무가설을 채택한다.

예제

살충제의 종류(A~F)에 따라 살충효과를 비교하고자 한다.

- 귀무가설 : 살충제의 종류(A~F)에 따라 살충효과는 없다.
- 대립가설 : 살충제의 종류에 따라 살충효과가 있다.

▶ 분산분석결과물 = aov(양적 자료 ~ 질적 자료, data=데이터명)

▶ summary(분산분석결과물)

▷ result = aov(count ~ spray, data=InsectSprays)

▷ summary(result)

```
Console   Terminal ×   Jobs ×
D:/SAMPLE/R/
> result = aov(count ~ spray, data=InsectSprays)
> summary(result)
            Df Sum Sq Mean Sq F value Pr(>F)    
spray        5   2669   533.8    34.7 <2e-16 ***
Residuals   66   1015    15.4                   
---
Signif. codes:  0 ‘***’ 0.001 ‘**’ 0.01 ‘*’ 0.05 ‘.’ 0.1 ‘ ’ 1
```

위 그림의 분산분석의 결과를 보면, 유의확률이 0.000이므로 유의수준 0.05에서 대립가설인 “살충제의 종류에 따라 살충효과가 있다” 라는 대립가설을 채택한다. 분산분석의 결과로 대립가설이 채택되면 다중비교(multiple comparisons, 또는 사후분석이라고 함)를 해서 어느 살충제 간에 차이가 있는지를 확인한다.

참고로 다중비교를 사후분석이라고도 한다. 다중비교의 방법으로 Tukey, Duncan, Scheffe, Bonferroni, Dunnett 방법들이 있다. 여기서는 TukeyHSD() 함수를 사용한다.

▶ TukeyHSD(분산분석 결과물)

▷ TukeyHSD(result)

```
> TukeyHSD(result)
  Tukey multiple comparisons of means
    95% family-wise confidence level

Fit: aov(formula = count ~ spray, data = InsectSprays)

$spray
           diff        lwr       upr     p adj
B-A   0.8333333  -3.866075  5.532742 0.9951810
C-A -12.4166667 -17.116075 -7.717258 0.0000000
D-A  -9.5833333 -14.282742 -4.883925 0.0000014
E-A -11.0000000 -15.699409 -6.300591 0.0000000
F-A   2.1666667  -2.532742  6.866075 0.7542147
C-B -13.2500000 -17.949409 -8.550591 0.0000000
D-B -10.4166667 -15.116075 -5.717258 0.0000002
E-B -11.8333333 -16.532742 -7.133925 0.0000000
F-B   1.3333333  -3.366075  6.032742 0.9603075
D-C   2.8333333  -1.866075  7.532742 0.4920707
E-C   1.4166667  -3.282742  6.116075 0.9488669
F-C  14.5833333   9.883925 19.282742 0.0000000
E-D  -1.4166667  -6.116075  3.282742 0.9488669
F-D  11.7500000   7.050591 16.449409 0.0000000
F-E  13.1666667   8.467258 17.866075 0.0000000
```

Tukey의 HSD 방법을 이용한 다중비교 결과를 보면, C와 A, D와 A, E와 A, C와 B, D와 B, E와 B, F와 C, F와 D, F와 E 살충제 간에 살충 효과가 차이가 있는 것으로 나타났다. C와 A의 결과를 보면 C 살충제를 뿌렸을 때 죽은 평균 곤충의 수에서 A 살충제를 뿌렸을 때 죽은 평균 곤충의 수를 뺀 값이 음수이기 때문에 A 살충제가 C 살충제보다 살충 효과가 더 좋다는 뜻이 된다.

이것을 정리하면 (F=B=A) 〉 (E=D=C)로 표현할 수 있다. (F, B, A) 살충제 간에 차이가 없고, (E, D, C) 살충제 간에도 차이가 없다. 하지만 (F, B, A) 살충제 종류가 (E, D, C) 살충제 종류보다 살충 효과가 통계적으로 높다고 할 수 있다.

15.4 Kruskal-Wallis 검정

- 귀무가설 : 살충제의 종류(A~F)에 따라 살충효과는 없다.
- 대립가설 : 살충제의 종류에 따라 살충효과가 있다.

▶ kruskal.test(양적 자료 ~ 질적 자료, data=데이터명)

▷ kruskal.test(count ~ spray, data=InsectSprays)

```
Console  Terminal ×  Jobs ×
D:/SAMPLE/R/
> kruskal.test(count ~ spray, data=InsectSprays)

        Kruskal-Wallis rank sum test

data:  count by spray
Kruskal-Wallis chi-squared = 54.691, df = 5, p-value = 1.511e-10
```

살충제의 종류에 따라 살충 효과가 있는지에 대한 Kruskal-Wallis rank sum test 결과를 보면, 유의확률이 0.000 이므로 살충제의 종류에 따라 통계적으로 유의한 살충 효과가 있다고 할 수 있다.

chapter 16

상관분석

학습개요

상관계수(Correlation Coefficient)는 두 변수 사이의 선형관계의 정도를 나타내는 측도이다. 산점도는 두 양적 자료 간의 관계를 살펴보기 위해서 작성하는 그래프이다. 가로축(X축)과 세로축(Y축)을 설정한 좌표평면 상에서 각각의 관찰값들을 점이나 문자로 표시하는 방식이다. 상관분석은 두 양적 자료 간의 관련성이 있는지를 검정하는 통계분석 방법이다. 산점도 행렬는 산포도 그래프를 여러 개의 변수 조합별로 그린 행렬형태의 그래프를 말한다.

이 장에서는 상관분석의 개념을 이해할 수 있도록 제시한다. 그리고 R을 이용하여 산점도를 작성할 수 있도록 제시한다. 더불어 R을 이용하여 상관분석을 활용할 수 있도록 제시한다.

학습목표

- 상관분석의 개념을 이해할 수 있다.
- R을 이용하여 산점도를 작성할 수 있다.
- R을 이용하여 상관분석을 활용할 수 있다.

16.1. 상관분석의 개요

상관계수(Correlation Coefficient)는 두 변수 사이의 선형관계의 정도를 나타내는 측도이다. 이러한 상관계수는 −1과 +1 사이의 값을 갖는다. 상관계수의 부호는 두 변수 사이의 증감관계를 나타낸다.

|그림 16−1| 그림에서 왼쪽은 상관계수의 부호가 양(+)인 경우를 나타내며, 오른쪽은 상관계수의 부호가 음(−)인 경우를 나타낸다. 상관계수의 부호가 양(+)일 때에는 변수 X 의 값이 증가함에 따라 변수 Y 의 값도 증가하는 경향을 나타내며, 부호가 음(−)인 경우에는 변수 X 의 값이 증가함에 따라 변수 Y 의 값이 감소하는 경향을 나타낸다. |그림 16−1|과 같은 그림을 산점도(Scatter Plot)라 부르는데, 이는 자료의 양상을 시각적으로 살펴보는데 매우 유용하다.

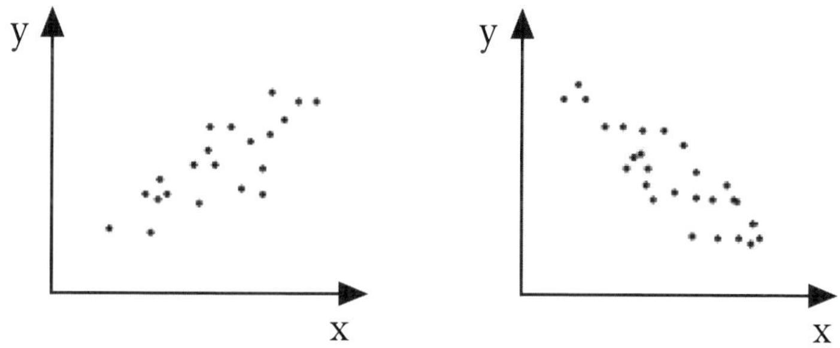

|그림 16−1| 상관계수의부호

상관계수의 절대값의 크기는 직선의 주변에 자료가 어느 정도 집중되어 있는지를 나타낸다. |그림 16−2|의 왼쪽은 상관계수의 절대값의 크기가 0.8로 직선의 주변에 자료가 집중되는 정도가 80%임을 의미하고, 오른쪽은 상관계수의 절대값의 크기가 1로 직선의 주변에 자료가 집중되는 정도가 100%임(직선 위에 자료들이 모두 놓여 있음)을 의미한다. 이러한 상관계수는 Y=aX + b와 같이 X가 한 단위 증가함에 따라 Y가 a증가하는 직선의 기울기와 같이 해석을 하면 안된다. 즉 상관계수의 값 0.8을 X가 한 단위 증가함에 따라 Y가 0.8정도 증가한다는 식으로의 해석은 금물이다. 또한 X와 Y의 상관계수가 0이라고 해서 무조건 X와 Y간에 어떠한 관계도 없다고 할 수도 없다.

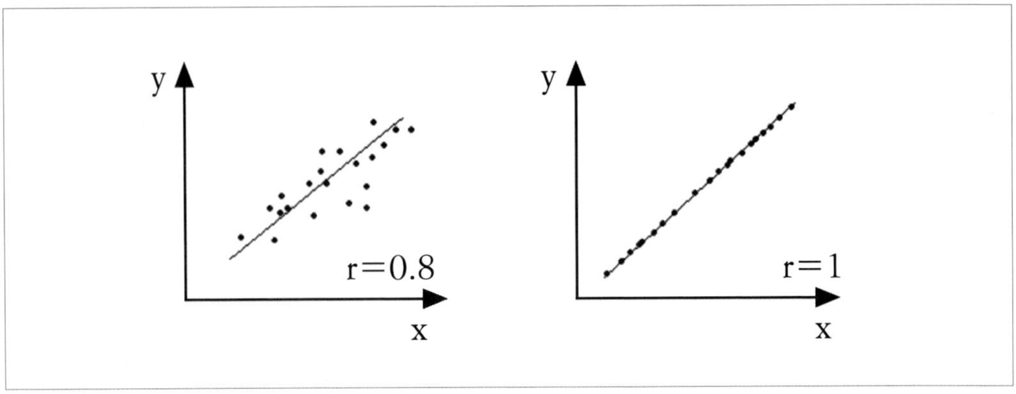

|그림 16-2| 상관계수의 의미

|그림 16-3|은 상관계수가 모두 0인 형태이다. 그림의 왼쪽은 특정한 관계가 없음을 알 수 있지만 그림의 오른쪽은 X 와 Y간에 선형관계는 없지만 2차 곡선의 관계가 있음을 알 수 있다. 그러므로, 상관계수는 두 변수간의 선형집중도의 측도라는 특성을 가지고 있으므로 그 해석을 선형의 범주 내로 제한해야 하고, 상관계수의 절대값이 크다고 해서 두 변수간의 밀접한 인과관계가 있다고 생각해서는 안된다.

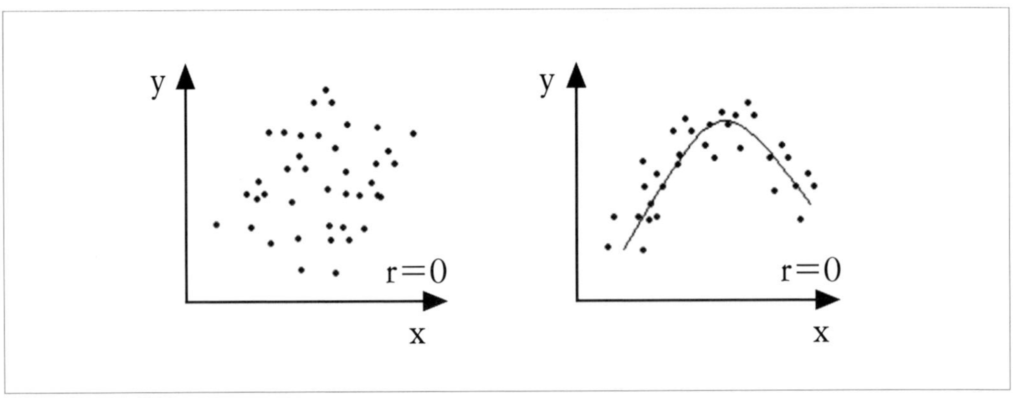

|그림 16-3| 상관계수가 0인경우

16.2. 상관계수

일반적으로 자료는 여러 개의 변수들로 구성되어 있으므로 이러한 자료를 분석할 경우에 연구자들은 주로 변수들 사이의 관계에 관심이 있다. 즉 변수들 사이의 관련성은 있는지, 있다면 그러한 관련성은 통계적으로 유의한지, 또한 변수들간에는 어떤 형식의 관계가 있는지 알고자 한다. 이를 알아보기 위하여 상관계수를 활용한다.

상관계수를 구할 때에는 모수적 방법인 Pearson이 있고, 비모수적 방법에는 Kendall과 Spearman이 있다.

▶ cor(데이터명$변수명, 데이터명$변수명, method=c("pearson", "kendall", "spearman"))

예제

쌍둥이인 남자 어른 9쌍의 키(m)를 조사한 결과이다.

형(x)	1.89 1.77 1.71 1.74 1.92 1.83 1.77 1.77 1.77
아우(y)	1.83 1.77 1.67 1.80 1.86 1.77 1.74 1.80 1.74

▷ elder 〈– c(1.89, 1.77, 1.71, 1.74, 1.92, 1.83, 1.77, 1.77, 1.77)

▷ younger 〈– c(1.83, 1.77, 1.67, 1.80, 1.86, 1.77, 1.74, 1.80, 1.74)

▷ height 〈– data.frame(elder, younger)

▷ cor(height$elder, height$younger, method="pearson")

```
Console  Terminal ×  Jobs ×
D:/SAMPLE/R/
> elder <- c(1.89, 1.77, 1.71, 1.74, 1.92, 1.83, 1.77, 1.77, 1.77)
> younger <- c(1.83, 1.77, 1.67, 1.80, 1.86, 1.77, 1.74, 1.80, 1.74)
> height <- data.frame(elder, younger)
> cor(height$elder, height$younger, method="pearson")
[1] 0.7872601
> |
```

- method에는 "pearson", "kendall", "spearman"이 있으며, pearson은 두 개의 양적 자료가 양적 자료인 경우에 사용하고, kendall과 spearman은 순서형 자료인 경우에 사용한다.
- 쌍둥이의 형과 아우 간의 키에 관한 상관계수가 약 0.787로 나타났다.
- 이것으로 쌍둥이의 형과 아우 간의 키 간에는 매우 높은 상관관계가 있다고 할 수 있다.
- 상관관계분석에서는 상호 관련성의 강도를 피어슨의 상관계수로 판단한다. 피어슨의 상관계수는 칼 피어슨(Karl Pearson)에 의해 최초로 제시되었으며, 변수 X와 또 다른 변수 Y 사이에 존재하는 상호 관련성이 간접적인 선형관계인지, 혹은 직접적인 선형관계인지를 평가하는 계수다.
- 피어슨의 상관계수는 완전 상관일 경우 1.0이며, 이는 변수 X가 1만큼 변화할 때 변수 Y 역시 1만큼 변화하는 기울기를 의미한다. 상관계수가 -1의 값을 갖는 경우는 반비례하는 형태로 음의 완전 상관성을 갖는다고 해석한다.

- 상관계수의 유형

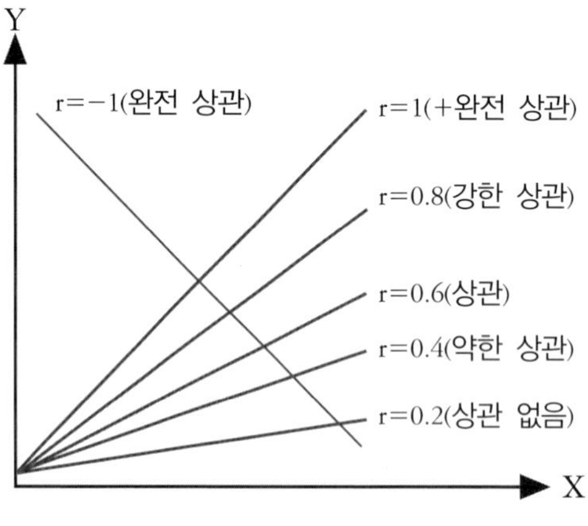

- 통상적으로 피어슨의 계수가 0.8 이상이면 강한 상관관계가 있다고 평가한다. 0.6이면 어느 정도 상관성이 있다고 평가하며, 0.4이면 상관성이 적은 것으로 판단한다. 그 이하이면 상관성이 없는 것으로 본다.

16.3. 산점도

- 산점도(scatter plot, scatter graph, scatter chart, scattergram, scatter diagram)는 두 양적 자료 간의 관계를 살펴보기 위해서 작성하는 그래프이다.
- 가로축(X축)과 세로축(Y축)을 설정한 좌표평면 상에서 각각의 관찰값들을 점이나 문자로 표시하는 방식이다.
- 두 연속형 변수 와 에 대하여 두 변수는 서로 관계가 있는지 확인하고 있다면 어떤 관계가 있는지 알 수 있다.
- 산점도의 관측값들이 직선이나 곡선의 띠를 형성하는지, 또는 특별한 경향없이 무작위로 흩어져있는지 확인할 수 있다.

▶ plot(데이터명$변수명, 데이터명$변수명)

예제

고혈압 환자 10명에 대하여 평균동맥 혈압(mmHg)과 분당 맥박수를 조사한 자료이다. 평균동맥혈압과 맥박수의 표본상관계수 r을 구하고, 모상관계수가 0인가를 유의수준 5%에서 검정하여 보자.

평균 동맥혈압	105 115 116 117 112 121 121 110 110 114
분당 맥박수	63 70 72 73 72 79 78 66 69 70

```
▷ blood <- c(105, 115, 116, 117, 112, 121, 121, 110, 110, 114)

▷ pulse <- c(63, 70, 72, 73, 72, 79, 78, 66, 69, 70)

▷ patient <- data.frame(blood, pulse)

▷ plot(patient$blood, patient$pulse, xlab = "평균 동맥혈압", ylab = "분당 맥박수", main
  = "고혈압 환자 10명에 대한 산점도")
```

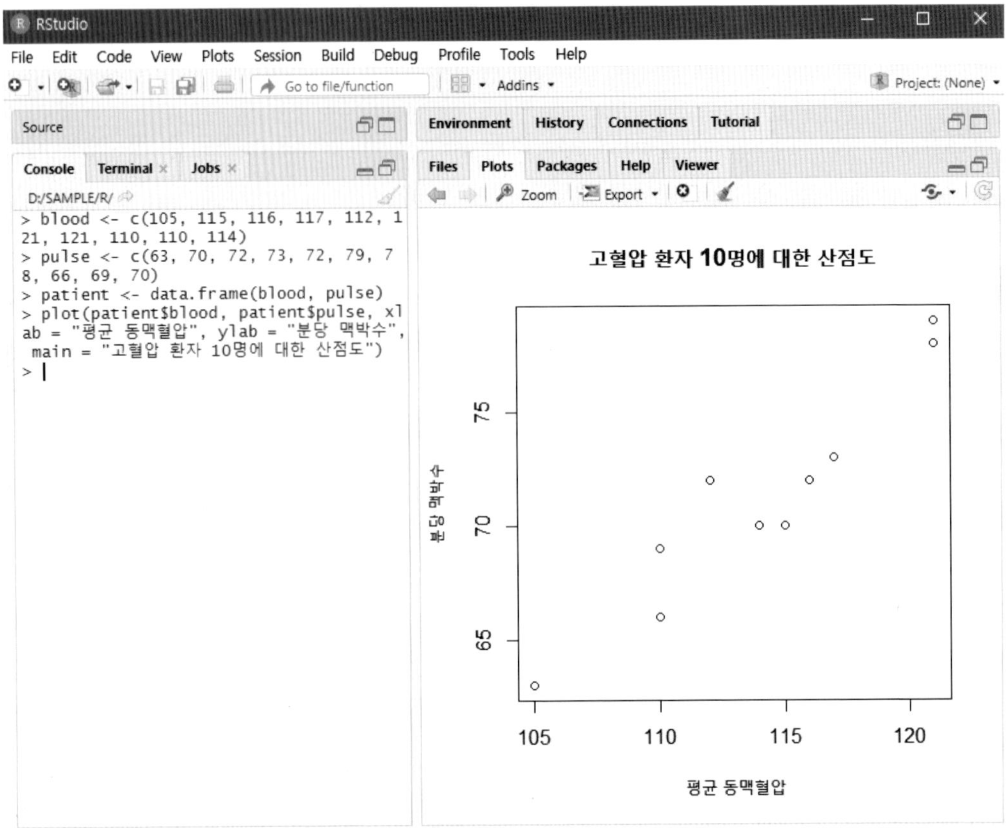

- 위 그림의 산점도를 보면, 평균동맥 혈압(mmHg)이 높아질수록 고혈압 환자의 분당 맥박수는 증가하는 경향을 볼 수 있다.
- 고혈압 환자의 평균동맥 혈압(mmHg)과 분당 맥박수의 관련성 정도를 보기 위해서는 상관계수를 구하면 된다.

16.4. 상관분석

상관분석은 두 양적 자료 간의 관련성(직선의 관계=선형의 관계)가 있는지를 검정하는 통계분석 방법이다.

- 귀무가설 : 두 양적 자료 간에 관련성이 없다.
- 대립가설 : 두 양적 자료 간에 관련성이 있다.

이것을 위해서는 cor.test() 함수를 사용하면 된다. 사용 방법은 다음과 같다.

▶ cor.test(데이터명$변수명, 데이터명$변수명, method=c("pearson", "kendall", "spearman"))

▷ blood <– c(105, 115, 116, 117, 112, 121, 121, 110, 110, 114)

▷ pulse <– c(63, 70, 72, 73, 72, 79, 78, 66, 69, 70)

▷ patient <– data.frame(blood, pulse)

▷ cor.test(patient$blood, patient$pulse, method="pearson")

```
Console   Terminal ×   Jobs ×
D:/SAMPLE/R/
> blood <- c(105, 115, 116, 117, 112, 121, 121, 110, 110, 114)
> pulse <- c(63, 70, 72, 73, 72, 79, 78, 66, 69, 70)
> patient <- data.frame(blood, pulse)
> cor.test(patient$blood, patient$pulse, method="pearson")

        Pearson's product-moment correlation

data:  patient$blood and patient$pulse
t = 8.4972, df = 8, p-value = 2.822e-05
alternative hypothesis: true correlation is not equal to 0
95 percent confidence interval:
 0.7928196 0.9881324
sample estimates:
      cor
0.9488159
```

위 그림의 상관분석 결과를 보면, 유의확률이 거의 0에 가까운 값이므로 유의수준 0.05에서 고혈압 환자의 평균동맥 혈압(mmHg)과 분당 맥박수 간에는 통계적으로 유의한 양의 상관관계가 있다고 할 수 있다. 참고로 유의확률 2.822e-05는 2.822×100000을 의미한다.

① $t=$ 8.4972

$t=$ 8.4972는 아래의 식을 통해서 구해진 값이다. ρ는 모집단의 상관계수이며, 귀무가설이 참일 때의 ρ는 0이다.

$$t=\frac{\gamma-\rho}{\sqrt{\frac{1-\gamma^2}{n-2}}}=\frac{0.9488159-0}{\sqrt{\frac{1-0.9488159}{10-2}}} = 8.4972$$

② df=8

df=8은 자유도이며, n-2 = 10-2 = 8이 되었다. 여기서 n은 표본의 자료개수(또는 표본의 크기)가 된다.

③ $p-value$ = 2.822e-05

$p-value$=2.822e-05는 귀무가설이 참일 때의 t(8)분포에서 표본에서 관찰된 t=8.4972이 얼마나 일어날 수 있는가를 알려주는 값이다. 이 값이 거의 0이므로 표본에서 관찰된 t=8.4972는 귀무가설이 참일 때에 일어날 수 없다는 것이다. 그러므로 대립가설인 고혈압 환자의 평균동맥 혈압(mmHg)과 분당 맥박수 간에는 통계적으로 유의한 상관관계가 있다는 결론을 내린다.

④ alternative hypothesis: true correlation is not equal to 0

대립가설이 무엇으로 설정되었는지를 알려주는 내용으로 두 양적 자료의 상관관계는 0이 아니다 라는 뜻이다. 즉 $\rho \neq 0$이다.

⑤ 95 percent confidence interval: 0.7928196 0.9881324

95% 신뢰구간이며, 신뢰구간의 하한은 0.7928196, 신뢰구간의 상한은 0.9881324이다.

⑥ sample estimates: cor 0.9881324

표본의 상관계수로, 표본에서 수집된 자동차의 속도와 제동거리 간의 관련성 정도를 측정한 값이다. 일반적으로 $\gamma=$ 0.9881324로 표현한다.

16.5. 산점도 행렬

산점도 행렬는 산포도 그래프를 여러 개의 변수 조합별로 그린 행렬형태의 그래프를 말한다. 그래프를 이용하면 변수들끼리의 선형성을 파악하기 용이하기 때문에 탐색적 데이터 분석 때, 거의 빠지지 않고 살펴보는 과정 중 하나이다.

여러 개의 양적 자료에 대한 산점도를 하나의 그래프로 보여주는 것을 산점도 행렬(scatter plot matrix)이라고 한다.

산점도 행렬을 작성하기 위해서는 plot() 함수와 pairs() 함수를 사용하면 된다. 두 함수 안에 데이터 프레임(data frame) 형태로 자료를 지정한다.

▶ plot(data frame) 또는 pairs(data frame)

▷ plot(iris[, 1:4])

▷ pairs(iris[, 1:4])

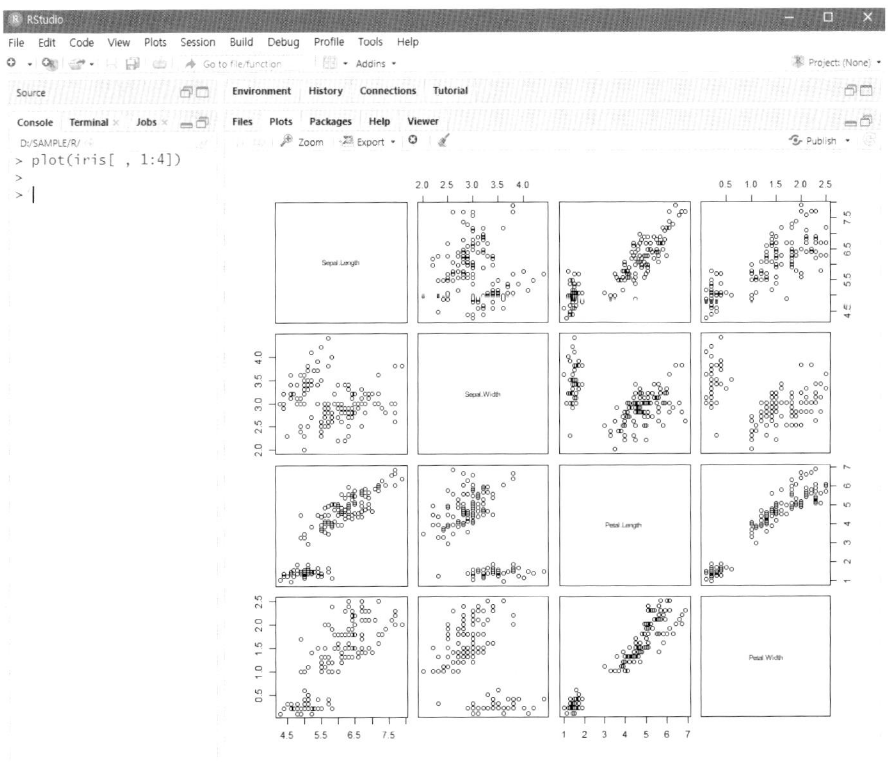

(1) 산점도(scatter plot)

주어진 데이터를 점으로 표시해 흩뿌리듯이 시각화한 그래프

데이터의 실제값들이 표시 되므로 데이터의 분포를 한눈에 살펴보는데 유용하다.

lwd : 선의 굵기

pch : 점의 종류

cex : 점의 크기

type	lty : 선의 유형 (1~6)
p : 점 l : 선 b : 점,선 o : 점위의 선 h : 수직선 s : 계단형 n : 나타나지 않음	0 : 그리지 않음 1 : 실선(기본값) 2 : 대시 3 : 점 4 : 점과 대시 5 : 긴 대시 6 : 두 개의 대시

예제

height	58 59 60 61 62 63 64 65 66 67 68 69 70 71 72
weight	115 117 120 123 126 129 132 135 139 142 146 150 154 159 164

```
▷ height <- scan()

58 59 60 61 62 63 64 65 66 67 68 69 70 71 72

▷ weight <- scan()

115 117 120 123 126 129 132 135 139 142 146 150 154 159 164

▷ df <- data.frame(height, weight)
```

# 기본 사용법 ▷plot(df)	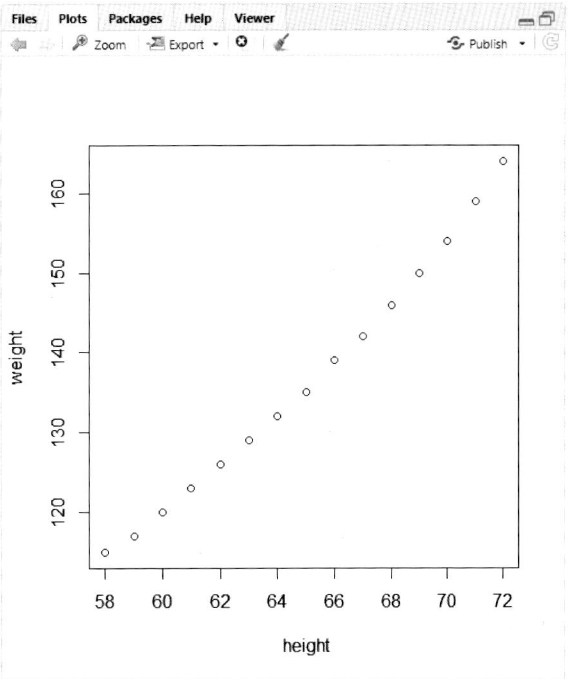

# 컬럼을 지정해서 출력 ▷plot(df$height)	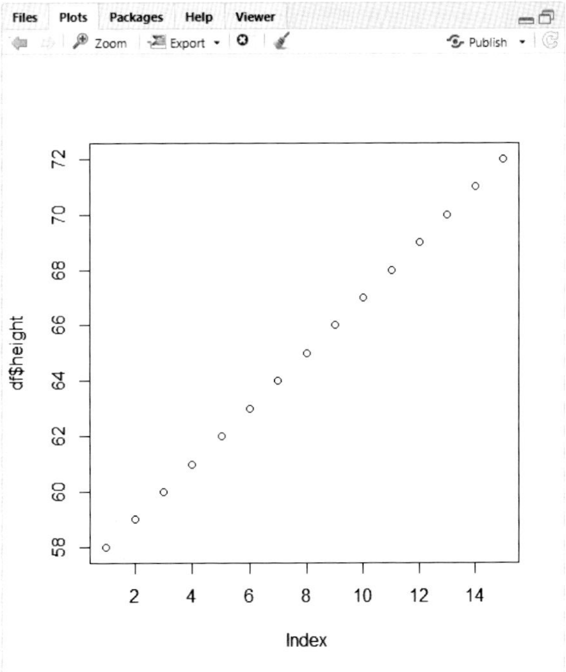

여러가지 옵션 사용해보기
▷plot(x=df$height, y=df$weight, xlab="키",ylab="몸무게", main="여성 70년대 기준", type='p', lty=4, lwd=2, pch=23)

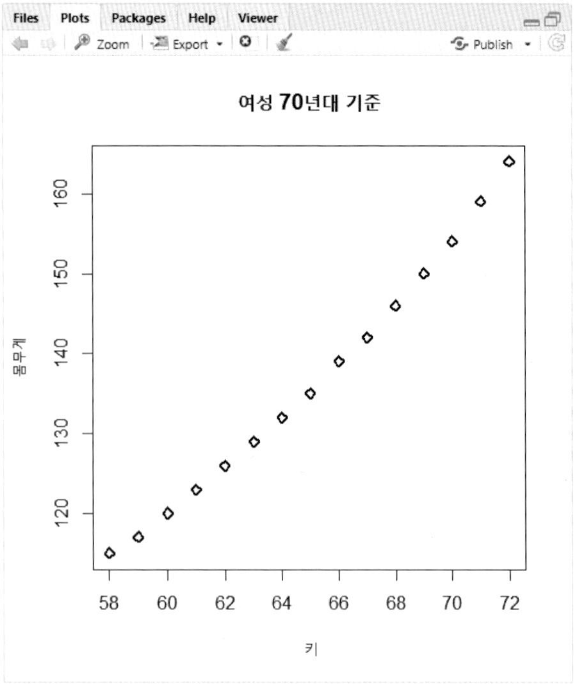

자동으로 축 표시
▷plot(df$weight, type='o', lwd=1, xlab="", ylab="",col='violet', ylim=c(110,170),axes=T)

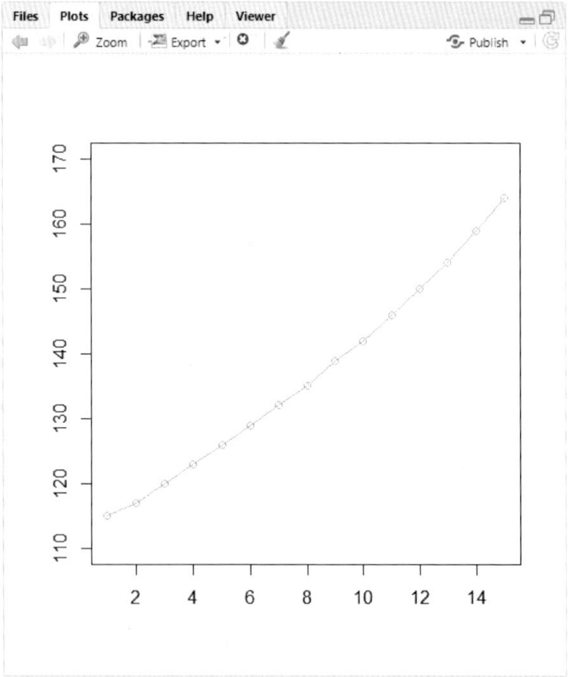

\# 축 직접 표시하기

```
▷ plot(df$weight,
    type='o', lwd=1,
    xlab="", ylab="",col='violet',
    ylim=c(110,170),axes=F)
axis(1,las=2, at=1:15,
labels=df$weight)
axis(2,las=1)
```

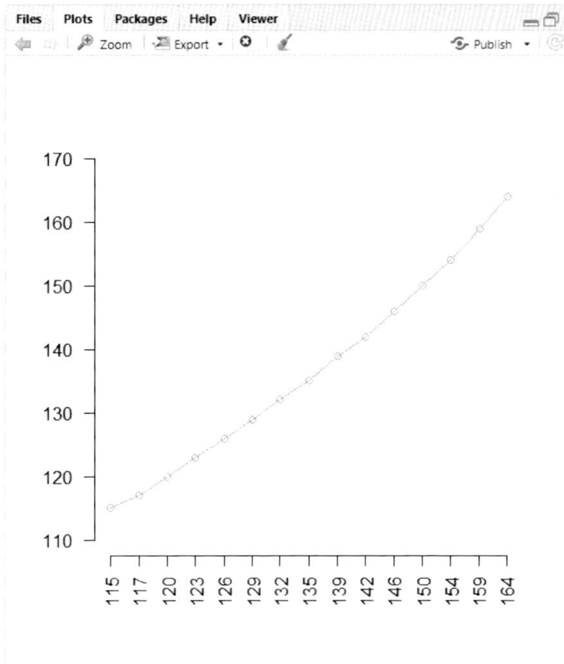

\# 축의 라벨을 직접 써주려면 x축, y축을 지정해서 그리면 안된다.

```
▷ plot(x=df$height, y=df$weight,
    type='o', lwd=1,
    xlab="", ylab="",col='violet',
    ylim=c(110,170),axes=F)

axis(1,las=2, at=1:15,labels=df$weight)
axis(2,las=1)
```

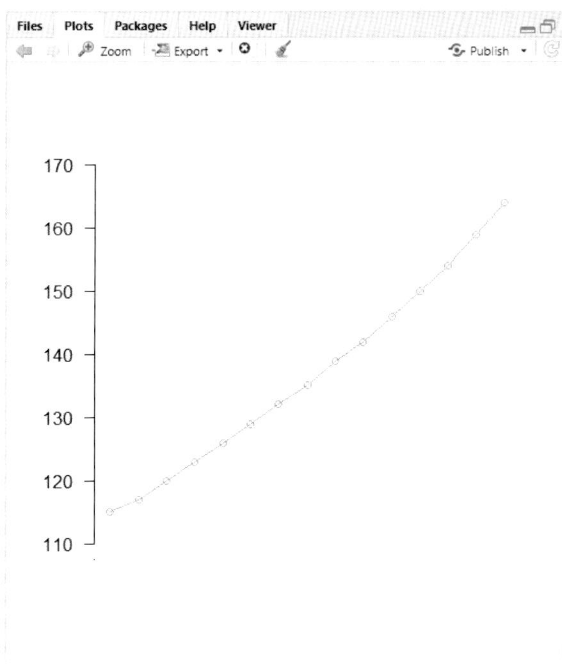

(2) 산점도 행렬 해석

❑ 산점도 행렬을 해석하려면 다음 단계를 수행한다.

- 1단계 : 모형 관계 검색 및 강도 평가
- 2단계 : 그룹 관련 패턴 확인
- 3단계 : 다른 패턴 찾기

① 1단계 : 모형 관계 검색 및 강도 평가

변수 쌍 사이의 모형 관계를 찾아본다. 어느 모형 관계가 데이터에 가장 적합한지 확인하고 관계의 강도를 평가한다. 모형이 데이터에 적합한 경우 해당 모형에 대한 회귀 방정식을 사용하여 데이터를 설명할 수 있다.

❑ 관계 유형

다음 예에는 회귀 적합선을 사용하여 모형화할 수 있는 다양한 유형의 관계가 있다. 데이터가 모형에 적합한 것으로 보이면 회귀 분석을 사용하여 모형을 조사할 수 있다.

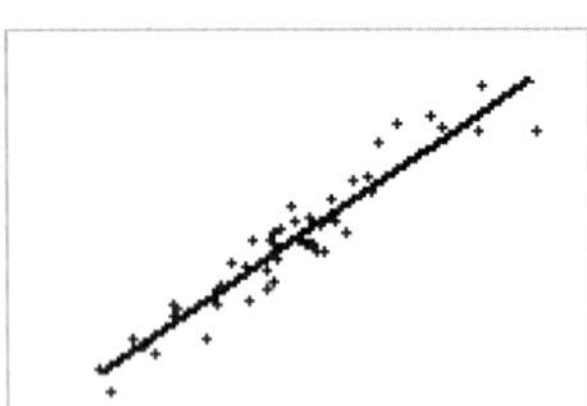

선형 : 양

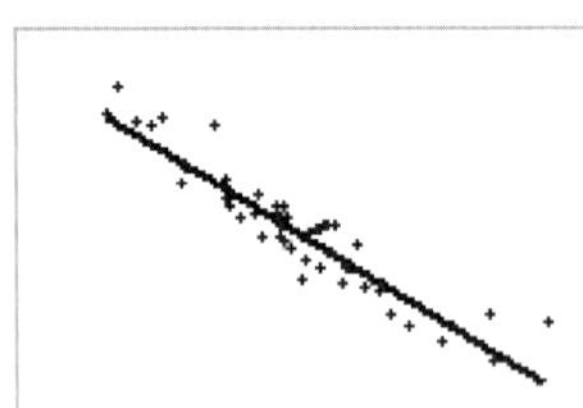

선형 : 음

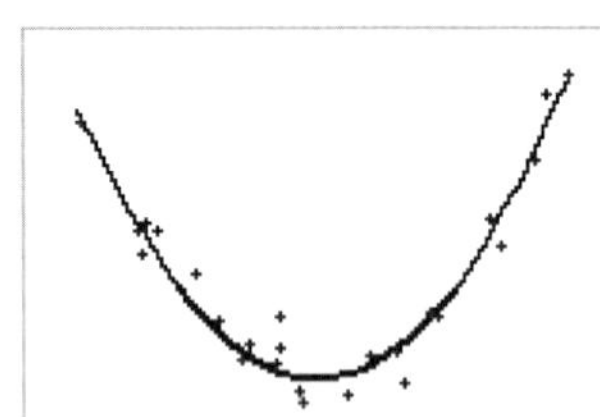

곡선 : 2차

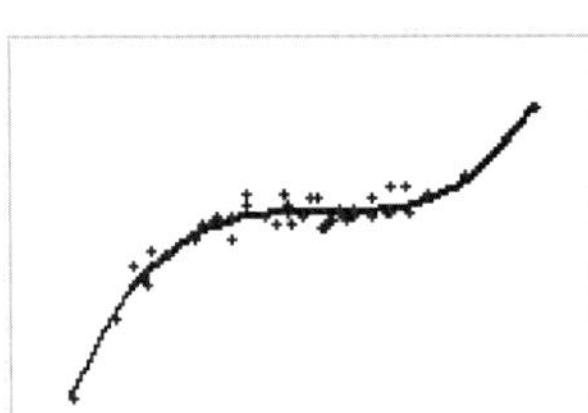

곡선 : 3차

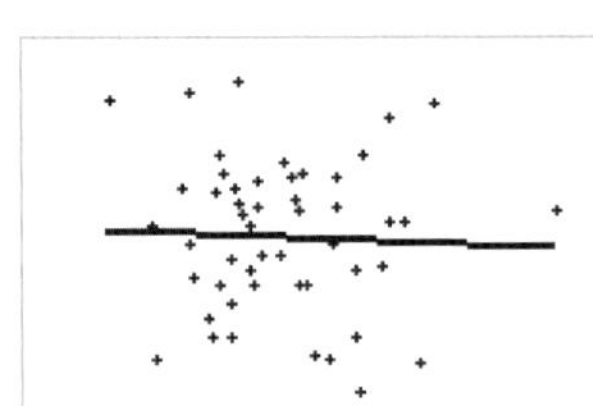

아무런 관계도 없음

❑ 관계의 강도

데이터가 모형에 얼마나 가깝게 적합하는지 평가하여 X와 Y 간 관계의 강도를 추정한다. 관계가 강하면 회귀 방정식이 데이터를 정확하게 모형화한다. 적합 회귀선이 있으면 적합 회귀선 위에 포인터를 놓아 회귀 방정식과 R-제곱 값을 표시한다. R-제곱 값이 클수록 회귀 방정식이 데이터를 더 정확하게 모형화한다. 선형(직선) 관계의 강도를 수량화하려면 상관 분석을 사용한다.

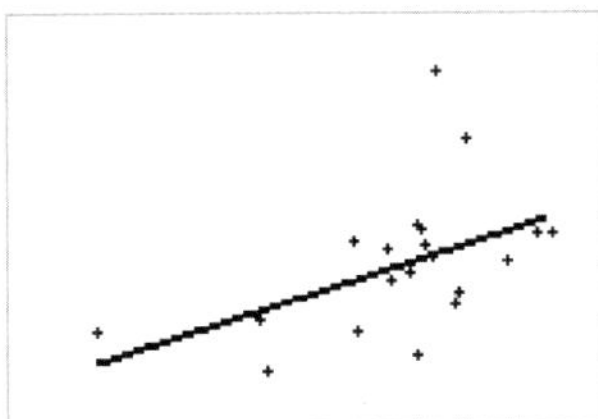	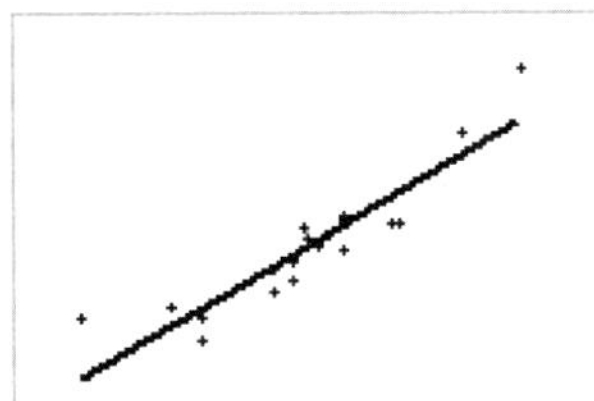
약한 관계	강한 관계

② **2단계 : 그룹 관련 패턴 확인**

산점도 행렬에 그룹이 있는 경우 그룹 관련 패턴을 찾아볼 수 있다. 관측치 그룹 간 x-y 관계의 차이를 확인한다. 그래프에 그룹화 변수를 포함하지 않더라도 의미 있는 그룹을 식별할 수 있다. 의미 있는 그룹을 찾으면 데이터를 더 정확하게 설명할 수 있다.

❑ 다음 그래프는 그룹 관련 패턴의 예이다.

• 기울기가 서로 다른 그룹

그룹의 기울기가 가파를수록 x-값의 변화가 y-값의 더 큰 변화와 연관된다.

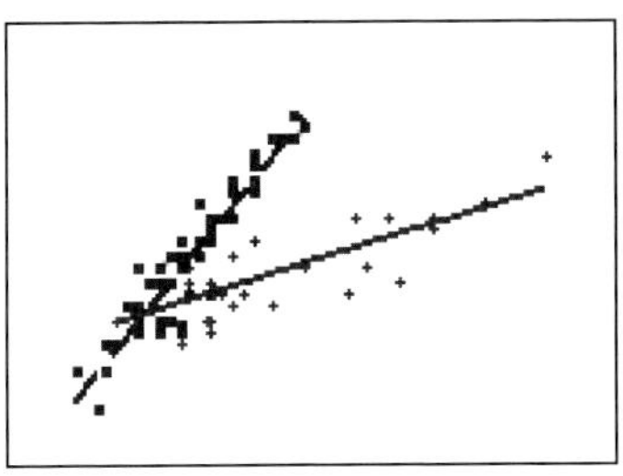

• 위치가 서로 다른 그룹

한 그룹의 특정 각 x-값에 대한 y-값이 다른 그룹보다 일관되게 더 높다.

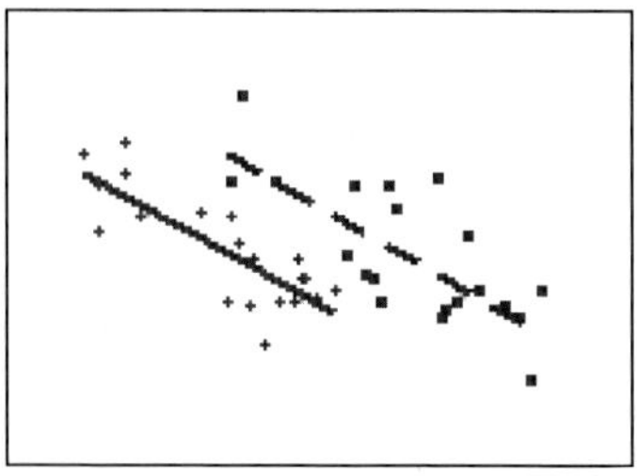

• 군집의 그룹

이 산점도의 세 군집은 세 그룹을 나타낸다.

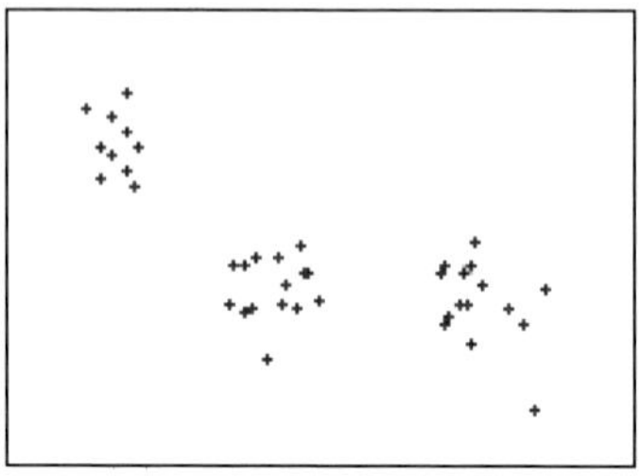

• 그룹 관련 패턴 없음

이 두 그룹은 서로 다른 것으로 보이지 않는다.

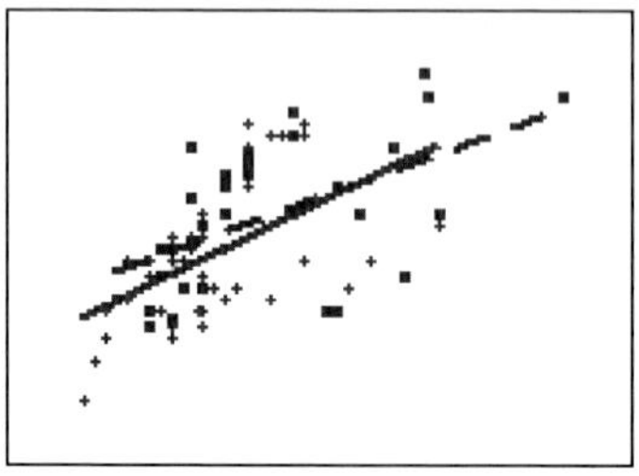

데이터에 그룹이 포함되어 있다고 생각되면 그래프에 그룹화 변수를 추가하여 그룹을 시각화할 수 있다. 데이터 점을 두 번 클릭하고 그룹 탭을 선택할 수 있다.

③ 3단계 : 다른 패턴 찾기

특이치는 데이터의 비정상적인 조건을 나타낼 수도 있다. 시간 기반 추세는 변화하는 데이터 조건을 나타낼 수도 있다.

• 특이치

다른 데이터 값에서 멀리 떨어져 있는 데이터 값인 특이치는 결과에 크게 영향을 미칠 수 있다. 산점도에서는 고립된 점이 특이치를 나타낸다.

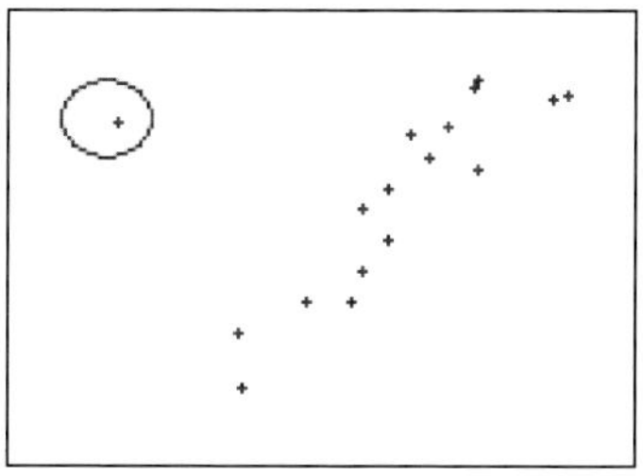

특이치의 원인을 식별해 보면 모든 데이터 입력 또는 측정 오류를 수정한다. 비정상적인 일회성 사건과 연관된 데이터 값을 삭제해 보십시오(특수 원인). 그런 다음 분석을 반복한다.

16.6. 상관계수 행렬

여러 개의 양적 자료 간의 상관계수를 알아보기 위해서 cor() 함수를 다음과 같이 사용하면 된다.

① 기본값

▶ cor(data frame)

▷ cor(iris[, 1:4])

```
Console  Terminal ×  Jobs ×
D:/SAMPLE/R/
> cor(iris[ , 1:4])
             Sepal.Length Sepal.Width Petal.Length Petal.Width
Sepal.Length    1.0000000  -0.1175698    0.8717538   0.8179411
Sepal.Width    -0.1175698   1.0000000   -0.4284401  -0.3661259
Petal.Length    0.8717538  -0.4284401    1.0000000   0.9628654
Petal.Width     0.8179411  -0.3661259    0.9628654   1.0000000
```

② 피어슨 상관계수

▶ cor(data frame)

▷ cor(iris[, 1:4], method="pearson")

③ 스피어만 상관계수

▶ cor(data frame)

▷ cor(iris[, 1:4], method="spearman")

```
Console D:/SAMPLE/R/
> cor(iris[ , 1:4], method="pearson")
             Sepal.Length Sepal.Width Petal.Length Petal.Width
Sepal.Length    1.0000000  -0.1175698    0.8717538   0.8179411
Sepal.Width    -0.1175698   1.0000000   -0.4284401  -0.3661259
Petal.Length    0.8717538  -0.4284401    1.0000000   0.9628654
Petal.Width     0.8179411  -0.3661259    0.9628654   1.0000000
>
> cor(iris[ , 1:4], method="spearman")
             Sepal.Length Sepal.Width Petal.Length Petal.Width
Sepal.Length    1.0000000  -0.1667777    0.8818981   0.8342888
Sepal.Width    -0.1667777   1.0000000   -0.3096351  -0.2890317
Petal.Length    0.8818981  -0.3096351    1.0000000   0.9376668
Petal.Width     0.8342888  -0.2890317    0.9376668   1.0000000
>
```

16.7 유용한 패키지들

산점도, 상관계수, 유의확률 등을 작성하고 구하는 데에 유용한 기능을 제공하는 패키지들과 함수에 대해서 살펴보자.

(1) Hmisc::rcorr()

rcorr() 함수는 여러 개의 양적 자료에 대한 상관계수와 유의확률을 한 번에 구해준다. rcorr() 함수에 사용되는 데이터의 형태는 행렬(matrix)이어야 한다. iris[, 1:4]는 데이터 프레임(data frame)이므로 강제적으로 행렬을 변환하기 위해서 as.matrix() 함수를 사용한다. 상관계수를 구하는 방법으로 pearson과 spearman를 제공한다.

▶ rcorr(as.matrix(data frame), type=c("pearson","spearman"))

▷ install.packages("Hmisc")

▷ library(Hmisc)

▷ rcorr(as.matrix(iris[, 1:4]), type="pearson")

```
D:/SAMPLE/R/
> rcorr(as.matrix(iris[ , 1:4]), type="pearson")
             Sepal.Length Sepal.Width Petal.Length
Sepal.Length         1.00       -0.12         0.87
Sepal.Width         -0.12        1.00        -0.43
Petal.Length         0.87       -0.43         1.00
Petal.Width          0.82       -0.37         0.96
             Petal.Width
Sepal.Length        0.82
Sepal.Width        -0.37
Petal.Length        0.96
Petal.Width         1.00

n= 150


P
             Sepal.Length Sepal.Width Petal.Length
Sepal.Length              0.1519      0.0000
Sepal.Width  0.1519                   0.0000
Petal.Length 0.0000       0.0000
Petal.Width  0.0000       0.0000      0.0000
             Petal.Width
Sepal.Length 0.0000
Sepal.Width  0.0000
Petal.Length 0.0000
Petal.Width
```

(2) psych::corr.test()

corr.test() 함수는 Hmisc::rcorr() 함수와 동일하게 상관계수와 유의확률을 한 번에 구해주지만, 함수에 지정되는 자료의 형태에 차이를 보인다. rcorr() 함수에는 행렬이 들어가는 반면에 corr.test() 함수는 데이터 프레임이 들어간다.

▶corr.test(data frame, method=c("pearson", "spearman", "kendall"))

▷ install.packages("psych")

▷ library(psych)

▷ corr.test(iris[, 1:4], method="pearson")

```
Console  Terminal ×  Jobs ×
D:/SAMPLE/R/
> corr.test(iris[ , 1:4], method="pearson")
Call:corr.test(x = iris[, 1:4], method = "pearson")
Correlation matrix
             Sepal.Length Sepal.Width
Sepal.Length         1.00       -0.12
Sepal.Width         -0.12        1.00
Petal.Length         0.87       -0.43
Petal.Width          0.82       -0.37
             Petal.Length Petal.Width
Sepal.Length         0.87        0.82
Sepal.Width         -0.43       -0.37
Petal.Length         1.00        0.96
Petal.Width          0.96        1.00
Sample Size
[1] 150
Probability values (Entries above the diagonal are adjusted for multiple tests.)
             Sepal.Length Sepal.Width
Sepal.Length         0.00        0.15
Sepal.Width          0.15        0.00
Petal.Length         0.00        0.00
Petal.Width          0.00        0.00
             Petal.Length Petal.Width
Sepal.Length            0           0
Sepal.Width             0           0
Petal.Length            0           0
Petal.Width             0           0
```

(3) corrplot::corrplot()

corrplot 패키지의 corrplot() 함수는 형태의 산점도 행렬을 작성해 준다.

▶ corr.test(data frame)

▷ install.packages("corrplot")

▷ library(corrplot)

① 시각화 방법

▷ result = cor(iris[, 1:4])

▷ corrplot(result, method=c("circle", "square", "ellipse", "number", "shade", "color", "pie"))

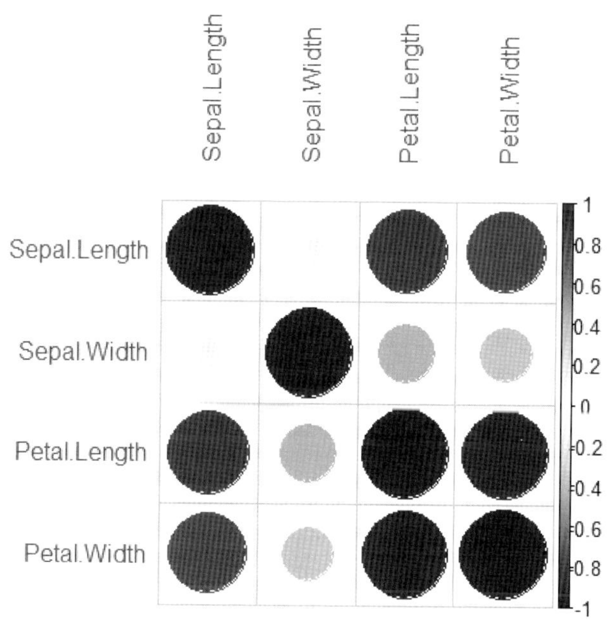

② Layout

레이아웃에는 세가지 형태로 "full", "upper", "lower"가 있다. "full"이 기본이다. "upper"는 상삼각행렬(upper triangular matrix), "lower"는 하삼각행렬(lower triangular matrix)을 의미한다.

▶ corrplot(result, type=c("full", "upper", "lower"))

▷ corrplot(result, type="upper")

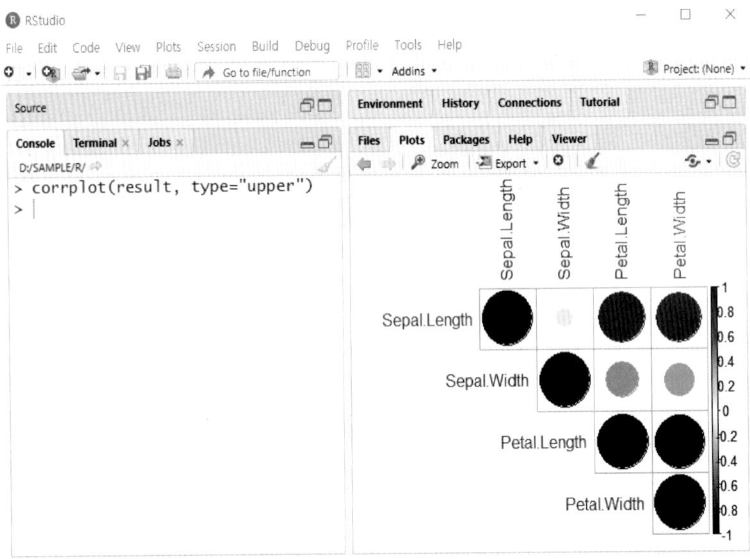

▷ corrplot(result, type="lower")

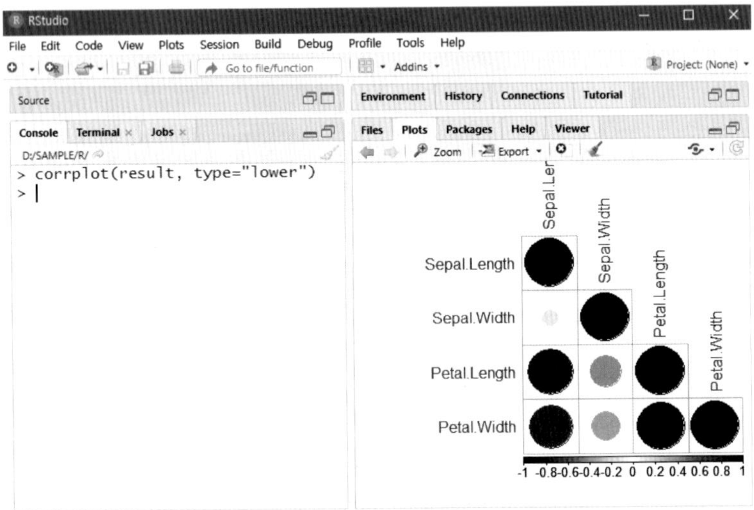

▷ corrplot.mixed(result)

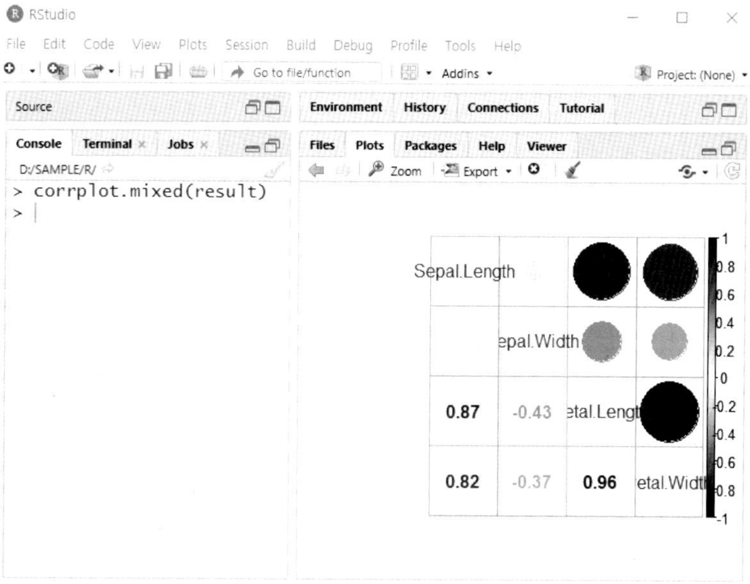

▷ corrplot.mixed(result, lower = "ellipse", upper = "circle")

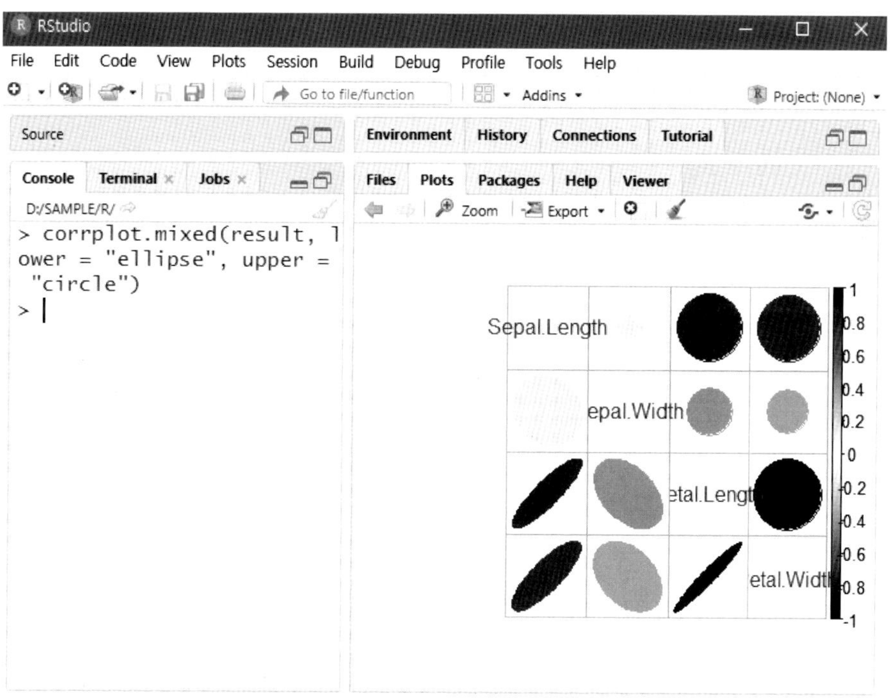

chapter
17

회귀분석

학습개요

회귀분석(Regression Analysis)은 인과관계를 파악하는 방법으로 독립변수(설명변수)가 종속변수(반응변수)에 통계적으로 유의한 영향을 미치는지, 영향을 준다면 얼마나 주는지, 최종적인 회귀모형을 토대로 종속변수를 예측하기 위해서 사용하는 통계적 방법이다. 회귀분석은 독립변수의 수에 따라 독립변수 1개로 종속변수 1개를 설명하는 것을 단순회귀분석이라고 하고, 독립변수 k개로 종속변수 1개를 설명하는 것을 다중회귀분석이라고 한다.

이 장에서는 회귀분석의 개념을 익히고, 이해할 수 있도록 제시한다. 그리고 R을 이용하여 단순회귀분석을 활용할 수 있도록 제시한다. 더불어 R을 이용하여 다중회귀분석을 활용할 수 있도록 제시한다.

학습목표

- 회귀분석에 대한 개념을 이해할 수 있다.
- R을 이용하여 단순회귀분석을 실시할 수 있다.
- R을 이용하여 다중회귀분석을 활용할 수 있다.

17.1 회귀분석의 개념

회귀분석(Regression Analysis)은 인과관계를 파악하는 방법으로 독립변수(설명변수)가 종속변수(반응변수)에 통계적으로 유의한 영향을 미치는지, 영향을 준다면 얼마나 주는지, 최종적인 회귀모형을 토대로 종속변수를 예측하기 위해서 사용하는 통계적 방법이다.

회귀분석은 독립변수의 수에 따라 독립변수 1개로 종속변수 1개를 설명하는 것을 단순회귀분석이라고 하고, 독립변수 k개로 종속변수 1개를 설명하는 것을 다중회귀분석이라고 한다.

상관분석은 단순히 두 변수 사이의 상관의 정도만 분석하는 것이지만, 회귀분석은 두 변수 사이의 인과관계뿐만 아니라 한 변수로부터 다른 변수의 변화를 예측할 수 있다.

회귀분석의 기본원리는 다음과 같다.

- 회귀분석은 독립변수들과 종속변수가 선형의 관계에 있다고 가정하고 종속변수를 예측할 수 있는 선형회귀방정식을 이끌어내는 데 있다.
- 최소자승법(method of least squares)을 이용하여 종속변수의 실제 관측치와 회귀방정식으로 추정된 값의 차이의 제곱의 합을 최소화시켜 추정한다.
- 회귀분석은 독립변수들의 개수에 따라 단순회귀분석과 다중회귀분석으로 나뉜다. 선형회귀분석에서는 절편과 기울기에 대한 추정치, 적합도, 유의성 검정과 예측 등을 다룬다.
- 회귀분석의 목적은 다음과 같다.

첫째, 독립변수와 종속변수의 관계를 파악할 수 있다.

둘째, 종속변수에 영향을 미치는 독립변수들을 파악할 수 있다.

셋째, 종속변수의 변화를 예측할 수 있다.

17.2. 단순회귀분석 실시하기

① 예제 : 중간고사와 기말고사의 학생 성적 회귀분석

학생	1	2	3	4	5	6	7	8	9	10	11	12	13	14	15
중간고사	50	29	27	36	29	34	35	46	39	29	63	49	42	52	58
기말고사	60	44	35	48	47	49	57	66	56	33	67	58	52	66	65

② 중간고사와 기말고사의 산점도 확인

관찰된 15명의 학생들의 정보를 볼 수 있다. 그리고, 이 15명의 중간 기말고사 점수들의 분포를 보면서, 중간고사를 잘 볼수록 기말고사의 점수도 높은 경향을 보인다는 것을 추측할 수 있다. 데이터가 우상향하는 형태로 분포되어 있다는 것을 알아 낼 수 있는데, 이러한 경향을 하나의 직선을 사용해서 나타내보면, 다음과 같이 표시할 수 있다.

▷ mid ⟨– c(50, 29, 27, 36, 29, 34, 35, 46, 39, 29, 63, 49, 42, 52, 58)

▷ final ⟨– c(60, 44, 35, 48, 47, 49, 57, 66, 56, 33, 67, 58, 52, 66, 65)

▷ data ⟨– data.frame(mid, final)

```
Console  Terminal ×  Jobs ×
D:/SAMPLE/R/
> mid <- c(50, 29, 27, 36, 29, 34, 35, 46, 39, 29, 63, 49, 42, 52, 58)
> final <- c(60, 44, 35, 48, 47, 49, 57, 66, 56, 33, 67, 58, 52, 66, 65)
> data <- data.frame(mid, final)
> data
   mid final
1   50    60
2   29    44
3   27    35
4   36    48
5   29    47
6   34    49
7   35    57
8   46    66
9   39    56
10  29    33
11  63    67
12  49    58
13  42    52
14  52    66
15  58    65
```

▷ plot(data$mid, data$final, asp = 1,

xlab = "중간고사",

ylab = "기말고사",

main = "시험점수 산점도")

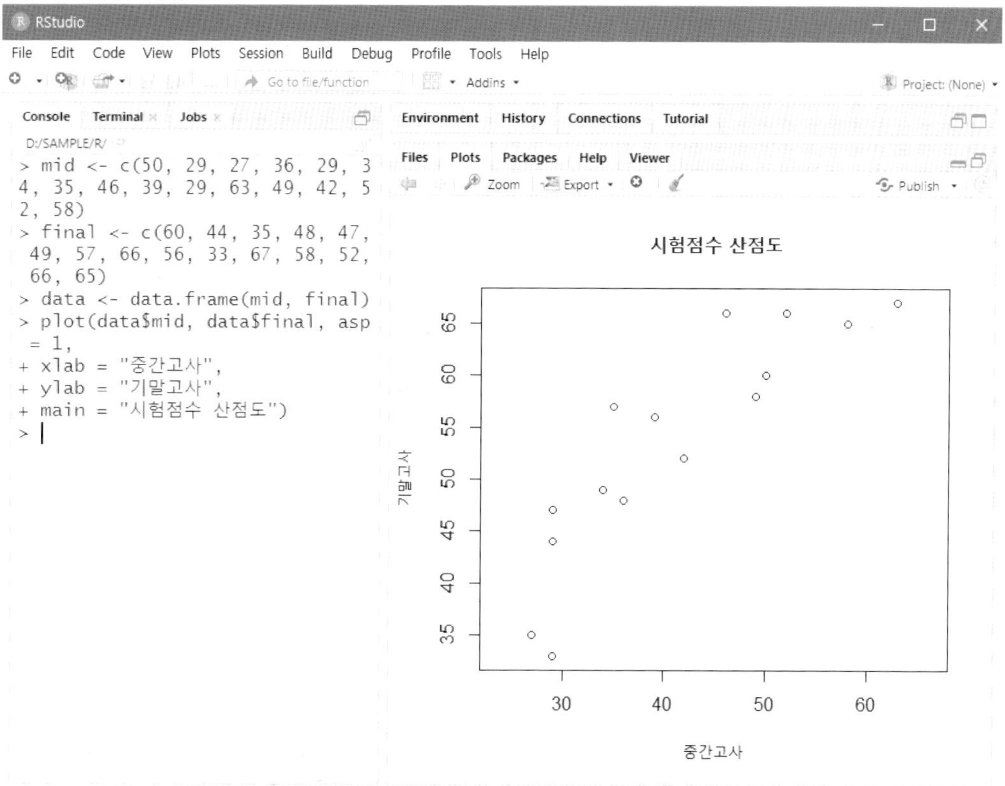

③ 회귀직선 결정하기

- 회귀직선은 x값에 따라 분류된 부분집단 별로 자료의 중심을 알려준다.
- 회귀분석 직선을 사용하여 주어진 y 데이터를 x 데이터로 예측했을 경우, 그 차이의 제곱들의 합이 가장 작은 직선을 선택한다.
- abline(5, 1) : abline은 직선을 추가시키는 코드를 나타낸다. 앞의 숫자 5는 교차점, 1은 기울기를 나타낸다.

▷ plot(data$mid, data$final, asp = 1,
xlab = "중간고사",
ylab = "기말고사",
main = "시험점수 산점도")

▷ abline(5, 1)

▷ abline(-10, 1.5, col = "red")

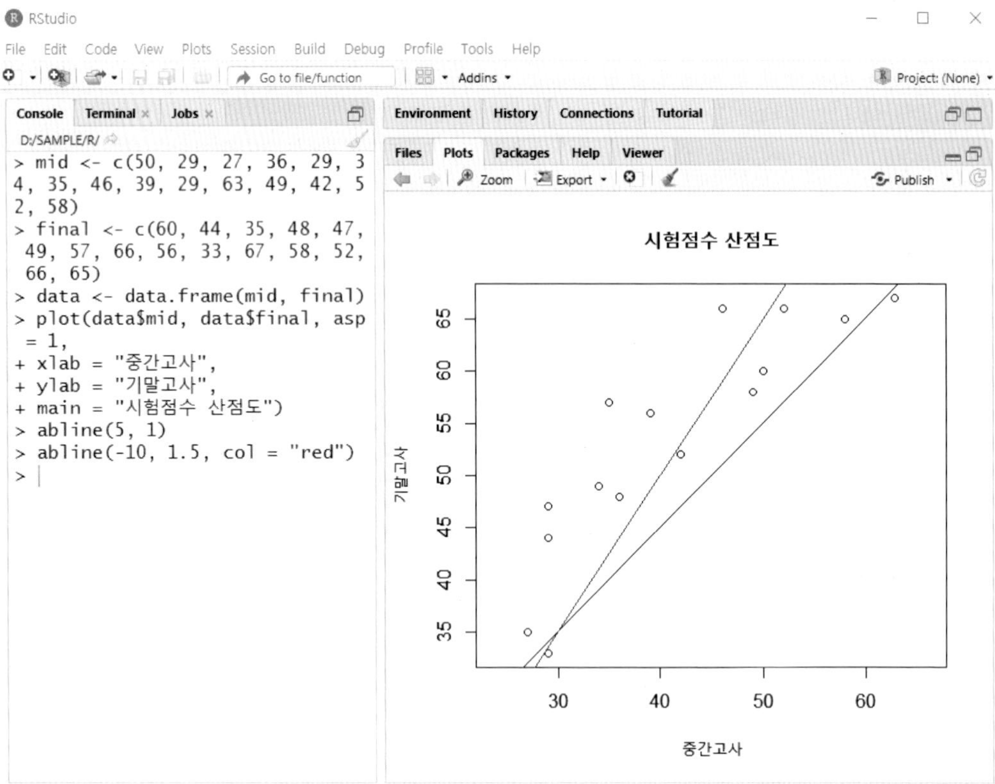

• 학생의 중간고사와 기말고사의 점수 산점도를 그린 후 단순선형회귀분석을 통해 도출된 회귀직선을 위에 추가한 그림이다. 해당 회귀직선은 통계적으로 유의하므로 데이터 사이로 최소의 거리에 적합한 직선으로 그려진 것으로 확인할 수 있다.

④ **데이터 확인 : 객체 data의 내부구조 확인용 코드**

▷ str(data)

```
Console   Terminal ×   Jobs ×
D:/SAMPLE/R/
> str(data)
'data.frame':   15 obs. of  2 variables:
 $ mid  : num  50 29 27 36 29 34 35 46 39 29 ...
 $ final: num  60 44 35 48 47 49 57 66 56 33 ...
```

④ **회귀분석**

- 해당 예시에서 중간고사와 기말고사 간의 관계를 파악하기 위해 먼저 단순선형회귀분석을 진행하고자 한다. 다음 코드는 단순선형회귀분석을 실행하는 코드이다.
- 해당 코드는 회귀분석을 실행할 때, 사용되는 코드로 종속변수를 먼저 적용 후 물결표(~) 뒤로 확인하고자 하는 독립변수들을 입력한 뒤 실행한다면 회귀분석이 진행된다.
- 이때, 사용하는 데이터가 객체에 따로 저장이 되어 있다면 그대로 사용하면 되나, 불러온 데이터를 따로 분리 시키지 않고 그대로 사용하고자 한다면 옵션으로 data을 사용하여 객체명을 입력 시 사용이 가능하다.

▶ lm(종속변수~독립변수,data=객체명)

▷ lm(data$final~data$mid, data=data)

▷ out <- lm(data$final~data$mid, data=data)

```
Console   Terminal ×   Jobs ×
D:/SAMPLE/R/
> lm(data$final~data$mid, data=data)

Call:
lm(formula = data$final ~ data$mid, data = data)

Coefficients:
(Intercept)     data$mid
    18.9704       0.8389
```

- 분석 결과, =18.9704, = 0.8389로 '기말고사 점수 = 18.9704 + 0.8389*중간고사 점수' 라는 회귀식을 구할 수 있으며, 이는 기말고사에 대한 중간고사 성적이 1점씩 증가할 때마다 성적이 0.8389 만큼 증가한다고 볼 수 있다.

④ 회귀분석 결과 확인

▶ summary(객체명)

▷ summary(out)

```
Console  Terminal ×  Jobs ×
D:/SAMPLE/R/
> out <- lm(data$final~data$mid, data=data)
> summary(out)

Call:
lm(formula = data$final ~ data$mid, data = data)

Residuals:
     Min       1Q   Median       3Q      Max
-10.2987  -2.4157  -0.9157   3.5539   8.6679

Coefficients:
            Estimate Std. Error t value Pr(>|t|)
(Intercept)  18.9704     5.4554   3.477  0.00409 **
data$mid      0.8389     0.1280   6.556 1.84e-05 ***
---
Signif. codes:  0 ‘***’ 0.001 ‘**’ 0.01 ‘*’ 0.05 ‘.’ 0.1 ‘ ’ 1

Residual standard error: 5.438 on 13 degrees of freedom
Multiple R-squared:  0.7678,	Adjusted R-squared:  0.7499
F-statistic: 42.99 on 1 and 13 DF,  p-value: 1.835e-05

> |
```

- 여기서 F-statistic을 보고 판단하기 어려울 시 바로 옆에 있는 p_value의 값을 보고 판단한다. 주로 사용되는 유의수준 0.05를 기준으로 잡고 판단했을 때, p-value가 0.05보다 작으므로 이 식은 유의하다고 판단할 수 있다.
- F-statistic의 p-value는 〈 1.835e-05로 0.05보다 작기 때문에 회귀식이 유의하다고 할 수 있다.
- 그리고 단순선형회귀분석으로 진행되었으므로 Multiple R-squared(=0.7678)을 확인했을 때, 해당 회귀직선은 종속변수 체중의 약 76%를 설명할 수 있다고 판단할 수 있다.
- 또한 성적의 변수 P-value를 확인하였을 때, 〈 0.00409이므로 0.05보다 작기 때문에 종속변수 성적에 영향을 미친다고 할 수 있다.

⑤ 직선을 통한 기말고사 점수 예측하기

- 중간고사 점수를 x, 기말고사 점수를 y, 교차점 5, 기울기 1인 직선은 다음과 같이 나타낼 수 있다.
- $y = x + 5$
- 다섯명의 중간고사 점수를 알고 있다면, 이 학생들의 기말고사 점수의 예측값은 다음과 같다.

▷ c(46, 39, 59, 63, 77)

▷ 1 * c(46, 39, 59, 63, 77) + 5

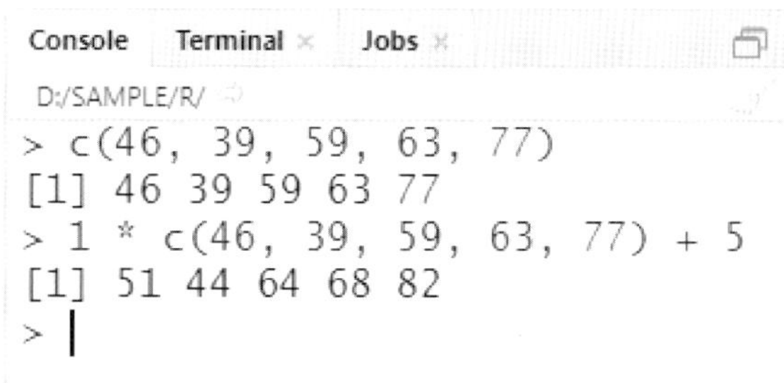

⑥ 회귀직선으로 기말고사 점수 예측하기

- 변수 간의 관계를 함수식으로 정리할 수 있으면 특정값을 예측할 수 있다. 독립변수와 종속변수가 선형적인 관련성이 있다. 이들 변수들간의 관계를 선형함수식으로 모형화할 수 있는 분석법이다.

▷ mid 〈– c(50, 29, 27, 36, 29, 34, 35, 46, 39, 29, 63, 49, 42, 52, 58)

▷ final 〈– c(60, 44, 35, 48, 47, 49, 57, 66, 56, 33, 67, 58, 52, 66, 65)

▷ data 〈– data.frame(mid, final)

▷ x 〈– data$mid

▷ y 〈– data$final

기울기 b

▷ b 〈– cor(x, y) * sd(y) / sd(x)

▷ b

교차점 a

▷ a 〈− mean(y) − b * mean(x)

▷ a

기말고사 점수 y_hat

▷ y_hat 〈− a + b * 50

▷ y_hat

```
Console D:/SAMPLE/R/
> mid <- c(50, 29, 27, 36, 29, 34, 35, 46, 39, 29, 63, 49, 42, 52, 58)
> final <- c(60, 44, 35, 48, 47, 49, 57, 66, 56, 33, 67, 58, 52, 66, 65)
> data <- data.frame(mid, final)
> x <- data$mid
> y <- data$final
> b <- cor(x, y) * sd(y) / sd(x)
> b
[1] 0.8389061
> a <- mean(y) - b * mean(x)
> a
[1] 18.9704
> y_hat <- a + b * 50
> y_hat
[1] 60.91571
>
> |
```

17.3. 단순회귀분석 활용하기

- 독립변수와 종속변수가 각각 한 개이고 두 변수 모두 비율척도(양적 척도)이므로 회귀분석을 사용할 수 있다. 만약 독립변수와 종속변수 중 어느 하나라도 양적 척도가 아니라면 회귀분석을 사용할 수 없다.
- 양적 척도가 아닐 때의 회귀분석에 대해서는 뒤에서 다룰 것이지만 기본적으로 양적 척도에 대해서만 회귀분석을 수행할 수 있는 것으로 이해하고 있는 것이 좋다.
- 두 변수의 선형 관계에 대한 검정은 $F-$검정을 이용하여 검정한다.
- 검정결과 선형의 관계가 성립되면 그다음으로 분석해 볼 것이 독립변수(회귀변수)의 유효성이다. 즉 독립변수가 통계적으로 종속변수를 예측하는 데 유효한 것인가를 분석하는 것이다.
- 단순회귀분석에서는 크게 중요한 부분은 아니지만 다중회귀분석에서는 중요한 부분이다.

① 예제 : 단순회귀분석을 수행하기 위한 연구문제

- 연령이 의료기관 방문 횟수에 영향을 미치는지를 분석하는 것이다.
- 이는 연령으로 의료기관 방문 횟수를 예측할 수 있는가를 분석하는 것과 동일하다.
- 따라서 독립변수는 연령이 되고 종속변수는 의료기관 방문횟수가 된다. 먼저 귀무가설과 연구가설을 설정하면 다음과 같다.

번 호	1	2	3	4	5	6	7	8	9	10
연 령	10	15	17	20	23	30	46	53	48	59
의료기관 방문	15	26	28	30	32	50	86	109	95	130

- 귀무가설 : 연령은 의료기관 방문 횟수에 영향을 미치지 않는다.
  연령으로 의료기관 방문 횟수를 예측할 수 없다.
- 대립가설 : 연령은 의료기관 방문 횟수에 영향을 미친다.
  연령으로 의료기관 방문 횟수를 예측할 수 있다.

▷ 연령 <- c(10, 15, 17, 20, 23, 30, 46, 53, 48, 59) # 독립변수

▷ 방문 <- c(15, 26, 28, 30, 32, 50, 86, 109, 95, 130) # 종속변수

▷ data <- data.frame(연령, 방문)

▷ x <- data$연령

▷ y <- data$방문

▷ out = lm(y ~ x) # 단순선형회귀

▷ summary(out) # 기본 분석결과 확인

```
Console D:/SAMPLE/R/
> 연령 <- c(10, 15, 17, 20, 23, 30, 46, 53, 48, 59)
> 방문 <- c(15, 26, 28, 30, 32, 50, 86, 109, 95, 130 )
> data <- data.frame(연령, 방문)
> x <- data$연령
> y <- data$방문
> out = lm(y ~ x)
> summary(out)

Call:
lm(formula = y ~ x)

Residuals:
   Min     1Q Median     3Q    Max
-7.264 -4.568 -0.229  4.408  8.309

Coefficients:
            Estimate Std. Error t value Pr(>|t|)
(Intercept)  -13.397      3.843  -3.486  0.00825 **
x              2.290      0.106  21.606 2.22e-08 ***
---
Signif. codes:  0 '***' 0.001 '**' 0.01 '*' 0.05 '.' 0.1 ' ' 1

Residual standard error: 5.656 on 8 degrees of freedom
Multiple R-squared:  0.9832,	Adjusted R-squared:  0.981
F-statistic: 466.8 on 1 and 8 DF,  p-value: 2.218e-08

> 
```

▷ plot(x, y) # plotting

▷ abline(out) # 회귀선 추가

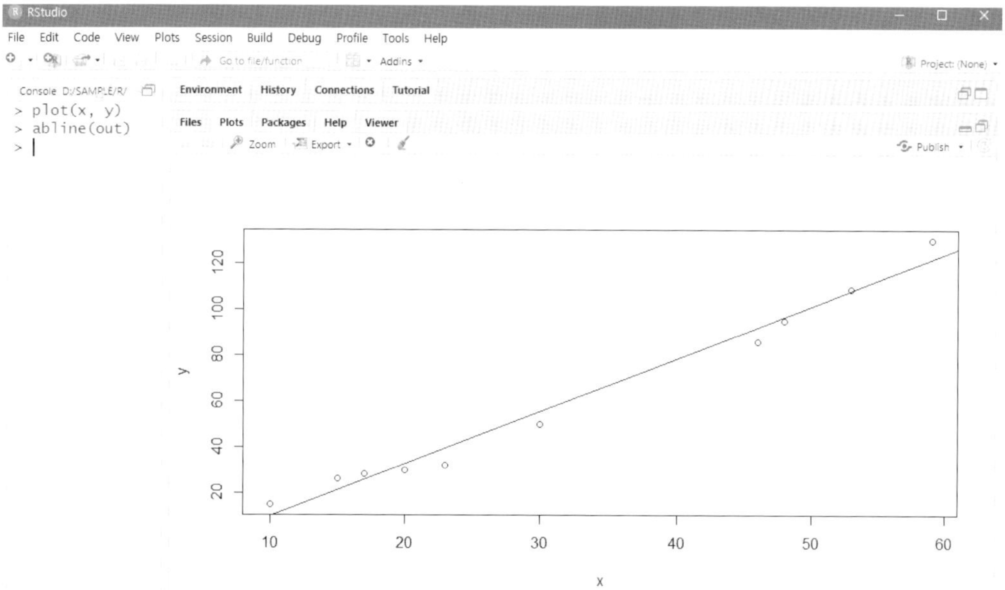

▷ dev.off()

▷ attributes(out)

```
Console D:/SAMPLE/R/
> attributes(out)
$names
 [1] "coefficients"  "residuals"     "effects"       "rank"
 [5] "fitted.values" "assign"        "qr"            "df.residual"
 [9] "xlevels"       "call"          "terms"         "model"

$class
[1] "lm"

>
```

y의 예측값 구하기

▷ pred_y = predict(out, newdata = data.frame(x = x))

▷ pred_y

```
Console D:/SAMPLE/R/
> pred_y = predict(out, newdata = data.frame(x = x))
> pred_y
         1          2          3          4          5 
  9.499386  20.947489  25.526730  32.395591  39.264453 
         6          7          8          9         10 
 55.291797  91.925726 107.953070  96.504967 121.690793 
> |
```

x = 2.3에서의 y의 예측값 구하기

▷ predict(out, newdata = data.frame(x = 2.3))

x = 1, 2.2, 6.7에서의 y의 예측값 구하기

▷ predict(out, newdata = data.frame(x = c(1, 2.2, 6.7)))

```
Console D:/SAMPLE/R/
> predict(out, newdata = data.frame(x = 2.3))
        1 
-8.130693 
> predict(out, newdata = data.frame(x = c(1, 2.2, 6.7)))
         1          2          3 
-11.107199  -8.359655   1.943638 
> |
```

② R의 기본기능에서 제공하는 cars 데이터를 이용한 회귀분석

▶ 회귀분석 결과물 = lm(종속변수 ~ 독립변수, data=데이터명)

▶ summary(회귀분석 결과물)

▷ result = lm(cars$dist ~ cars$speed, data=cars)

▷ summary(result)

```
Console D:/SAMPLE/R/
> result = lm(cars$dist ~ cars$speed, data=cars)
> summary(result)

Call:
lm(formula = cars$dist ~ cars$speed, data = cars)

Residuals:
    Min      1Q  Median      3Q     Max 
-29.069  -9.525  -2.272   9.215  43.201 

Coefficients:
            Estimate Std. Error t value Pr(>|t|)    
(Intercept) -17.5791     6.7584  -2.601   0.0123 *  
cars$speed    3.9324     0.4155   9.464 1.49e-12 ***
---
Signif. codes:  0 ‘***’ 0.001 ‘**’ 0.01 ‘*’ 0.05 ‘.’ 0.1 ‘ ’ 1

Residual standard error: 15.38 on 48 degrees of freedom
Multiple R-squared:  0.6511,    Adjusted R-squared:  0.6438 
F-statistic: 89.57 on 1 and 48 DF,  p-value: 1.49e-12

> |
```

❑ 분석결과

최소값은 −29.069, 중앙값은 −2.272, 최대값은 43.201인 것을 알 수 있다. F통계량이 89.57이고, 유의확률이 1.49e-12=0.000 이므로

- 회귀모형의 타당성 : F통계량이 89.57이고, 유의확률이 1.49e-12=0.000 이므로 자동차의 속력으로 자동차의 제동거리를 설명하려는 회귀모형은 통계적으로 타당하고 판단된다.

- **독립변수의 유의성** : 독립변수인 speed(속도)가 종속변수인 dist(제동거리)에 통계적으로 유의한 영향을 미치는가에 대한 통계적 검정으로 유의확률이 1.49e-12=0.000 이므로 독립변수인 speed(속도)가 종속변수인 dist(제동거리)에 통계적으로 유의한 영향을 미치는 것으로 판단된다.

- **회귀계수** : 독립변수의 회귀계수(Estimate)가 3.9324으로 추정되었으며, 이 값은 독립변수의 기본단위 1 증가하면 종속변수는 약 3.9324 정도 증가한다는 뜻이다. 즉 자동차의 속도가 1 증가하면 제동거리는 약 3.9324 정도 증가한다는 의미이다.

- R^2(결정계수) : R^2은 회귀모형의 설명력, 즉 독립변수가 종속변수를 설명하는 정도로서 0.6511로 나타났고, 이것은 독립변수가 종속변수를 약 65.1% 정도 설명한다는 뜻이다. 즉 자동차의 속도가 자동차의 제동거리를 약 65.1% 설명한다는 의미이다.

- R^2_{adj}(수정된 결정계수) : R^2은 종속변수를 설명할 수 있는 독립변수의 개수가 증가할수록 커지는 경향을 보인다. 이때 종속변수에 유의한 영향을 주는 독립변수가 들어오면 R^2가 증가하고, 유의하지 않은 독립변수가 들어오면 R^2가 증가하지 않도록 조정한 것으로 수정된 결정계수라고 한다. 다중회귀 분석에서는 회귀모형의 설명력은 R^2_{adj}로 보는 것이 더 바람직하다. 여기서는 0.6438이므로 독립변수들이 종속변수를 약 64.3% 정도 설명한다고 할 수 있다.

17.4. 다중회귀분석

❏ 변수선택

변수선택 방법은 회귀모형에 독립변수를 모두 넣을 것인지, 통계적으로 유의한 독립변수들만 넣을 것인지를 선택하는 것이다. 독립변수가 모두 들어가는 것을 입력이라고 하고, 가장 유의한 독립변수가 회귀모형에 먼저 들어가며 들어간 독립변수는 회귀모형에서 빠지지 않은 방식의 전진(forward), 독립변수가 모두 들어가 회귀모형에서 가장 유의하지 않는 독립변수가 회귀모형에서 빠지며, 한 번 빠진 독립변수는 회귀모형에 포함되지 않는 방식의 후진(backward), 전진과 후진이 결합된 단계(stepwise) 선택이 있다.

❏ 다중공선성

다중공선성은 독립변수들 간의 상관관계가 있는지를 측정하는 것으로 VIF(분산확장계수) 또는 tolerance(공차한계)의 값을 이용하여 판단한다. VIF와 tolerance는 역수의 관계이다. VIF값이 10보다 크거나 또는 tolerance가 0.1보다 작으면 다중공선성이 존재한다고 판단하여 독립변수들 간의 상관관계가 존재한다고 해석한다. 그러면 다중회귀분석의 가정인 다중공선성이 존재하지 않는다는 것이 깨지게 되어 다중회귀분석을 할 수 없다.

(1) 변수선택

▶ 단계선택 결과물 = step(회귀분석 결과물, direction=c("both", "forward", "backward"))

▶ summary(단계선택 결과물)
direction에는 "both", "forward", "backward"가 있으며, both는 단계선택, forward는 전진선택, backward는 후진선택이다. 여기서는 단계선택을 지정한다.

▷ output = step(result, direction="both")

▷ summary(output)

```
Console D:/SAMPLE/R/
> output = step(result, direction="both")
Start:  AIC=275.26
cars$dist ~ cars$speed

             Df Sum of Sq   RSS    AIC
<none>                    11354 275.26
- cars$speed  1     21186 32539 325.91
> summary(output)

Call:
lm(formula = cars$dist ~ cars$speed, data = cars)

Residuals:
    Min      1Q  Median      3Q     Max
-29.069  -9.525  -2.272   9.215  43.201

Coefficients:
            Estimate Std. Error t value Pr(>|t|)
(Intercept) -17.5791     6.7584  -2.601   0.0123 *
cars$speed    3.9324     0.4155   9.464 1.49e-12 ***
---
Signif. codes:  0 '***' 0.001 '**' 0.01 '*' 0.05 '.' 0.1 ' ' 1

Residual standard error: 15.38 on 48 degrees of freedom
Multiple R-squared:  0.6511,    Adjusted R-squared:  0.6438
F-statistic: 89.57 on 1 and 48 DF,  p-value: 1.49e-12

> |
```

step() 함수의 단계선택을 통해서 회귀모형에 최종적으로 선택된 변수는 cars$dist와 cars$speed이다. 참고로 변수선택을 위한 기준으로 AIC(Akaike Information Criterion)를 사용하였으며, AIC 값이 작을수록 좋은 모형이 된다.

AIC 이외에도 결정계수(coefficient of determination), 수정결정계수(adjusted coefficient of determination), 맬로우스의 Cp 통계량(C.L. Mallows's Cp), BIC(Bayesian Information Criterion) 등이 있다.

(2) 다중공선성

- 공선성(collinearity) : 하나의 독립변수가 다른 하나의 독립변수로 잘 예측되는 경우, 또는 서로 상관이 높은 경우이다.
- 다중공선성(multicollinearity) : 하나의 독립변수가 다른 여러 개의 독립변수들로 잘 예측되는 경우이다.
- 둘 이상의 독립변수에 높은 상관관계가 존재하는 것을 의미한다. 각 독립변수 간에 서로 상호 관련성이 없거나 약해야 한다. 만약 둘 간에 높은 상관관계가 존재한다면, 각 독립변수가 갖고 있는 특징들이 뒤섞이면서 종속변수를 설명하게 될 것이다.
- 그러면 표준오차가 큰 불안정한 회귀계수가 계산될 가능성이 많기 때문이다. 따라서 여러 개의 독립변수로 회귀식을 만들 경우에는 다중공선성을 반드시 확인하도록 요구한다.
- 독립변수간에 상관관계가 없어야 되는 것은 아니다. 상관관계가 너무 높지 않아야 한다.

❑ 다중공선성이 있으면 :

- 다중공선성이 발견되면 독립변수 중에서 필요없는 것을 없애야 한다.
- 계수 추정이 잘 되지 않거나 불안정해져서 데이터가 약간만 바뀌어도 추정치가 크게 달라질 수 있다.
- 계수가 통계적으로 유의미하지 않은 것처럼 나올 수 있다.

❑ 다중공선성의 진단

- 이때 참고해야할 상관계수는 R제곱 상관계수이다. 이 R제곱 상관계수가 .90을 넘으면 다중공선성에 문제가 된다.
- 분산팽창계수(VIF, Variance Inflation Factor)를 구하여 판단한다.
- 엄밀한 기준은 없으나 보통 10보다 크면 다중공선성이 있다고 판단(5를 기준으로 하기도 함)한다.

• 다중공선성이 있는지를 확인하기 위해서는 car 패키지 안에 있는 vif() 함수를 사용하면 된다.

▷ install.packages("car")

▷ library(car)

▷ states=as.data.frame(state.x77[,c("Murder", "Population", "Illiteracy", "Income", "Frost")])

▷ fit=lm(Murder~Population+Illiteracy+Income+Frost, data=states)

▷ vif(fit)

▷ sqrt(vif(fit))〉2

```
Console D:/SAMPLE/R/
> states=as.data.frame(state.x77[,c("Murder", "Population", "Illiteracy",
 "Income", "Frost")])
> fit=lm(Murder~Population+Illiteracy+Income+Frost, data=states)
> vif(fit)
Population Illiteracy     Income      Frost
  1.245282   2.165848   1.345822   2.082547
> sqrt(vif(fit))>2
Population Illiteracy     Income      Frost
     FALSE      FALSE      FALSE      FALSE
> 
```

• VIF값은 car패키지의 vif()함수로 계산할 수 있다. 다중회귀분석에서 회귀계수를 구할 때 다른 변수들이 일정할 때 한 예측변수가 반응변수에 미치는 영향을 측정한다.

• VIF값이 모두 10 미만으로 독립변수들 간의 다중공선성은 존재하지 않는다고 판단한다.

(3) 표준화된 회귀계수

❑ 단순회귀분석에서는 표준화된 회귀계수를 구하지 않았는데 다중회귀분석에서는 표준화 회귀계수값을 구해야된다.

- 단순회귀분석애서는 투입된 독립변수가 1개이므로 변수의 유의성이 중요하다.
- 반면 다중회귀분석에서는 투입된 독립변수가 여러 개인 만큼 어떤 변수가 유의하고 투입된 변수들 중 어떤 독립변수가 종속변수에 미치는 영향력이 있는지가 중요하다.
- 따라서 베타(beta) 값은 이러한 연구자의 관심을 반영한 통계량이다.

❑ 표준화된 회귀계수 구하는 방법은?

- R의 기본기능에서는 표준화된 회귀계수를 구할 수 없어서 lm.beta라는 패키지를 설치하고 lm.beta() 함수를 이용한다.
- 방법1 : 회귀분석결과 = lm.beta(회귀분석 결과물)
- 방법2 : 회귀분석결과 = lm.beta(lm(종속변수 ~ 독립변수, data=데이터형))
- 종속변수~뒤에 점(.)를 찍으면 데이터에서 종속변수를 제외한 모든 변수가 독립변수로 지정됨

❑ 표준화된 회귀계수 구하는 방법1

```
▷ install.packages("lm.beta")
▷ library(lm.beta)
▷ result1 = lm.beta(result)
▷ summary(result1)
```

❑ 표준화된 회귀계수 구하는 방법2

```
▷ install.packages("lm.beta")
▷ library(lm.beta)
▷ result = lm.beta(lm(y ~ x, data=df))
▷ summary(result)
```

chapter 18

교차분석

학습개요

교차분석(또는 카이제곱검정)은 관찰된 빈도가 기대 빈도와 통계적으로 다른지를 판단하는 검증방법이다. 카이제곱 검정에는 독립성 검정, 동질성 검정 등이 있다. 독립성 검정과 동질성 검정은 분할표와 가설설정 부분만 다르며 검정 수행방법은 동일한 과정으로 진행된다. 독립성 검정은 하나의 모집단에서 표본추출하며 동질성 검정은 두 개 이상의 모집단에서 표본추출하여 분할표를 만든다.

이 장에서는 교차분석의 개념을 익히고, 이해할 수 있도록 제시한다. 그리고 R을 이용하여 Pearson의 카이제곱검정을 활용할 수 있도록 제시한다. 더불어 R을 이용하여 Fisher의 정확성 검정을 활용할 수 있도록 제시한다.

학습목표

- 교차분석에 대한 개념을 이해할 수 있다.
- R을 이용하여 Pearson의 카이제곱 검정을 활용할 수 있다.
- R을 이용하여 Fisher의 정확성 검정을 활용할 수 있다.

18.1. 교차분석의 개념

① 교차분석의 목적

- 교차분석(또는 카이제곱검정)은 관찰된 빈도가 기대 빈도와 통계적으로 다른지를 판단하는 검증방법이다.
- 카이제곱 검정(chi-squared test) 또는 χ^2검정은 카이제곱 분포에 기초한 통계적 방법으로, 관찰된 빈도가 기대 빈도와 통계적으로 다른지를 판단하는 검증방법이다.
- 카이제곱 검정에는 독립성 검정, 동질성 검정 등이 있다.
- 독립성 검정과 동질성 검정은 분할표와 가설설정 부분만 다르며 검정 수행방법은 동일한 과정으로 진행된다.
- 독립성 검정은 하나의 모집단에서 표본추출하며 동질성 검정은 두 개 이상의 모집단에서 표본추출하여 분할표를 만든다.
- R에서 카이제곱 검정을 수행하는 함수는 chisq.test() 함수이다.

② 교차분석의 특징

- 관측빈도와 기대 빈도간의 차이를 측정한다.
- χ^2 값이 크면 관찰빈도와 기대빈도간의 차이가 크다는 것과 동시에 두 변수간의 상관관계가 크다(강하다)는 것을 의미한다.
- 교차 분석한 결과 각 셀의 수치는 관측빈도, 기대빈도, 행 백분율, 열 백분율, 백분율 등으로 나타나며 여기서 열(row) 백분율은 해석에 있어서 중요하다.
- χ^2 검증은 전체 사례 수가 20 이상이고, 기대빈도가 5이상이 바람직하다.
- χ^2 의 독립성 검정은 두 분류 변수간의 통계적 독립성을 검정하는 기법으로 범주별로 빈도만이 주어지는 자료의 분석은 일반적으로 $\chi2$(chi-square)분포를 이용한 검정법이 이용된다.

- 귀무가설 H0 : 두 변수가 상호 독립적이다.
- 대립가설 Ha : 두 변수가 상호 독립적이 아니다.

③ 예제 1 : 독립성 검정

• 주사위를 60번 던졌을 때, 각 눈이 나올 횟수는 다음과 같이 되었을 때, 이론 값의 분포에 따를 지 여부를 검정할 수 있다.

주사위 눈	1	2	3	4	5	6
발생 횟수	9	11	10	9	11	10
이론 값의 분포	10	10	10	10	10	10

❍ 위의 문제에 대한 가설은 다음과 같다.

• 귀무가설 : 주사위 눈이 발생 횟수와 이론 값의 분포가 관계가 없다.
• 대립가설 : 주사위 눈이 발생 횟수와 이론 값의 분포가 관계가 있다.

❍ R을 이용한 카이 제곱 검정

• R에서 카이 제곱 검정을 수행하는 chisq.test함수를 이용한다.
• 예를 들어, 상기 주사위 실험의 경우는 다음과 같다.

▷ p <- c(9, 11, 10, 9, 11, 10)
▷ q <- c(10, 10, 10, 10, 10, 10)
▷ chisq.test(p, s = q / sum(q))

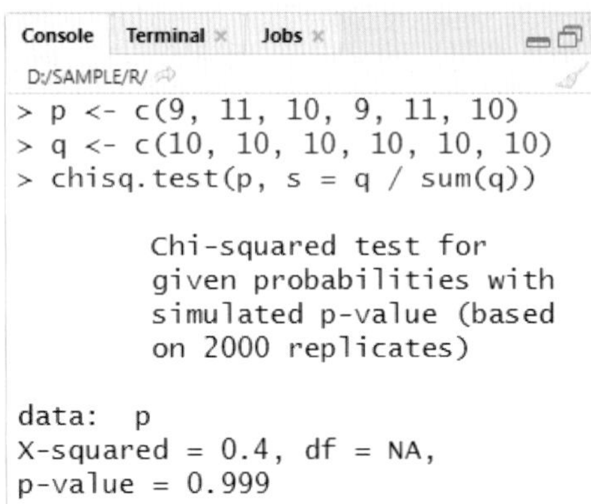

❍ 위의 결과를 살펴보면 p-value가 0.05 크므로 유의 수준 1%에서 귀무가설을 보류하게 된다. 즉 주사위 눈이 발생 횟수와 이론 값의 분포가 관련성이 없는 것으로 나타났다.

② 예제 2 : 독립성 검정

다음은 어느 병원에서 진료를 은 환자의 나이와 진찰받은 부위를 구분하여 작성한 분할표이다. 나이와 진찰받은 부위가 서로 관계가 있는지 유의수준 5%에서 검정하라.

진찰부위	나이			
	18-29	30-44	45-64	65세 이상
눈	430	467	449	69
코	824	911	894	92
입	353	411	257	39

❍ 위의 문제에 대한 가설은 다음과 같다.

- 귀무가설 : 나이와 진찰받은 부위가 관계가 없다.
- 대립가설 : 나이와 진찰받은 부위가 관계가 있다.

▷ p 〈– c(430, 467, 449, 69)

▷ q 〈– c(824, 911, 894, 92)

▷ w 〈– c(353, 411, 257, 39)

▷ data 〈– data.frame(p, q, w)

▷ chisq.test(data)

```
Console  Terminal ×  Jobs ×
D:/SAMPLE/R/
> p <- c(430, 467, 449, 69)
> q <- c(824, 911, 894, 92)
> w <- c(353, 411, 257, 39)
> data <- data.frame(p, q, w)
> chisq.test(data)

        Pearson's Chi-squared test

data:  data
X-squared = 34.217, df = 6, p-value =
6.109e-06
```

❍ 위의 결과를 살펴보면 p-value 〈 0.05 임므로 귀무가설을 기각할 수 있다. 즉 나이와 진찰받은 부위가 서로 관련이 있다고 볼 수 있다.

18.2. 카이제곱검정

① gmodels::CrossTable()

실습 데이터는 R의 기본기능에서 제공하는 infert를 사용한다. gmodels에 있는 CrossTable() 함수를 사용한다.

- 귀무가설 : 교육정도와 유산 유무는 관련성이 없다.
- 대립가설 : 교육정도와 유산 유무는 관련성이 있다.

▷ install.packages("gmodels")

▷ library(gmodels)

▷ CrossTable(infert$education, # 교육정도
        infert$induced, # 유산유무
        expected = TRUE, # 기댓값 출력
        chisq = TRUE, # 카이제곱 검정통계량 출력
        fisher = TRUE) # Fisher's exact test(정확성 검정) 출력

```
Console  Terminal ×  Jobs ×
D:/SAMPLE/R/
> library(gmodels)
> CrossTable(infert$education, # 교육정도
+            infert$induced, # 유산유무
+            expected = TRUE,  # 기댓값 출력
+            chisq = TRUE,  # 카이제곱 검정통계량 출력
+            fisher = TRUE)  # Fisher's exact test(정확성 검정) 출력


   Cell Contents
|-------------------------|
|                       N |
|              Expected N |
| Chi-square contribution |
|           N / Row Total |
|           N / Col Total |
|         N / Table Total |
|-------------------------|


Total Observations in Table:  248
```

Console Terminal × Jobs ×

D:/SAMPLE/R/

```
                |     1.232 |     0.506 |     9.898 |           |
                |     0.333 |     0.167 |     0.500 |     0.048 |
                |     0.028 |     0.029 |     0.162 |           |
                |     0.016 |     0.008 |     0.024 |           |
----------------|-----------|-----------|-----------|-----------|
        6-11yrs |        78 |        27 |        15 |       120 |
                |    69.194 |    32.903 |    17.903 |           |
                |     1.121 |     1.059 |     0.471 |           |
                |     0.650 |     0.225 |     0.125 |     0.484 |
                |     0.545 |     0.397 |     0.405 |           |
                |     0.315 |     0.109 |     0.060 |           |
----------------|-----------|-----------|-----------|-----------|
        12+ yrs |        61 |        39 |        16 |       116 |
                |    66.887 |    31.806 |    17.306 |           |
                |     0.518 |     1.627 |     0.099 |           |
                |     0.526 |     0.336 |     0.138 |     0.468 |
                |     0.427 |     0.574 |     0.432 |           |
                |     0.246 |     0.157 |     0.065 |           |
----------------|-----------|-----------|-----------|-----------|
   Column Total |       143 |        68 |        37 |       248 |
                |     0.577 |     0.274 |     0.149 |           |
----------------|-----------|-----------|-----------|-----------|


Statistics for All Table Factors


Pearson's Chi-squared test 
------------------------------------------------------------
Chi^2 =  16.53059     d.f. =  4     p =  0.002383898 



Fisher's Exact Test for Count Data
------------------------------------------------------------
Alternative hypothesis: two.sided
p =  0.007819568 
```

CrossTable() 함수를 이용한 교차분석의 결과를 보면, p-value 〈 0.05임으로 귀무가설을 기각할 수 있다. 즉 교육정도와 유산 유무에는 통계적으로 유의한 관련성이 있다고 할 수 있다.

② fisher.test()

- 귀무가설 : 교육정도와 유산 유무는 관련성이 없다.
- 대립가설 : 교육정도와 유산 유무는 관련성이 있다.

R의 기본기능에서 제공하는 fisher.test() 함수를 사용한다.

▷ chisq.test(table(infert$education, infert$induced))

```
Console  Terminal ×  Jobs ×
D:/SAMPLE/R/
> chisq.test(table(infert$education, infert$induced))

        Pearson's Chi-squared test

data:  table(infert$education, infert$induced)
X-squared = 16.531, df = 4, p-value = 0.002384
```

chisq.test() 함수를 이용한 교차분석의 결과를 보면, p-value 〈 0.05임으로 귀무가설을 기각할 수 있다.

즉 교육정도와 유산 유무에는 통계적으로 유의한 관련성이 있다고 할 수 있다.

18.3. 정확성 검정

Pearson의 카이제곱검정 결과에서 기대빈도가 5이하인 셀이 전체 셀의 20%을 넘어가면 Pearson의 카이제곱검정의 결과를 사용할 수 없다.

이때 할 수 있는 방법으로는 각 질적 자료가 가지는 범주를 줄이는(묶는) 방법이 있다. 이 방법으로 해도 기대빈도가 5이하인 셀이 20%를 넘어가면 Fisher의 정확성 검정(Fisher's exact test)을 사용한다.

- 귀무가설 : 교육정도와 유산 유무는 관련성이 없다.
- 대립가설 : 교육정도와 유산 유무는 관련성이 있다.

▷ fisher.test(table(infert$education, infert$induced))

```
Console  Terminal ×  Jobs ×
D:/SAMPLE/R/
> fisher.test(table(infert$education, infert$induced))

        Fisher's Exact Test for Count Data

data:  table(infert$education, infert$induced)
p-value = 0.00782
alternative hypothesis: two.sided
```

fisher.test() 함수를 이용한 교차분석의 결과를 보면, p-value 〈 0.05임으로 귀무가설을 기각할 수 있다.

즉 교육정도와 유산유무에는 통계적으로 유의한 관련성이 있다고 할 수 있다.

chapter 19

신뢰도 분석

학습개요

신뢰도 분석은 첫째, 동일하거나 유사한 측정도구를 사용하여 측정한 경우 동일하거나 유사한 결과를 얻을 수 있는지, 둘째, 하나의 측정도구에서 얻은 결과가 제대로 된 측정결과인지, 셋째, 하나의 측정도구에서 측정한 결과의 측정오차는 어느 정도인지를 파악하기 위해 사용한다.

이 장에서는 신뢰도 분석의 개념을 익히고, 이해할 수 있도록 제시한다. 그리고 R을 이용하여 신뢰도 실습을 통해 활용할 수 있도록 제시한다.

학습목표

- 신뢰도에 대한 개념을 숙지한다.
- R을 이용하여 신뢰도 분석을 실시할 수 있다.

19.1. 신뢰도 분석의 개념

(1) 개념

신뢰도 분석(Reliability Analysis)은 동일한 개념을 독립된 측정방법으로 측정한 결과가 비슷하게 나타났는지를 알아보는 분석방법이다. 신뢰도 모형은 Cronbach의 알파(α)와 같은 일반적으로 사용되는 신뢰도 척도를 계산한다.

측정된 결과치의 안정성, 일관성, 예측가능성, 정확성 등이 내포된 개념 측정도구가 측정하고자 하는 현상을 일관성 있게 측정하는 능력 또는 동일한 개념에 대해 측정을 반복했을 때 동일한 측정값을 얻을 가능성을 말한다. 즉, 신뢰도는 서로 동등한 척도 측정치 간의 상관계수라 할 수 있다.

(2) 사용 목적

빅데이터 분석을 실시하는 두 번째 목적은 수집된 데이터들의 신뢰성과 타당성을 확인하는 것이다. 아무리 좋은 분석기법과 최고의 전문가가 분석작업에 참여하더라도 데이터의 신뢰성과 타당성이 확보되지 않았다면 그 결과의 품질 역시 기대하기 힘들 것이다.

신뢰성이란 측정결과의 내적 일관성을 의미한다. 즉 동일한 대상을 측정했을 때 결과의 값이 큰 변화 없이 동일한 결과가 나오는 정도를 의미한다.

신뢰도 분석은 첫째, 동일하거나 유사한 측정도구를 사용하여 측정한 경우 동일하거나 유사한 결과를 얻을 수 있다. 둘째, 하나의 측정도구에서 얻은 결과가 제대로 된 측정결과인지, 셋째, 하나의 측정도구에서 측정한 결과의 측정오차는 어느 정도인지를 파악하기 위해 사용한다.

예를 들어, 동일한 대상을, 동일한 잣대로, 100번 반복하여 측정했을 때 동일한 결과가 95번 나온다면 이때의 신뢰성을 95% 신뢰성이라고 한다. 그 외에 반복측정 신뢰성과 대안항목 신뢰성이 있다.

(3) 기본 원리

일반적인 신뢰도의 추정방법으로 Cronbach's alpha(α)는 검사도구의 내적 일관성을 의미한다.

재검사 신뢰도는 동일한 측정 대상에 대해 동일한 방법으로 반복적인 측정을 통해 측정치

간의 차이를 분석하여, 측정치의 차이가 크면 신뢰도가 낮고, 측정치 간의 차이가 작으면 신뢰도가 높은 것으로 본다.

반분 신뢰도는 여러 개의 측정 항목을 반으로 나누어 두 그룹의 항목별 측정치의 상관관계를 분석하여 신뢰도를 조사하는 방법이다.

동형검사 신뢰도는 동일한 개념에 대해 2개 이상의 서로 다른 측정도구를 개발하여 각각의 측정치들 사이의 동일성 여부를 검증하는 방법이다.

내적 일관성 분석은 여러 문항에 걸쳐 동일한 개념을 반복 질문하여 이러한 항목들 사이에 유사한 값을 갖는지를 Cronbach's alpha(α) 값을 통해 알아보는 방법이다. 일반적으로 Cronbach's alpha(α) 값은 0~1의 값을 가지며 통상 0.6 이상이면 신뢰도가 있는 것으로 볼 수 있다.

일반적으로 신뢰도를 높이는 방법으로는 다음과 같은 것들이 있다. 첫째, 사전에 신뢰도가 명증된 표준화된 측정도구를 사용한다. 둘째, 측정도구를 제작할 때 문항을 분명하게 측정자의 의도가 반영되어야 한다. 셋째, 선행연구에서 이용된 측정도구를 참고로 재구성하거나 예비조사를 실시하여 측정도구를 제작한다. 넷째, 연구하고자 하는 측정도구의 문항 수를 늘리거나, 동일한 질문이나 유사한 질문을 2회 이상 실시한다.

(4) 연구 상황

① 학교 내 사회적 자본을 측정하는 변인 1, 2, 3, 4, 5번 문항은 신뢰도가 있는가?

② 초등학생들의 독서능력을 향상시키는 교사의 수업행동인 참여, 안내, 관찰, 인내의 4항목들은 각각 요인들에 대한 내적 일관성(interal consistency)이 있는가?

19.2 신뢰도 분석 실행

(1) 예제 1

① data.frame()으로 데이터 입력

▷guest <- data.frame(

▷guest1=c(4,2,2,2,2,1,3,3,2,2,2,2,3,5,3,2,4,2,3,4),

▷guest2=c(5,4,3,5,2,5,3,4,5,3,5,3,3,5,5,3,3,3,1,4),

▷guest3=c(1,1,2,1,4,1,1,4,4,4,3,3,3,2,2,3,3,3,4,3),

▷guest4=c(2,1,3,1,4,2,1,3,1,3,1,3,4,1,1,1,3,2,3,1))

② 그리드 형태로 확인하기

▷View(guest)

③ 데이터를 시각적으로 확인하기 : 포인트와 추세선 확인

▷pairs(guest, panel=panel.smooth)

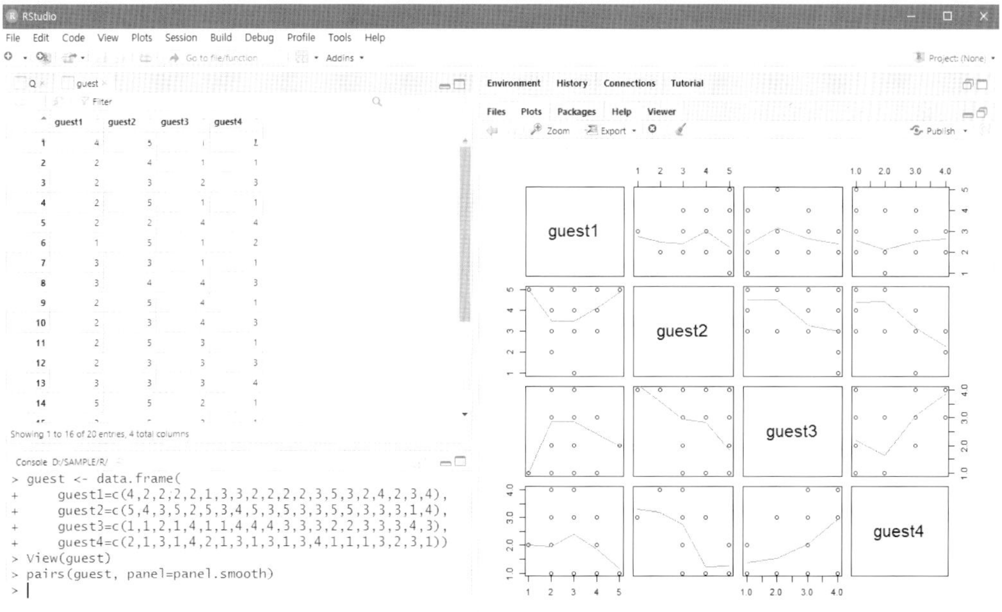

④ cor() 함수 : 공분산행렬 및 상관관계행렬을 구하는 함수

▷cor(guest)

▷cor1 <- cor(guest)

```
Console D:/SAMPLE/R/
> cor(guest)
            guest1      guest2      guest3      guest4
guest1  1.00000000  0.08618486 -0.03729857 -0.07996881
guest2  0.08618486  1.00000000 -0.48645783 -0.64026190
guest3 -0.03729857 -0.48645783  1.00000000  0.47784568
guest4 -0.07996881 -0.64026190  0.47784568  1.00000000
> cor1 <- cor(guest)
> |
```

⑤ eigen( ) 함수

eigen(객체명)을 입력하게 되면 그 객체가 정사각행렬이면 고유값(eigen-value)와 고유벡터(eigen-vector)를 행렬로 결과값을 얻을 수 있다.

▷eigen(cor1)

⑥ 크론바하 알파를 지원하는 패키지를 인스톨

주성분분석을 하면서 주요 요인 수를 결정짓는 혹은 추출함에 있어 그 개수를 결정짓는 고유값(eigen value)가 1보다 큰 값을 기준으로 몇 개의 요인을 뽑아낼 것인지 확인하는 작업까지 진행한다.

▶install.packages("psych")

▶library(psych)

▶principal(분석할 객체,요인개수,rotate="회전 방식", scores=TRUE, method="regression")

▷guest 〈– data.frame(

▷guest1=c(4,2,2,2,2,1,3,3,2,2,2,2,3,5,3,2,4,2,3,4),

▷guest2=c(5,4,3,5,2,5,3,4,5,3,5,3,3,5,5,3,3,3,1,4),

▷guest3=c(1,1,2,1,4,1,1,4,4,4,3,3,3,2,2,3,3,3,4,3),

▷guest4=c(2,1,3,1,4,2,1,3,1,3,1,3,4,1,1,1,3,2,3,1))

▷cor(guest)

▷cor1 〈– cor(guest)

▷eigen(cor1)

```
Console D:/SAMPLE/R/
> cor(guest)
            guest1      guest2      guest3      guest4
guest1  1.00000000  0.08618486 -0.03729857 -0.07996881
guest2  0.08618486  1.00000000 -0.48645783 -0.64026190
guest3 -0.03729857 -0.48645783  1.00000000  0.47784568
guest4 -0.07996881 -0.64026190  0.47784568  1.00000000
> cor1 <- cor(guest)
> eigen(cor1)
eigen() decomposition
$values
[1] 2.0864938 0.9892727 0.5646682 0.3595654

$vectors
           [,1]        [,2]        [,3]         [,4]
[1,] -0.1091024  0.99127773  0.07350465 -0.007887038
[2,] -0.5956736 -0.03296674 -0.36275204  0.715888996
[3,]  0.5310902  0.12079849 -0.83835395  0.022662940
[4,]  0.5926321  0.04110212  0.40021329  0.697801642

> |
```

▷principal(cor1, 3, rotate="varimax", scores=TRUE, method="regression")

```
Console D:/SAMPLE/R/
> principal(cor1, 3, rotate="varimax", scores=TRUE, method="regression")
Principal Components Analysis
Call: principal(r = cor1, nfactors = 3, rotate = "varimax", scores = TRUE,
    method = "regression")
Standardized loadings (pattern matrix) based upon correlation matrix
         RC1   RC3   RC2   h2      u2 com
guest1 -0.05 -0.01  1.00 1.00 2.2e-05 1.0
guest2 -0.87 -0.24  0.04 0.82 1.8e-01 1.2
guest3  0.31  0.95 -0.01 1.00 1.8e-04 1.2
guest4  0.88  0.21 -0.03 0.82 1.8e-01 1.1

                       RC1  RC3  RC2
SS loadings           1.63 1.01 1.00
Proportion Var        0.41 0.25 0.25
Cumulative Var        0.41 0.66 0.91
Proportion Explained  0.45 0.28 0.27
Cumulative Proportion 0.45 0.73 1.00

Mean item complexity =  1.1
Test of the hypothesis that 3 components are sufficient.

The root mean square of the residuals (RMSR) is  0.07

Fit based upon off diagonal values = 0.96
> |
```

직각 회전 방식 중 베리 멕스(varimax) 회전을 이용할 때 rotate="varimax" 옵션을 사용한다.

요인분석 결과값을 보면 하단에 'SS loadings' 1.63, 1.01, 1.00으로 나타났다.

'Proportion Var' 0.45, 0.28, 0.27 분산 비율이 나타났다.

❑ psych 패키지를 이용하여 공통성(Communality), KMO(Kaiser-Meyer-Olkin) 측정한다.

⑦ 공통성 계산

공통성은 변수의 모든 요인에 대한 요인적재량 각각의 제곱합으로 간단하게 계산한다.

▷library(psych)

▷print(principal(cor1, 3, rotate="varimax"), digits=5)

```
Console D:/SAMPLE/R/
> print(principal(cor1, 3, rotate="varimax"), digits=5)
Principal Components Analysis
Call: principal(r = cor1, nfactors = 3, rotate = "varimax")
Standardized loadings (pattern matrix) based upon correlation matrix
            RC1      RC3      RC2      h2         u2    com
guest1 -0.04789 -0.01181  0.99877 0.99998 2.2367e-05 1.0049
guest2 -0.87063 -0.23622  0.04378 0.81572 1.8428e-01 1.1518
guest3  0.30666  0.95165 -0.01133 0.99982 1.8468e-04 1.2058
guest4  0.88270  0.21131 -0.03326 0.82492 1.7508e-01 1.1172

                           RC1     RC3     RC2
SS loadings            1.63350 1.00623 1.00070
Proportion Var         0.40838 0.25156 0.25017
Cumulative Var         0.40838 0.65993 0.91011
Proportion Explained   0.44871 0.27641 0.27488
Cumulative Proportion  0.44871 0.72512 1.00000

Mean item complexity =  1.1
Test of the hypothesis that 3 components are sufficient.

The root mean square of the residuals (RMSR) is  0.07341

Fit based upon off diagonal values = 0.96367
> |
```

• 공통성 기준?

'높은' 공통성을 가질려면 0.8 또는 이보다 큰 값을 가져야 공통성이 높다.

하지만 일반적인 사회과학분야에서는 0.4 ~ 0.7정도 범위에서 나타난다.

그러나 만약에 데이터의 공통성이 0.4 미만으로 나타난다면

첫째, 함께 구성된 다른 문항들과 관련이 없다.

둘째, 탐색적 요인분석시 요인이 추가로 필요한 상태이다.

⑧ KMO(Kaiser−Meyer−Olkin) 측정

▶KMO('객체명')

▷guest <- data.frame(

▷guest1=c(4,2,2,2,2,1,3,3,2,2,2,2,3,5,3,2,4,2,3,4),

▷guest2=c(5,4,3,5,2,5,3,4,5,3,5,3,3,5,5,3,3,3,1,4),

▷guest3=c(1,1,2,1,4,1,1,4,4,4,3,3,3,2,2,3,3,3,4,3),

▷guest4=c(2,1,3,1,4,2,1,3,1,3,1,3,4,1,1,1,3,2,3,1))

▷cor(guest)

▷cor1 <- cor(guest)

▷KMO(cor1)

▷print(KMO(cor1), digit=3)

```
Console D:/SAMPLE/R/
>
> KMO(cor1)
Kaiser-Meyer-Olkin factor adequacy
Call: KMO(r = cor1)
Overall MSA =  0.68
MSA for each item =
guest1 guest2 guest3 guest4
  0.81   0.65   0.78   0.65
>
> print(KMO(cor1), digit=3)
Kaiser-Meyer-Olkin factor adequacy
Call: KMO(r = cor1)
Overall MSA =  0.681
MSA for each item =
guest1 guest2 guest3 guest4
 0.805  0.649  0.777  0.653
>
> 
```

chapter 20

탐색적 요인분석

학습개요

요인분석은 관측된 변수에 근거하여 직접 관측할 수 없는 요인들을 확인하기 위하여 실시한다. 요인분석은 관찰된 변수들에 대하여 선형관계를 가지는 적은 수의 잠재변수들로 요약하는 수학적 방법이다. 많은 수의 관찰 변인들을 보다 적은 수의 구인으로 설명하고 압축하기 위한 것으로 이러한 목적으로 사용되는 요인분석을 탐색적 요인분석이라 한다. 여러 개의 상호 연관된 변수나 문항들을 보다 제한된 수의 변인이나 공통 요인으로 분류하는 통계분석 기법으로 요인분석의 기본원리는 항목들간의 상관관계가 높을 것끼리 하나의 요인으로 묶어주며 요인들간에는 상호독립성을 유지하도록 하는 것이다.

이 장에서는 요인분석의 개념을 익히고, 이해할 수 있도록 제시한다. 그리고 R을 이용하여 제시한다.

학습목표

- 요인분석의 필요성에 대해 학습한다.
- 요인분석에 대한 개념을 이해한다.
- 탐색적요인분석을 통한 요인내의 항목의 특성을 이해하기 위해서 타당성을 어떠한 절차를 통해 시행하게 되는지에 대해 숙지한다.
- R을 이용하여 탐색적요인분석을 실시할 수 있다.

20.1. 요인분석의 개념

요인분석은 관측된 변수에 근거하여 직접 관측할 수 없는 요인들을 확인하기 위하여 실시한다. 요인분석은 관찰된 변수들에 대하여 선형관계(1차 식 관계)를 가지는 보다 적은 수의 잠재변수들로 요약하는 수학적 방법이다. 요인분석의 목적은 과학적 절약의 법칙 혹은 경제의 법칙을 추구하려는 것이다. 측정 변수들을 대표하거나 공통적인 요인을 추출하는 방법이다.

요인분석은 상관의 개념에서 출발한다. 변인1과 변인2 사이에 상관이 존재한다는 것은 변인 1과 2사이에 어떤 공통되는 부분이 존재한다는 의미이고 서로 공통되는 어떤 특성을 함께 측정하고 있다는 의미로 해석할 수 있다. 통상 이 '공통되는 특성'을 변인1과 변인2가 함께 측정하고 있는 '요인' 또는 '구인'이라고 한다.

두 변인의 상관이 .5이라는 결과가 나왔다면 이는 (.5)2=.25 가 되며 두 변인사이의 공통변량이 25%임을 의미하고 이와 같이 공통으로 존재하는 변량의 부분을 요인분석에서 공통요인이라 한다.

여러 변인들간의 상관계수 행렬을 분석해 보면 변인들에 잠재한 요인의 구조를 짐작할 수 있다. 즉, 서로 높은 상관을 보이는 변인 군을 찾아낼 수 있고 이러한 방식으로 가장 기본적인 형태의 요인분석을 실시할 수 있다.

일반적으로 자료의 양을 줄여 정보를 요약해야 하는 경우, 변수들 내에 존재하는 구조를 발견하려는 경우, 요인분석을 통해 얻어진 요인들을 회귀분석이나 판별분석, 군집분석 등에서 변수로 활용하려는 경우 다중 공선성의 문제를 다소 해결 할 수 있게 된다.

- 요인분석에 적합한 자료는 다음과 같다.

① 변수간에 높은 상관관계가 있어야 한다.

② 최초요인 추출 단계에서 얻은 고유치를 스크리 차트로 표시했을 때 한 군데 이상에서 꺾이는 곳이 있어야 한다.

③ 모상관 행렬이 단위행렬이라는 가설이 기각되어야 한다(KMO and Bartleet's 검정).

20.2. 탐색적 요인분석 이해하기

많은 수의 관찰 변인들을 보다 적은 수의 구인으로 설명하고 압축하기 위한 것으로 이러한 목적으로 사용되는 요인분석을 탐색적 요인분석이라 한다. 탐색적 요인분석 과정은 다음과 같다.

① 수집된 모든 자료들에 대한 상관행렬을 구한다.

② 다양한 요인분석 방법(주성분분석, 주요인분석, 최대우도요인분석 등)의 적용

③ 요인의 추출과 초기 요인행렬을 구한다.

④ 보다 낳은 해석을 위하여 원래 요인 행렬들을 회전한다.

⑤ 사례에 대해 각 요인의 점수를 계산하고, 해석 및 활용한다.

(1) 주성분 분석(principal components analysis)

Hotelling(1933)이 개발한 방법으로, 이는 관찰된 각 변인의 변량에는 공통요인의 기여분만이 존재한다고 가정하는 모형이다. 이러한 공통요인이 성분(component)이다. 주성분 분석은 다음과 같은 성질을 가진다.

첫째, 각 변인의 변량에는 고유성, 즉 그 변인에만 기여하는 특수요인이나 오차분산이 전혀 포함되어 있지 않다고 가정한다.

둘째, 변인들의 상관행렬의 대각선 원소에 1이라는 값을 준다(원상관 행렬을 그대로 사용한다). 이는 각 변인이 완벽하고 신뢰롭게 측정되었을 때 존재할 수 있는 요인들의 변량을 최대로 추출한다는 의미를 담고있다.

셋째, 원상관 행렬을 분해하므로 변인간 상관은 요인형태 행렬에 의해 완전하게 재생되며 각 변인에 대한 공통성 또한 항상 1이 된다.

주성분분석에서 상관행렬이 정칙(nonsingular)이면 변인의 수만큼 계수가 존재하게 된다. 즉, 변인의 수만큼의 요인이 생성되게 된다. 그러나 탐색적 요인분석에서는 변인의 수보다 적은 수의 요인을 찾는 것이 목적이므로 요인을 모두 추출하지 않고 어떤 기준에 따라 몇 개의 요인만을 추출하는 방법이 동원된다. 요인의 수를 결정하기 위한 고유치는 일반적으로 1보다 큰 것을 기준으로 한다.

그러나 기본적으로 오차변량과 특수변량이 없다고 가정하고 있기 때문에 이러한 방법으로도 오차변량의 문제를 해결할 수는 없다. 이러한 문제를 해결하기 위해 고유요인의 변량과

오차변량을 허용하여 변인의 수보다 적은 수의 요인을 추출하는 공통 요인 분석 방법을 사용할 수 있다. 공통 요인 분석 방법 중 주로 사용되는 것이 주요인분석과 최대우도요인분석이 있다.

(2) 주요인분석

공통 요인 분석 방법은 상관행렬의 대각선 원소에 1 대신 다른 어떤 값을 투입하느냐를 제외하면 주성분분석의 절차와 대동 소이하다고 할 수 있다. 대각선 원소에 1이하의 값을 투입한다는 것은 결국 오차변량과 특수변량을 허용한다는 입장이고 변인의 수보다 적은 수의 공통요인을 가정하는 것이다. 특수분산이나 오차분산에 대한 사전적 지식이 전혀 없이 변수들 내에 있는 요인들을 찾아내는 목적으로는 공통요인(principal factor)분석을 하게 된다. 주요인 분석에서는 상관행렬의 대각선원소에 공통성(h2)의 초기 추정치를 대입한 다음 반복계산에 의해 최종적인 공통성 추정치를 계산하게 된다.

일반적으로 공통성의 초기 추정치로 상관행렬의 각 변인의 점수를 종속변인으로 하고 나머지 변인을 독립변인으로 한 중다 상관 자승(R2) 값을 일반적으로 사용한다.

(3) 최대우도 요인분석

최대우도 요인분석도 주성분분석과 마찬가지로 공통성 추정치를 상관행렬의 대각선 원소에 대입하여 공통요인을 추출하는 방식이다. 주성분분석이 표본상관 행렬에 있는 변량을 가장 많이 설명하는 요인을 추출한다는 논리에 바탕을 두고 있다면 최대우도 요인분석은 표본상관 행렬에서 요인을 추출할 때 각 요인이 모집단의 상관행렬에 있는 변량을 가능한 한 최대로 설명하도록 요인을 추출하는 방법이다. 따라서 최대우도 요인분석은 주성분분석과는 달리 추리통계에 적용되는 가설검정의 과정을 통해 유의한 공통요인의 수를 결정하기 위한 검정 통계치(χ2)를 제공한다.

(4) 용어정리

① Factor(요인)

상관계수가 높은 변인들끼리 모아서 작은 수의 변인집단(요인, factor)으로 구분한 것이다.

② Factor Loading(요인적재)

한 변인과 요인의 상관관계 정도를 의미한다.

③ Eigenvalue(고유값)

특정요인의 모든 요인적재량(factor loadings)을 제곱하여 합한 값이다. 특정요인이 설명하는 총분산을 의미한다.

④ Communality(공통성)

특정변수의 모든 요인적재량을 제곱하여 합한 값이다. 아래에서 변인 climate의 변량에 대해서 추출된 세 요인이 기여하는 분산량의 정도를 의미한다.

20.3. 탐색적 요인분석 사례

예제

골프 선수들의 심리적 기술 유형을 알라보기 위하여 배경 집단별 심리적 기술요인에 대한 통계 분석이다. 이 실습에서는 골프 선수들의 성별 집단에 따른 심리적 기술 탐색적 요인 분석을 실시하였다.

▷ mdata <- read.table("D:/SAMPLE/R/brand.txt", header=T)

▷ library(psych)

▷ head(mdata)

▷ describe(mdata)

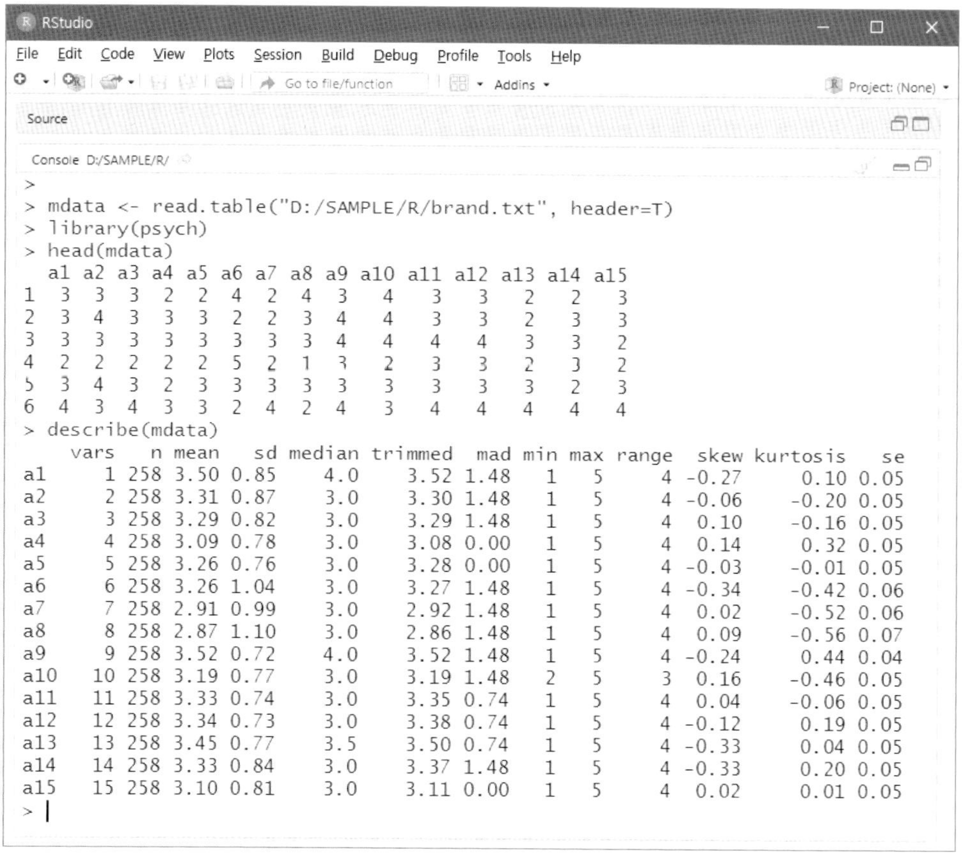

```
>
> mdata <- read.table("D:/SAMPLE/R/brand.txt", header=T)
> library(psych)
> head(mdata)
  a1 a2 a3 a4 a5 a6 a7 a8 a9 a10 a11 a12 a13 a14 a15
1  3  3  3  2  2  4  2  4  3   4   3   3   2   2   3
2  3  4  3  3  3  2  2  3  4   4   3   3   2   3   3
3  3  3  3  3  3  3  3  3  4   4   4   4   3   3   2
4  2  2  2  2  2  5  2  1  3   2   3   3   2   3   2
5  3  4  3  2  3  3  3  3  3   3   3   3   3   2   3
6  4  3  4  3  3  2  4  2  4   3   4   4   4   4   4
> describe(mdata)
    vars   n mean   sd median trimmed  mad min max range  skew kurtosis   se
a1     1 258 3.50 0.85    4.0    3.52 1.48   1   5     4 -0.27     0.10 0.05
a2     2 258 3.31 0.87    3.0    3.30 1.48   1   5     4 -0.06    -0.20 0.05
a3     3 258 3.29 0.82    3.0    3.29 1.48   1   5     4  0.10    -0.16 0.05
a4     4 258 3.09 0.78    3.0    3.08 0.00   1   5     4  0.14     0.32 0.05
a5     5 258 3.26 0.76    3.0    3.28 0.00   1   5     4 -0.03    -0.01 0.05
a6     6 258 3.26 1.04    3.0    3.27 1.48   1   5     4 -0.34    -0.42 0.06
a7     7 258 2.91 0.99    3.0    2.92 1.48   1   5     4  0.02    -0.52 0.06
a8     8 258 2.87 1.10    3.0    2.86 1.48   1   5     4  0.09    -0.56 0.07
a9     9 258 3.52 0.72    4.0    3.52 1.48   1   5     4 -0.24     0.44 0.04
a10   10 258 3.19 0.77    3.0    3.19 1.48   2   5     3  0.16    -0.46 0.05
a11   11 258 3.33 0.74    3.0    3.35 0.74   1   5     4  0.04    -0.06 0.05
a12   12 258 3.34 0.73    3.0    3.38 0.74   1   5     4 -0.12     0.19 0.05
a13   13 258 3.45 0.77    3.5    3.50 0.74   1   5     4 -0.33     0.04 0.05
a14   14 258 3.33 0.84    3.0    3.37 1.48   1   5     4 -0.33     0.20 0.05
a15   15 258 3.10 0.81    3.0    3.11 0.00   1   5     4  0.02     0.01 0.05
> |
```

▷ pairs.panels(mdata)

• pairs.panels() 함수

pairs.panels() 함수는 산점도행렬을 쉽게 그리기 위해 사용한다. pairs() 함수보다 더 다양한 옵션을 제공한다.

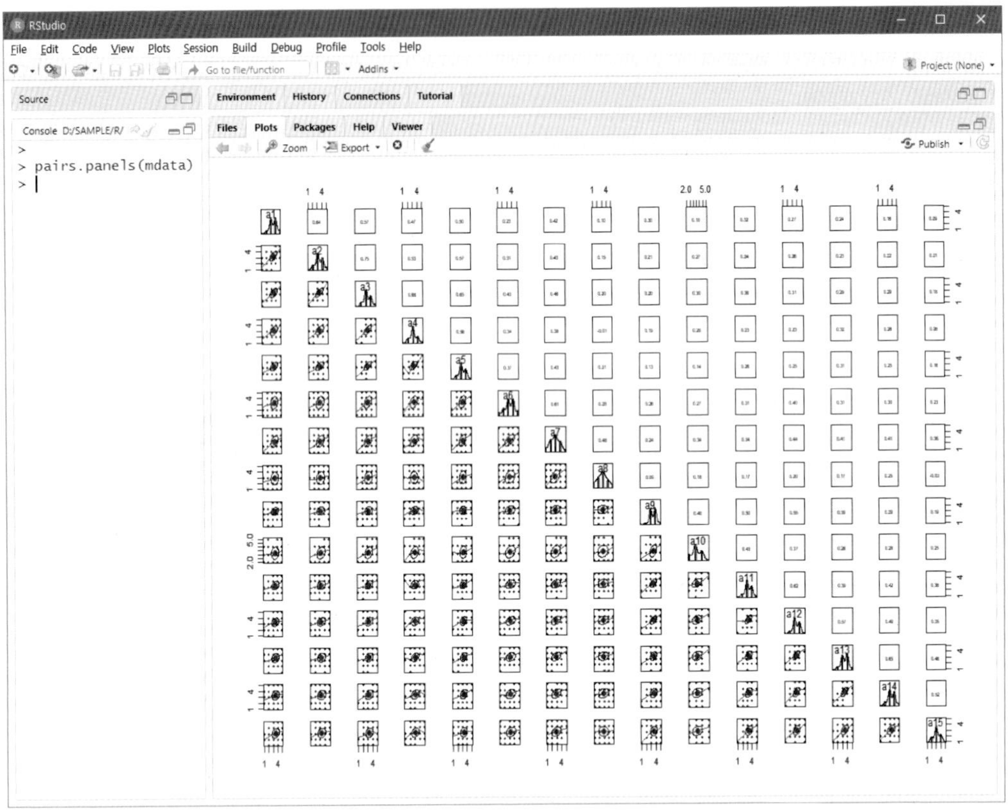

▷ mdata_s <- scale(mdata)

• scale() 함수

scale() 함수는 데이터 정규화(Feature Scaling)를 제공한다.

데이터 정규화는 변숫값의 분포를 표준화하는 것을 의미한다. 표준화는 변수에서 데이터의 평균을 빼거나 변수를 전체 데이터의 표준 편차로 나누는 작업을 포함한다. 이렇게 하면 변숫값의 평균이 0이 되고 값의 퍼짐 정도(분포) 또한 일정해진다.

▷ mdata_s <- principal(mdata, rotate="none")

▷ names(mdata_s)

▷ mdata_s$values

▷ plot(mdata_s$values, type="b")

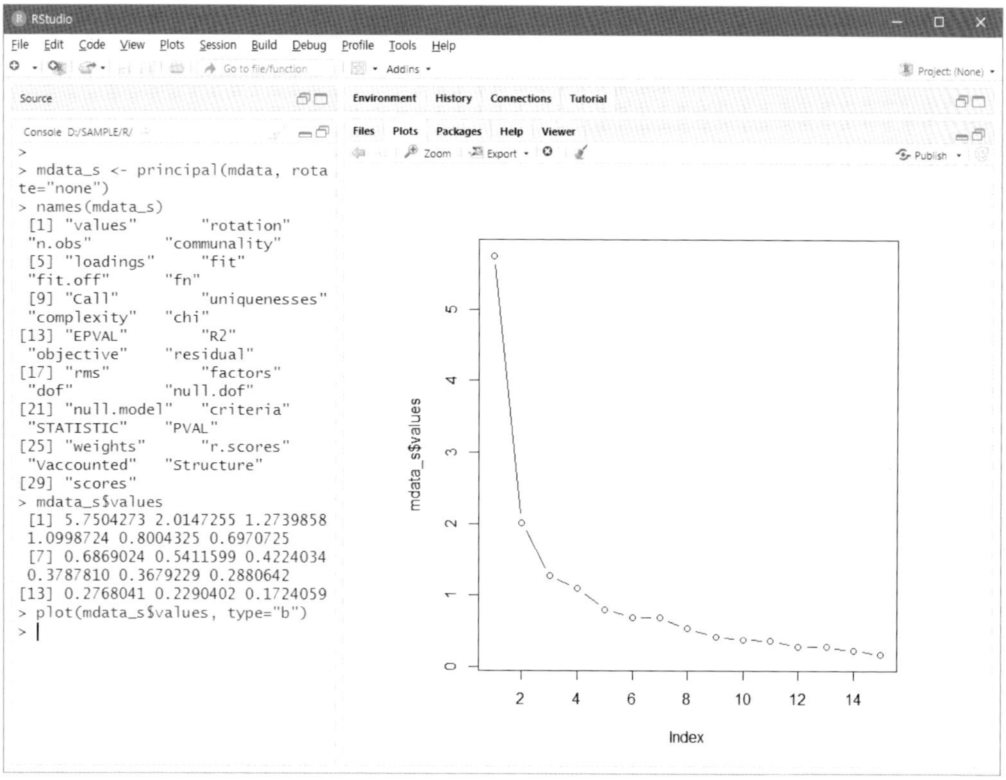

values는 고유근을 말한다. 이 고유근이 1이상인 경우까지만 인자수로 채택된다.

위 예에서는 4까지가 1이 넘기 때문에 4개까지만 선택하는 것이 좋겠다는 판단이 나왔다. 그러면 이제 위 데이터를 표현하기에 적절한 요인 개수는 추정이 되었으니 4개까지의 요인을 지정한 뒤 요인회전을 이번에는 직교회전인 varimax를 입력해서 구한다.

▷ med.Varimax = principal(mdata, nfactors = 4, rotate="varimax")

▷ med.Varimax

```
Console D:/SAMPLE/R/
>
> med.Varimax = principal(mdata, nfactors = 4, rotate="varimax")
> med.Varimax
Principal Components Analysis
Call: principal(r = mdata, nfactors = 4, rotate = "varimax")
Standardized loadings (pattern matrix) based upon correlation matrix
      RC1  RC4   RC2   RC3   h2   u2 com
a1    0.75 0.18  0.11  0.00 0.61 0.39 1.2
a2    0.83 0.16  0.04  0.13 0.73 0.27 1.1
a3    0.84 0.19  0.07  0.22 0.80 0.20 1.3
a4    0.77 0.10  0.21 -0.01 0.65 0.35 1.2
a5    0.75 0.01  0.14  0.25 0.65 0.35 1.3
a6    0.32 0.23  0.20  0.57 0.52 0.48 2.2
a7    0.39 0.19  0.32  0.67 0.74 0.26 2.3
a8   -0.01 0.07 -0.02  0.87 0.77 0.23 1.0
a9    0.11 0.83  0.11 -0.01 0.72 0.28 1.1
a10   0.14 0.66  0.06  0.19 0.49 0.51 1.3
a11   0.18 0.72  0.29  0.10 0.65 0.35 1.5
a12   0.12 0.67  0.43  0.21 0.70 0.30 2.0
a13   0.16 0.30  0.74  0.16 0.69 0.31 1.5
a14   0.10 0.21  0.79  0.25 0.73 0.27 1.4
a15   0.17 0.11  0.80 -0.07 0.68 0.32 1.1

                       RC1  RC4  RC2  RC3
SS loadings           3.53 2.44 2.32 1.86
Proportion Var        0.24 0.16 0.15 0.12
Cumulative Var        0.24 0.40 0.55 0.68
Proportion Explained  0.35 0.24 0.23 0.18
Cumulative Proportion 0.35 0.59 0.82 1.00

Mean item complexity =  1.4
Test of the hypothesis that 4 components are sufficient.

The root mean square of the residuals (RMSR) is  0.07
 with the empirical chi square  236.33  with prob <  1.2e-25

Fit based upon off diagonal values = 0.97
> |
```

Proportion var는 각 요인이 설명하는 총 분산의 비율을 말하는 것으로 RC1이 총 분산의 24%, RC2가 15%, RC3이 12%, RC4는 16%로 이 네 요인이 총 변동의 56%를 설명한다 해석할 수 있다.

그리고 RC1, RC2, RC3, RC4의 수치를 볼 때

RC1은 a1, a2, a3, a4, a5가 높은 값을 가지고,

RC2는 a13, a14, a15에서 높은 값을 가지고,

RC3은 a6, a7, a8에서 높은 값을 가지고,

RC4는 a9, a10, a11, a12에서 높은 값을 가진다.

이 네개에 가장 높은 값을 가진것들을 바탕으로 이름을 붙이면

RC1은 집중력, RC2는 인체기능, RC3은 목표설정, RC4는 역경대처로 이름 붙일 수 있다.

이를 biplot으로 도출해보면 다음과 같은 plot을 구할 수 있다.

▷ biplot(med.Varimax)

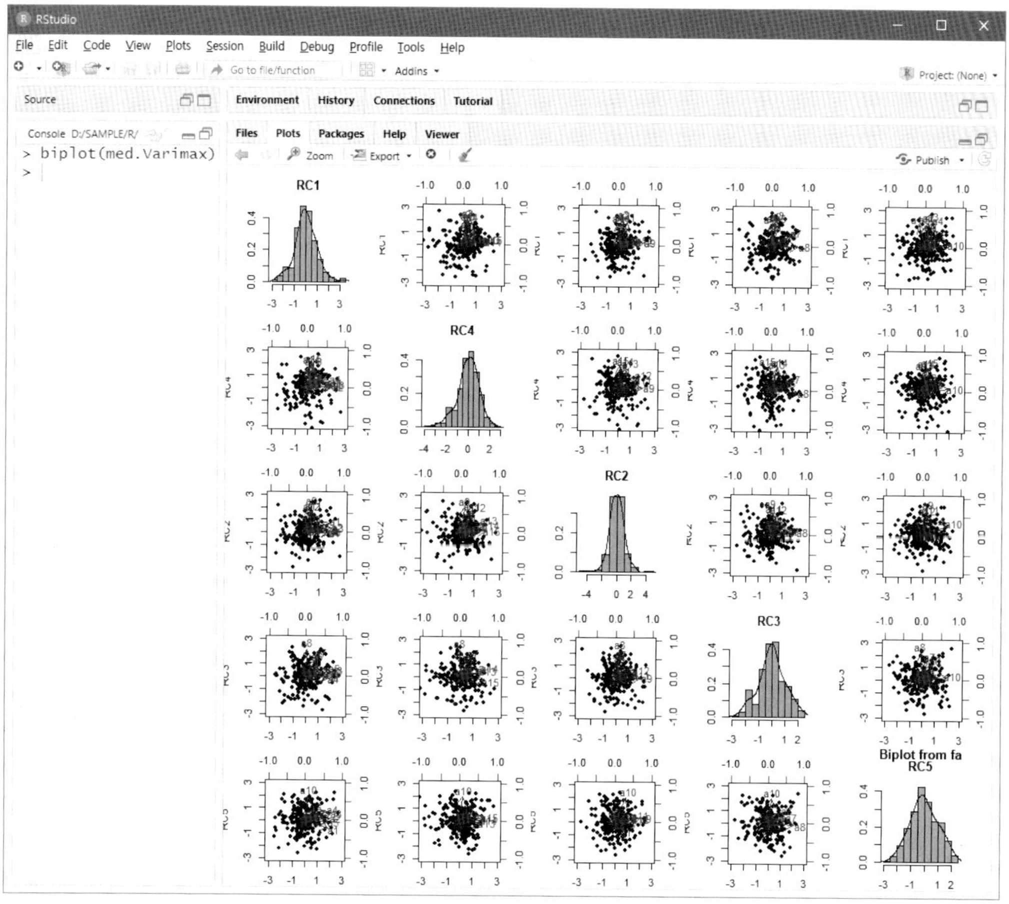

- factanal()함수

factanal()함수는 요인 분석(factor analysis) 함수의 줄인말이다.

R에서는 factanal() 함수를 이용하여 상관행렬을 이용한 인자분석을 할 수 있다. default는 상관행렬로 최대우도법을 이용하고 varimax 회전을 하여 주성분분석을 한다. 주성분분석법을 이용한 인자분석은 princomp()를 활용한다. 유의 확률(p-value)의 값이 0.05보다 적으면 요인 수가 부족하다는 의미이다.

항목	설명
사용 형식	result <- factanal(dataset, factors=2, rotation='varimax')
dataset	요인 해석을 위한 데이터 셋을 지정
factor	주성분 변수(요인 개수)의 개수를 지정
rotation	요인 회전법 이름(varimax, promax, none)
scores	요인 점수를 계산하는 방법 c('none', 'regression', 'Bartlett') 예 regression(회귀 분석으로 요인 점수를 계산하는 방식)
na.action	결측치에 대한 처리

▷ fa1 <- factanal(mdata_s, 4)

▷ print(fa1, digits = 2, sort = T)

```
Console D:/SAMPLE/R/
>
> mdata_s <- scale(mdata)
> fa1 <- factanal(mdata_s, 4)
> print(fa1, digits = 2, sort = T)

Call:
factanal(x = mdata_s, factors = 4)

Uniquenesses:
  a1   a2   a3   a4   a5   a6   a7   a8   a9  a10  a11  a12  a13  a14  a15
0.53 0.33 0.18 0.45 0.46 0.59 0.00 0.76 0.49 0.72 0.43 0.32 0.35 0.35 0.63

Loadings:
    Factor1 Factor2 Factor3 Factor4
a1  0.62    0.21            0.19
a2  0.79    0.15            0.16
a3  0.87    0.19    0.11    0.14
a4  0.70            0.21
a5  0.69            0.17    0.17
a9          0.69    0.15
a11 0.19    0.67    0.26    0.11
a12 0.13    0.69    0.39    0.21
a13 0.16    0.32    0.71    0.14
a14 0.14    0.24    0.74    0.15
a15 0.12    0.18    0.54    0.16
a7  0.32    0.17    0.26    0.89
a6  0.31    0.25    0.17    0.47
a8                          0.47
a10 0.18    0.44    0.13    0.19

               Factor1 Factor2 Factor3 Factor4
SS loadings       3.08    2.00    1.79    1.52
Proportion Var    0.21    0.13    0.12    0.10
Cumulative Var    0.21    0.34    0.46    0.56

Test of the hypothesis that 4 factors are sufficient.
The chi square statistic is 194.98 on 51 degrees of freedom.
The p-value is 1.06e-18
>
```

▷ fa2 <- factanal(mdata, 4)

▷ print(fa2, digits = 2, sort = T)

```
Console D:/SAMPLE/R/
>
> fa2 <- factanal(mdata, 4)
> print(fa2, digits = 2, sort = T)

Call:
factanal(x = mdata, factors = 4)

Uniquenesses:
  a1   a2   a3   a4   a5   a6   a7   a8   a9  a10  a11  a12  a13  a14  a15
0.53 0.33 0.18 0.45 0.46 0.59 0.00 0.76 0.49 0.72 0.43 0.32 0.35 0.35 0.63

Loadings:
    Factor1 Factor2 Factor3 Factor4
a1  0.62    0.21            0.19
a2  0.79    0.15            0.16
a3  0.87    0.19    0.11    0.14
a4  0.70            0.21
a5  0.69            0.17    0.17
a9          0.69    0.15
a11 0.19    0.67    0.26    0.11
a12 0.13    0.69    0.39    0.21
a13 0.16    0.32    0.71    0.14
a14 0.14    0.24    0.74    0.15
a15 0.12    0.18    0.54    0.16
a7  0.32    0.17    0.26    0.89
a6  0.31    0.25    0.17    0.47
a8                          0.47
a10 0.18    0.44    0.13    0.19

               Factor1 Factor2 Factor3 Factor4
SS loadings       3.08    2.00    1.79    1.52
Proportion Var    0.21    0.13    0.12    0.10
Cumulative Var    0.21    0.34    0.46    0.56

Test of the hypothesis that 4 factors are sufficient.
The chi square statistic is 194.98 on 51 degrees of freedom.
The p-value is 1.06e-18
> |
```

▷ fa1$uniquenesses　　　# 공통성

```
Console D:/SAMPLE/R/
>
> fa1$uniquenesses
       a1        a2        a3        a4        a5        a6        a7        a8        a9
0.5315605 0.3287046 0.1817048 0.4531440 0.4638270 0.5913993 0.0050000 0.7579029 0.4895698
      a10       a11       a12       a13       a14       a15
0.7175879 0.4305351 0.3217928 0.3475541 0.3488245 0.6344819
> |
```

▷ load = fa1$loadings

▷ plot(load, type = "n")

▷ text(load, labels = colnames(mdata_s), cex = 0.9)

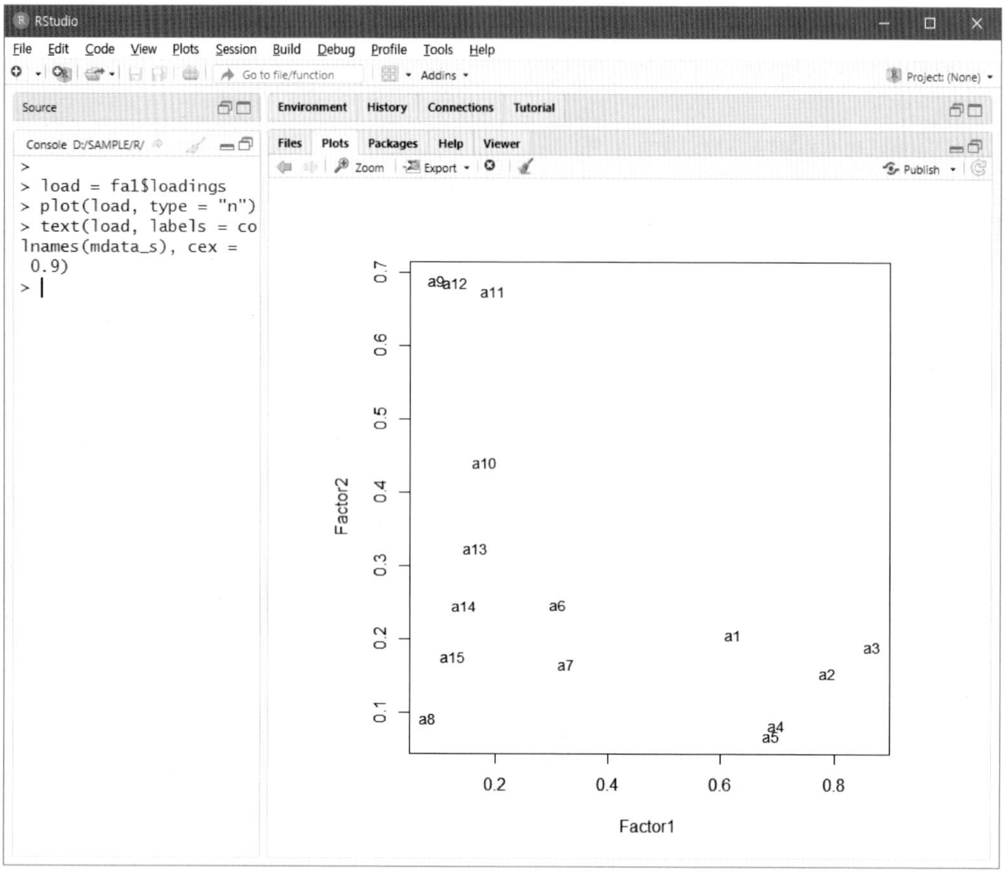

▷ fa1 = factanal(mdata, 4)　　　# default : varimax

▷ fa2 = factanal(mdata, 4, rotation = "none")

▷ print(fa2, digits = 2, sort = T)

```
Console D:/SAMPLE/R/
>
> fa1 = factanal(mdata, 4)
> fa2 = factanal(mdata, 4, rotation = "none")
> print(fa2, digits = 2, sort = T)

Call:
factanal(x = mdata, factors = 4, rotation = "none")

Uniquenesses:
  a1   a2   a3   a4   a5   a6   a7   a8   a9  a10  a11  a12  a13  a14  a15
0.53 0.33 0.18 0.45 0.46 0.59 0.00 0.76 0.49 0.72 0.43 0.32 0.35 0.35 0.63

Loadings:
    Factor1 Factor2 Factor3 Factor4
a6   0.61    0.16
a7   1.00
a2   0.45    0.60   -0.33
a3   0.48    0.69   -0.32
a4   0.40    0.57   -0.22   -0.13
a5   0.44    0.51   -0.26   -0.11
a12  0.45    0.38    0.54    0.20
a13  0.43    0.37    0.50   -0.28
a1   0.44    0.48   -0.21
a8   0.48
a9   0.26    0.36    0.43    0.36
a10  0.35    0.26    0.22    0.21
a11  0.36    0.43    0.42    0.27
a14  0.42    0.32    0.49   -0.36
a15  0.36    0.22    0.34   -0.26

               Factor1 Factor2 Factor3 Factor4
SS loadings       3.60    2.50    1.68    0.62
Proportion Var    0.24    0.17    0.11    0.04
Cumulative Var    0.24    0.41    0.52    0.56

Test of the hypothesis that 4 factors are sufficient.
The chi square statistic is 194.98 on 51 degrees of freedom.
The p-value is 1.06e-18
> |
```

▷ library(psych)

▷ library(GPArotation)

▷ fa3 = fa(mdata, 4, rotate = "quartimax")

▷ print(fa3, digits = 2, sort = T)

```
>
> library(psych)
> library(GPArotation)
> fa3 = fa(mdata, 4, rotate = "quartimax")
> print(fa3, digits = 2, sort = T)
Factor Analysis using method =  minres
Call: fa(r = mdata, nfactors = 4, rotate = "quartimax")
Standardized loadings (pattern matrix) based upon correlation matrix
    item  MR1  MR4   MR2   MR3   h2   u2 com
a3     3 0.88 0.05  0.10  0.08 0.79 0.21 1.0
a2     2 0.81 0.01  0.08  0.02 0.67 0.33 1.0
a5     5 0.72 0.12 -0.02  0.12 0.55 0.45 1.1
a4     4 0.72 0.18  0.03 -0.09 0.56 0.44 1.2
a1     1 0.68 0.06  0.14 -0.05 0.49 0.51 1.1
a6     6 0.40 0.21  0.20  0.40 0.40 0.60 3.0
a14   14 0.21 0.74  0.19  0.14 0.65 0.35 1.4
a13   13 0.26 0.68  0.28  0.07 0.61 0.39 1.7
a15   15 0.22 0.60  0.14 -0.07 0.43 0.57 1.4
a9     9 0.19 0.15  0.71 -0.01 0.56 0.44 1.2
a12   12 0.24 0.41  0.63  0.15 0.66 0.34 2.2
a11   11 0.28 0.29  0.62  0.07 0.55 0.45 1.9
a10   10 0.24 0.17  0.43  0.14 0.29 0.71 2.2
a8     8 0.14 0.07  0.08  0.64 0.44 0.56 1.2
a7     7 0.50 0.33  0.15  0.59 0.73 0.27 2.7

                       MR1  MR4  MR2  MR3
SS loadings           3.77 1.88 1.72 1.03
Proportion Var        0.25 0.13 0.11 0.07
Cumulative Var        0.25 0.38 0.49 0.56
Proportion Explained  0.45 0.22 0.20 0.12
Cumulative Proportion 0.45 0.67 0.88 1.00

Mean item complexity =  1.6
Test of the hypothesis that 4 factors are sufficient.

The degrees of freedom for the null model are  105  and the objective function was  7.38 with Chi Squa
re of  1853.41
The degrees of freedom for the model are 51  and the objective function was  0.83

The root mean square of the residuals (RMSR) is  0.04
The df corrected root mean square of the residuals is  0.05

The harmonic number of observations is  258 with the empirical chi square  78.61  with prob <  0.0078
The total number of observations was  258  with Likelihood Chi Square =  207.46  with prob <  9.2e-21

Tucker Lewis Index of factoring reliability =  0.814
```

```
Tucker Lewis Index of factoring reliability =  0.814
RMSEA index =  0.109  and the 90 % confidence intervals are  0.094 0.125
BIC =  -75.74
Fit based upon off diagonal values = 0.99
Measures of factor score adequacy
                                                  MR1  MR4  MR2  MR3
Correlation of (regression) scores with factors  0.95 0.86 0.84 0.82
Multiple R square of scores with factors         0.89 0.73 0.71 0.67
Minimum correlation of possible factor scores    0.79 0.47 0.42 0.34
>
```

▷ fa.diagram(fa3)

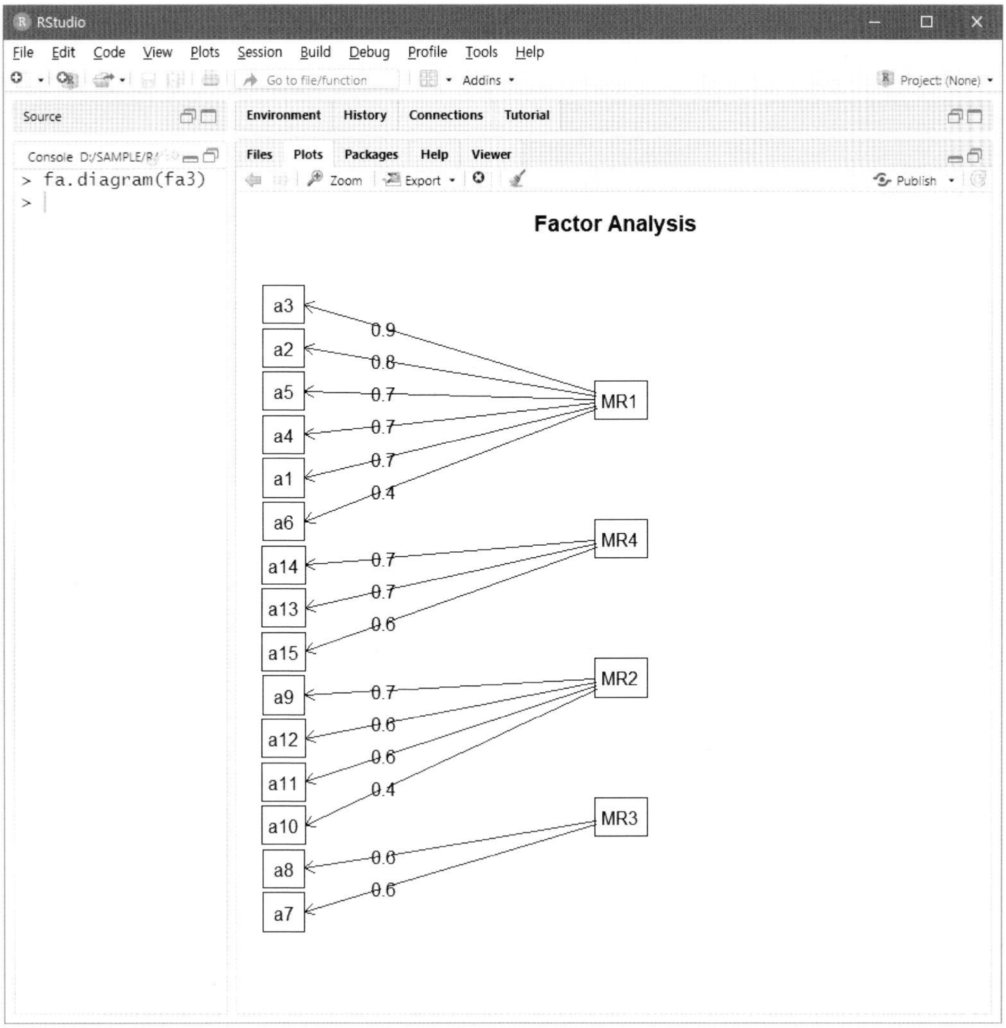

▶ MR1은 집중력, MR2는 인체기능, MR3은 목표설정, MR4는 역경대처

▷ solution <- fa(r = cor(mdata), nfactors = 4, rotate = "oblimin", fm = "pa")

▷ plot(solution,labels=names(mdata),cex=.7, ylim=c(-.1,1))

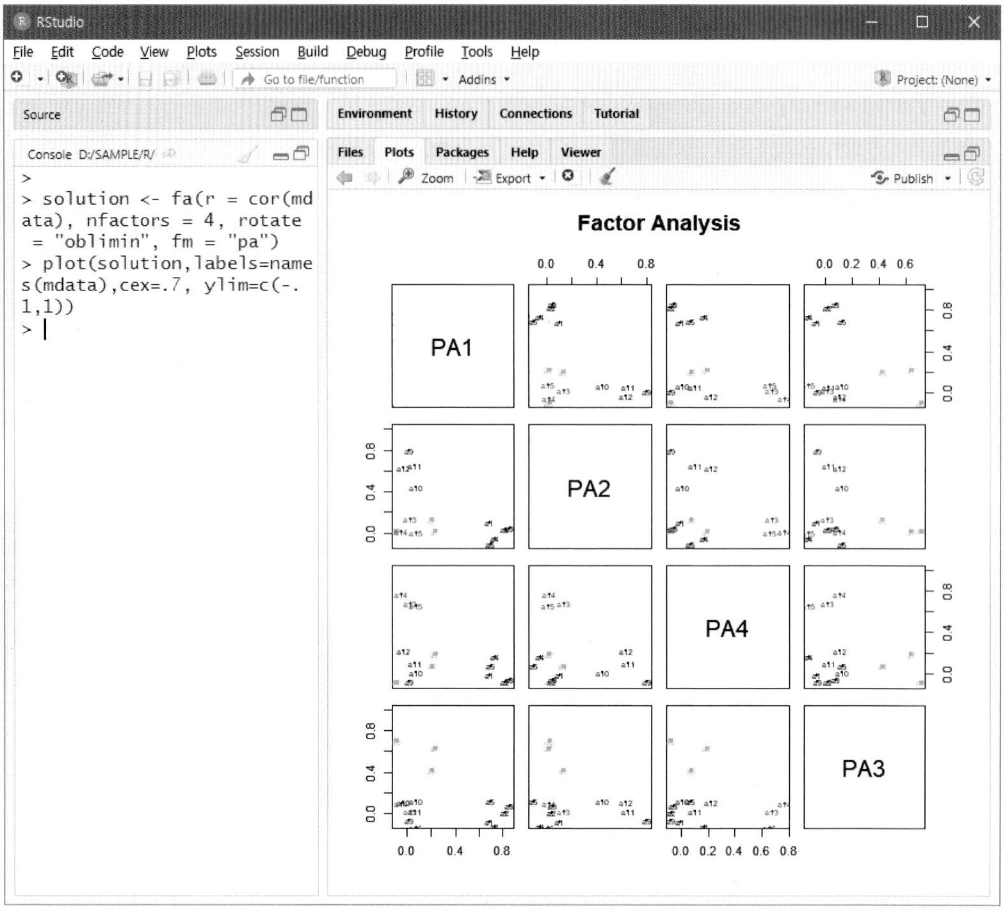

❑ 분석결과

① 기술통계량

변인	Mean	Std. Deviation	Analysis N
집중력	3.284	0.647	258
인체기능	3.342	0.576	258
목표설정	2.888	0.900	258
역경대처	3.342	0.576	258

▶ 기술 통계량을 나타내고 있다. 무응답치를 포함한 케이스는 분석에서 제외되어 분석수가 258명을 나타내며, 4개 변수에 대한 평균, 표준편차를 제시하고 있다.

② 심리적 기술 요인분석 결과

문항	요인 명칭			
	집중력	인체기능	목표설정	역경대처
a3	0.88			
a2	0.81			
a5	0.72			
a4	0.72			
a1	0.68			
a6	0.40			
a14		0.74		
a13		0.68		
a15		0.60		
a9			0.71	
a12			0.63	
a11			0.62	
a10			0.43	
a8				0.64
a7				0.59

▶ 또한, 요인 적재치 40이상의 문항들을 선택하였으며, 하나의 문항이 다른 요인에 겹칠 때는 이론적 타당성을 검토하여 선정하거나 삭제하였다.

▶ 탐색적 요인분석을 실시한 결과 15문항 중 집중력 a3, a2, a5, a4, a1 a6번 문항, 인체기능 a14, a13, a15번 문항, 목표설정 a9, a12, a11, a10번 문항, 역경대처 a8, a7번 문항 4개(집중력/인체기능/목표설정/역경대처) 요인이 도출되었다.

참고문헌

김경성(1991). 다층자료분석에 관한 연구(분석방법의 고찰). 교육평가연구, 4(1), 1-17.

김두섭(1993). 사회과학을 위한 회귀분석. 서울 : 법문사.

도나 M. 웡(2014). 월스트리트저널 인포그래픽 가이드, 이현경 옮김, 서울 : 인사이트.

마크 P.J. 판 데르 루, 에드윈 데 용에(2013). RStudio 따라잡기 빅데이터 시대 쉽고 빠른 R 통계 프로그래밍을 위한, 정사범 옮김, 서울 : 에이콘출판사.

박성현 · 황선영(1994). 회귀분석. 서울 : 방송통신대학.

박정식 · 윤영선(1992). 현대통계학. 서울 : 다산출판사.

서진수(2016). R라뷰 : R을 활용한 데이터 분석 입문편. 서울 : 더알음.

성기선(2000). 학교장지도성과 학교효과와의 관련성에 대한 탐색적 분석. 교육사회학연구, 10(2), 89-113.

안재형(2011). R을 이용한 누구나하는 통계분석. 서울 : 한나래.

양현철 · 김진철 · 신신애 · 김배현(2014). 빅데이터 활용 단계별 업무절차 및 기술 활용 매뉴얼(Version 1.0). 미래창조과학부.

윈스턴 챙(2013). R Graphics Cookbook 데이터 시각화를 위한 실용 레시피, 이제원 옮김, 서울 : 인사이트.

정지선(2011). 新가치창출 엔진, 빅데이터의 새로운 가능성과 대응 전략. 한국정보화진흥원.

한국데이터베이스진흥원 편(2014). 데이터 분석 전문가 가이드. 한국데이터베이스진흥원.

한국소프트웨어기술인협회 빅데이터전략연구소(2017). 빅데이터 개론. 서울 : 광문각.

한국정보화진흥원(2012). 빅데이터시대의 데이터 자원 확보와 품질관리 방안. IT & Future Strategy 제5호.

한국정보화진흥원(2015). 빅데이터 글로벌 사례집.

함유근(2015). 이것이 빅데이터 기업이다 – 현실화되고 있는 미래기업들. 삼성경제연구소.

Raudenbush, S., & Bryk, A., Cheong, Y. F., and Congdon, R. T.(2001). Hlm 5 : hierarchical linear and nonlinear modeling. Ssi scientific software international.

Herbert A. Sturges(1926). The Choice of a Class Interval, *Journal of the American Statistical Association*, Vol. 21, No. 153 (Mar., 1926), pp. 65-66

John Tukey(1977). *Exploratory Data Analysis*, Addison-Wesley.

Mckinsey(2011). Mckinsey(2011). Big Data : The Next Frontier for Inovation, Competion, and Prod uctivity, Mckinsey Global Institute.

http://docs.ggplot2.org/current/에서 2020. 11. 10. 검색

http://www.endmemo.com/program/R/grep.php에서 2020. 11. 10. 검색

https://cran.r-project.org/web/packages/data.table/data.table.pdf

https://support.rstudio.com/hc/en-us/articles/200549016-Customizing-RStudio

http://www.lucypark.kr/blog/2012/05/31/r-console-language-configuration/

https://sites.google.com/site/snowcau/home/r에서 2020. 11. 10. 검색

http://docs.ggplot2.org/current/에서 2020. 11. 10. 검색

https://plot.ly/r/에서 2020. 11. 10. 검색

https://shlee1990.tistory.com/750에서 2020. 11. 10. 검색

https://m.blog.naver.com/pmw9440/221830209173 에서 2020. 11. 10. 검색

https://m.blog.naver.com/PostView.nhn?blogId=unirone&logNo=221464724743&proxyReferer=https:%2F%2Fwww.google.com%2F에서 2020. 11. 10. 검색

https://book.coalastudy.com/data-science-lv1/week5/stage1에서 2020. 11. 10. 검색

http://june3471.pythonanywhere.com/pages/R/19/에서 2020. 11. 10. 검색

https://www.theissaclee.com/ko/courses/rstat101/week1/에서 2020. 11. 10. 검색

https://walkingwithus.tistory.com/606에서 2020. 11. 10. 검색

https://statkclee.github.io/R-ecology-lesson/kr/05-visualization-ggplot2.html

https://codedragon.tistory.com/6453에서 2020. 11. 10. 검색

https://namu.wiki/w/%EC%82%B0%EC%A0%90%EB%8F%84에서 2020. 11. 10. 검색

https://www.r-bloggers.com/scatterplot-matrices-in-r/에서 2020. 11. 10. 검색

https://wjdcjf0219.tistory.com/32에서 2020. 11. 10. 검색

https://stackoverflow.com/questions/3735286/create-a-matrix-of-scatterplots-pairs-equivalent-in-ggplot2에서 2020. 11. 10. 검색

http://blog.naver.com/PostView.nhn?blogId=kdoil4532&logNo=221276228306

https://support.minitab.com/ko-kr/minitab/18/help-and-how-to/graphs/how-to/histogram/interpret-the-results/key-results/)에서 2020. 11. 10. 검색

http://blog.naver.com/PostView.nhn?blogId=kdoil4532&logNo=221276228306

https://3months.tistory.com/97에서 2020. 11. 10. 검색

https://rfriend.tistory.com/131에서 2020. 11. 10. 검색

https://dbrang.tistory.com/category/%E3%80%90BD-MBA%E3%80%91/BigData

http://davidakenny.net/cm/fit.htm에서 2020. 11. 10. 검색

https://namu.wiki/w/%EC%9A%94%EC%9D%B8%20%EB%B6%84%EC%84%9D

http://ai times.tistory.com/112에서 2020. 11. 10. 검색

http://rfriend.tistory.com/62에서 2020. 11. 10. 검색

저/자/약/력

■ 백현기(원광대학교 마음인문학연구소 HK교수)

전북대학교에서 교육공학으로 박사학위를 취득하였고, 현재 원광대학교 마음인문학연구소 HK교수로 재직 중이다. 빅데이터, 인공지능, 블록체인, 어포던스, 사회연결망 분석, 창업, 마인드풀니스 명상과 마음치유의 원리와 방법론 등에 관심을 기울이고 있다. 저서로는 『색채, 마음을 치유하다』(2015), 『공감, 마음을 이해하다』(2017), 『새로운 희망, 마을기업 만들기』(단독, 2018), 『청년창업가, 인성교육 길잡이』(단독, 2018), 『어포던스, 모바일 안전교육시스템』(단독, 2019) 등이 있다.

R을 이용한 빅데이터 분석 기초

|저자| 백현기

|1판 1쇄| 발행 2021년 1월 30일

|발행인| 김동훈

|발행처| 공동체

|주소| 경기도 고양시 일산동구 호수로 358-39, 동문타워 I 905호(백석동)
|전화| 031) 920-8305(대표)
|팩스| 031) 920-8308
|홈페이지| www.compub.co.kr
|전자우편| compub@naver.com
|출판등록| 2005년 10월 6일
|등록번호| 제396-2005-36호

|ISBN| 979-11-6105-929-7
정가 19,000원